강원의 산하,
선비와 걷다

강원의 산하, 선비와 걷다

2016년 9월 20일 초판 1쇄 발행

지은이 권혁진
펴낸이 원미경
펴낸곳 도서출판 산책
편집   김미나 이송지

등록   1993년 5월 1일 춘천80호
주소   강원도 춘천시 우두강둑길 23
전화   (033)254_8912
이메일 book4119@hanmail.com

ISBN 978-89-7864-048-0

이 책은 춘천시문화재단의 문화예술진흥기금 지원으로 제작되었습니다.

강원의 산하,
선비와 걷다

권혁진

머리말

　퇴계 이황은 청량산에 여섯 번 입산(入山)했다. 그는 도산서원에서 청량산까지 걸어 다니곤 했는데, 「독서여유산(讀書如遊山)」이란 시는 그 과정에서 지은 것이다. '글 읽기는 산에서 노니는 것[遊山]과 같다.' 무슨 뜻일까? 이황에게 산에서 노니는 것은 흔히 이야기하는 등산(登山)과 다른 개념이었다.

　　사람들 말하길 글 읽기가 산 유람과 같다지만
　　이제 보니 산을 유람함이 글 읽기와 같구나. (중략)
　　앉아서 피어오르는 구름 보며 묘리를 알게 되고
　　발길이 근원에 이르러 비로소 처음을 깨닫네
　　높이 절정을 찾아간 그대들에게 기대하며
　　노쇠하여 중도에 그친 나를 깊이 부끄러워하네.

　산을 정복하는 게 아니라, 산 곳곳에서 노니는 것. 구름을 보며 묘한 이치를 깨닫고, 물의 근원에 발길이 닿으면 사물의 처음을 깨닫는 것이 산에 가는 이유였다.

　물론 사람마다 산을 찾는 이유가 다를 것이다. 정복을 고집하는 사람도 있을 테고, 체력단련을 우선시 하는 사람도 있다. 그러나 선인들의 유산(遊山) 방법도 좋지 않은가? 그렇다면 기이한 경치가 아니더라도 불평이 없을 것이며, 보이는 것이 모두 기쁨일 것이다.

산을 유람하면서 보고 느낀 것을 기록한 글이 유산기(遊山記)다. 유산기에 등장하는 산은 다양한 모습으로 다가왔다. 신이 살고 있는 신비한 장소이기도 하고, 인간이 살고 있는 곳이기도 하다. 아름다운 경관으로 시흥(詩興)의 원천이 되는 곳이기도 하고, 단순한 탐승(探勝)의 대상으로 여겨지기도 한다. 도체(道體)가 깃들인 곳으로 이를 통해 심신을 수양하는 장소로 파악되기도 하고, 한 지방의 상징적 존재이자 민족의 상징적 존재로 인식되기도 한다. 나에게 산은 어떤 의미로 다가서는가.

강원도는 산의 고장이니 유산기가 없을 수 없다. 금강산과 설악산을 유람하고 남긴 수십 편의 유산기는 일찍부터 연구자들의 주목을 받아 연구되었다. 이 책은 그동안 덜 주목받은 산과 계곡에 대한 이야기다. 원문과 번역문을 함께 실어 관심 있는 분들에게 도움을 주고자 했다. 이 작업은 2권으로 계획되었다. 1권에서 다루지 못한 장소가 기다린다.

대부분 홀로 유람하면서 선인들의 자취를 찾아다녔다. 처음 시작할 때는 개인적으로 어려운 일이 있었는데 몇 년 유람하다보니 잊혀졌다. 그동안에 치유된 것이리라. 산에서 노니는 이유 중에 치유도 포함될 듯하다.

차 례
contents

1/서종화와 청평산을 오르다

2/송광연과 삼한동을 거닐다

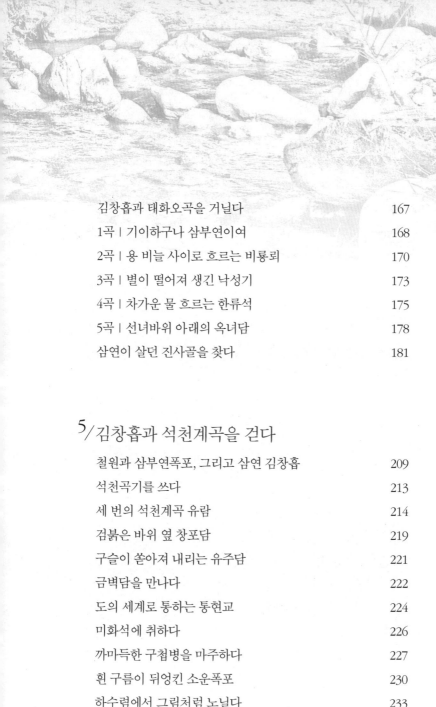

5/김창흡과 석천계곡을 걷다

6/안석경과 군자의 덕을 지닌 태기산을 오르다

7/안석경과 치악산 대승암에 올라 책을 읽다

강원의 산하, 선비와 걷다

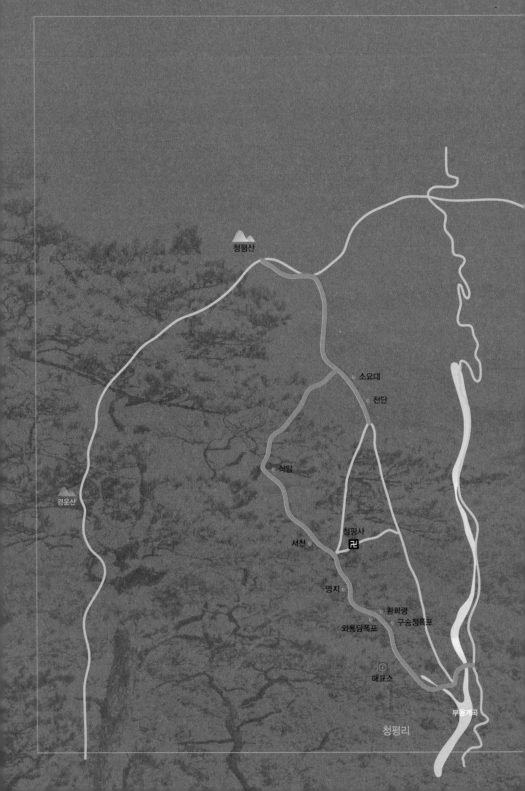

청평산

경운산

소요대

천단

식암

청평사
卍

서천

영지

환희령

와룡담폭포
구송정폭포

ⓘ
매표소

부용계곡

청평리

서종화와
청평산을 오르다

1

추억 속의 청평사

대학교를 졸업하고 한 두 해 지난 겨울에 청평사를 처음 찾았다. 소양강댐으로 향하는 시내버스는 춘천 시내를 구불구불 돌다가 소양교를 건너더니, 샘밭으로 달렸다. 한참 동안 더 달린 후 도착한 곳은 소양강댐 밑 정류장이었다. 거기서 다시 버스를 갈아탔다. 힘이 부친 듯 저속으로 빙글빙글 돌던 버스는 헐떡거리며 댐 정상에 올랐다. 사진을 찍는 관광객들을 뒤로 하고 청평사로 가는 배표를 끊었다. 그러고 보니 30여 년 전, 102보충대에 잠시 들렀다가 양구의 21사단으로 갈 때도 이곳을 거쳤다. 그 때는 바깥 풍경이 보이지 않는 군함이었다. 쾌룡호를 타고 휴가를 오간 기억이 스쳐지나간다. 전역할 때도 군밤과 번데기를 파는 이곳을 지나쳤다. 다시는 이곳에 오지 않겠다고 군대 동기에게 말하곤 서로 피식 웃었던 기억이 또렷하다.

여자 친구와 함께 탄 배는 한참 만에 청평사 선착장에 닿았다. 바로 청평사로 향했다. 청평사에서 무엇을 보았는지 생각나는 것은 별로 없고, 배 시간에 맞추느라 한참 동안 뛴 기억만 생생하다. 이것이 청평산과의 첫 번째 만남이었다. 그 후 첫째 아이와 청평사를 갔다 왔는지 배 안에서 찍은 사진이 앨범에 꽂혀 있다. 청평사와 청평산은 나에게 관광지의 이미지로만 추억 속에 존재하였다.

최근에 청평사와 청평산의 진면목을 조금씩 알아가는 중이다. 우리 앞을 스쳐지나가는 많은 것들도 이러하다. 관심이 없으면 특별한 의미 없이 스쳐지나갈 뿐이다. 오늘도 얼마나 많은 것들을 무심히 지나쳤을 것인가?

청평산이 언제 오봉산으로 변했는지 알 수 없다. 선인들의 글 속에는 청평산이 있을 뿐이다. 이 책에서는 청평산으로 부른다.

청평산을 유람한 기록들

청평산은 지금 몸살을 앓고 있는 중이다. 나무뿌리는 계단의 역할을 하고, 청평사 입구 상가는 북적거린다. 예전에도 청평산을 찾는 사람이 많았던 것 같다. 강원도에서 금강산을 제외하고 유산기록을 많이 갖고 있는 곳 중의 하나가 청평산이다.

청평산과 관련된 유산기는 청평산의 유람만을 다룬 작품과, 여행 중에 청평산의 유람이 포함된 작품으로 나눌 수 있다. 청평산만의 유람을 기록한 작품으로 김상헌(金尙憲, 1570~1652)의 「청평록(淸平錄)」을 들 수 있다. 박장원(朴長遠, 1612~1671)은 1651년 8월에 「유청평산기(遊淸平山記)」를, 그 해 12월에 「중유청평기(重遊淸平記)」를 지었다. 서종화(徐宗華, 1700~1748)는 「청평산기(淸平山記)」를 남겼고, 안석경(安錫儆, 1718~1774)의 작품으로는 「유청평산기(遊淸平山記)」가 있으며, 조인영(趙寅永, 1782~1850)의 유산기록은 「청평산기(淸平山記)」다.

여행 기록에 청평산 유람의 내용이 포함된 것들도 있다. 양대박(梁大樸, 1543~1592)은 1572년에 지은 「금강산기행록(金剛山紀行錄)」 속에 청평산 유람 내용을 삽입시켰다. 그리고 정시한(丁時翰, 1625~1707)의 「산중일기(山中日記)」와 김창협(金昌協, 1651~1708)이 1696년에 지은 「동정기(東征記)」 안에도 청평산 유람을 찾을 수 있다. 한편 윤휴(尹鑴, 1617~1680)의 「풍악록(楓嶽錄)」은 직접 청평산을 유람한 것은 아니지만, 청평산에 관하여 들은 이야기를 적고 있다.

이 중 서종화의 작품을 손에 들고 산행을 하려고 한다. 서종화의 「청평산기(淸平山記)」가 가장 자세하게 산의 구석구석을 다루고 있기 때문이다.

강원의 산하, 선비와 걷다

18세기 학자인 서종화의 자는 사진(士鎭)이고, 호는 약헌(藥軒)이며, 본관은 달성(達城)이다. 1729년(영조 5) 식년시에 급제하였다. 「청평산기」는 서종화의 문집인 『약헌유집(藥軒遺集)』에 실려 있다.

자! 이제, 서종화와 함께 따라 길을 떠날 시간이다.

도적과 맹수를 다스리자 청평산이 되었다

수춘(壽春)의 관청으로부터 동쪽으로 40리에 청평산(淸平山)이 있다. 본래의 이름은 경운산(慶雲山)이다. 산이 험하고 깊은데다가 도적과 맹수가 많았으나, 고려 시대 처사 이자현(李資玄)이 와서 머물자 사나운 짐승들은 자취를 감추고 도적은 들어오지 못하였다. 이로 인해 청평산(淸平山)이라 불렸다고 한다. (「청평산기(淸平山記)」)

수춘(壽春)은 춘천의 옛 이름이다. 청평산에 대한 위치는 기록마다 조금씩 편차를 보인다. 동쪽이 대부분이지만 북쪽에 있다고 적은 곳도 있다. 거리도 40리에서 44리 등 일정치 않다. 청평산이 세상에 알려지게 된 것은 온전히 이자현(李資玄, 1061~1125)에 힘입은 바 크다. 젊은 시절의 이자현은 고려 전기 문벌귀족들의 모습과 크게 다르지 않아 보인다. 명문 집안의 출신으로 과거에 급제하여 가문을 홍성시키기 위한 마음가짐을 갖고 있었다. 그리고 소원대로 과거에 급제하였다. 앞길이 보장되어 있던 이자현은 갑자기 현실세계를 떠나게 된다. 표면적인 이유는 부인의 죽음 때문으로 기술되어 있다. 이자현은 다시는 서울에 들어가지 않으리라 결심한 이후, 두 번이나 임금이 불렀지만 매번 거절하였다. 김부철은 이에 대하여 긍정적인 평가를 내렸다. 이황은 '이자현은 부귀와 영화를 쉽게 추구할 수 있는 위치에 있었는데도 불구하고 속세를 떨쳐 버리고 무려 산속에서 37년 동안 긴 세월을 살았다.'고 이자현에 대해 호의적인 평가를 하였다. 현실세계와 단호하게 절연하였으며, 뜻을 굽히지 않고 오랫동안 약속을 지킨 것에 대한 정당한 평가인 것이다. 다른 요인으로 이자현의 병을 들 수 있을 것 같다. 이자현의 병과 관련된 기록이 있는데, 병에 걸렸다는 것이 임금의 부름을 거절하기 위한 상투적인 표현일 수도 있고, 자연을 그리워하는 것을 의미할 수도 있다. 그러나 임금이 하사한 물품들 중에 약이 포함되어있는 것으로 보아 이자현은 젊은 시절부터 병을 앓고 있지 않았을까 추정해본다.

하여튼 이자현은 27살의 젊은 나이에 춘천의 청평산과 깊은 인연을 맺게 된다. 청평산이란 이름을 얻게 된 것도 바로 이자현 때문임을 서종화는 문화해설사처럼 알려준다.

너럭바위에서 감상해야하는 두 개의 폭포

청평산의 물이 산의 입구에서 흘러 나와 소양강 상류로 들어간다. 여기서 강을 떠나 계곡으로 들어갔다. 시내를 거슬러 올라가자, 길은 험하고 나무는 빽빽이 들어차 있다. 길은 끝나는 듯하다가 다시 이어지고, 산은 합쳐진 듯하다가 다시 열리곤 하는 것이 십 여 리 길, 비로소 구송대(九松臺)에 도착했다. 구송대는 돌을 쌓아 만들었다. 예전엔 구송대 주변에 아홉 그루의 소나무가 있었는데, 이 중 하나가 작년에 바람에 의해 쓰러졌다. 구송대의 북쪽에 이층(二層) 폭포가 있다. 아래 폭포는 위 폭포에 비해 한 길 정도 작다. 산의 눈이 막 녹기 시작해 계곡의 물이 막 불어나니, 폭포의 물은 세차게 부딪치며 물보라를 내뿜는다. 흐르는 물소리는 마치 흰 용이 뛰어오르며 큰 소리로 으르렁거리는 듯하다. 두 폭포 사이에 용담(龍潭)이 있는데,

웅덩이의 깊이가 얼마나 되는지 알 수 없다. 일찍이 용이 이곳에서 숨어 살았기 때문에 이름 지었다. 앞의 찌를 듯한 돌은 오는 길에 관문 역할을 하고 있다. 붉은 낭떠러지와 푸른 절벽이 깎아지른 듯 서 있고, 양 옆에는 단풍나무와 향나무, 삼나무와 소나무가 무성하게 빛나고 있다. 이 때 산새 두세 마리가 나무 사이로 울며 날아다니니, 청평산에서 가장 처음 눈에 띄는 곳이다. (「청평산기」)

지금은 소양강댐이 생기면서 만들어진 호수 때문에, 배에서 내린 후 조금만 걸으면 청평사로 들어가는 길목인 부용교를 건널 수 있다. 배를 타지 않고 차를 이용할 경우 춘천에서 양구쪽으로 가는 46번 국도를 경유하게 된다. 배후령을 넘어 오음리 방면으로 가다가 간척 사거리에서 우회전하면 된다. 백치고개를 넘어 길을 따라 가면 주차장이 나온다. 지금은 접근이 용이해졌으나 댐이 건설되기 전에 청평산이 만들어낸 계곡은 길게 물을 끌고 가다가 소양강과 만났다. 서종화는 물길의 길이가 10여리라고 했으니, 우리는 서종화가 걸어온 길을 배를 타고 온 것이다.

부용교를 지나면 관리사무소가 나타난다. 길을 따라 조금 더 가면 청평교다. 청평교를 건너 계곡 옆의 길을 따라 가다보면 매표소가 나온다. 조금 더 걸어가면 거북바위를 만나게 되고, 주변의 경관을 구경하며 좀 더 가면 구송대(九松臺)가 나타난다. 예전에는 청평사를 오가는 숱한 사람들이 앉아 땀을 식히며 주변의 경관을 감상하던 명소였으나, 지금은 나무와 풀들이 그 자리를 차지하고 있다. 주변에 아홉 그루의 소나무가 있어 구송대라고 불렀으나 서종화가 방문했던 그 당시엔 아홉 그루 중에 한 그루는 비바람에 쓰러졌고, 지금은 나머지 소나무도 찾을 길이 없다. 청평산을 방문했던 선인들의 기록에 꼭 등장하던 구송대는 이제 숲속에서 길게 쉬고 있다. 청평사를 향하던 사람들의 발길이 끊이지 않았던 옛길도 이제 계곡 건너편에 새로 생긴 넓은 길에게 자리를 양보하였기 때문에 구송대와 함께 옛 전적 속에만 살아있을 뿐이다.

김창협(金昌協, 1651~1708)은 구송대에서 불현 듯 이는 흥취를 참을 수 없었다.

골짜기로 들며 유람을 시작하느라 入谷幽事始
말에서 내려 가마를 타네 肩輿卻鞍馬
스님이 가리키는 오래된 구송대 僧指太古壇
물 흐르는 큰 소나무 밑에 있네 水流長松下
그늘진 모습 사랑스러워 蔭映相爲美
잠시 앉아 있으니 마음은 벌써 트이네 少坐意己寫
두 폭포 샘물을 쏟아내자 噴薄兩疊泉
작은 숲나무에 회오리가 이는구나 回風山木亞
비 맞은 이끼에 푸른 벽 촉촉하고 雨蘚翠壁滋
이슬 머금은 청단풍은 깨끗하구나 露葉靑楓灑

구송대는 두 폭포를 감상할 수 있는 최적의 장소이다. 시인과 묵객들은 바로 이곳에서 차 한 잔, 또는 술 한 모금을 마시며 수많은 시를 흥얼거렸다. 여기서 감상하는 두 개의 폭포 이름도 다양하다. 서종화는 이층(二層)폭포라고 말하지만, 옛 문헌에 보면 아래 위 폭포를 한데 묶어 이단(이층)폭포, 형제폭포, 쌍폭(상하) 등으로 불렀다. 정약용은 위 폭포를 용담폭포(와룡담폭포), 아래 폭포를 구송정폭포로 불렀다. 아래 폭포의 반석 옆에 아홉 그루 소나무가 있는 곳이 구송정이

반석에서 바라본 두 개의 폭포

고, 그 옆에 폭포가 있어서 구송정 폭포가 된 것이다. 위의 폭포는 아홉 가지 소리의 구성(九聲)으로 와전되어 구성폭포(九聲瀑布)라 잘못 불려지기도 했다.

　연인과 함께 청평사를 찾을 때, 가장 인기 있는 곳은 폭포다. 나도 폭포를 배경으로 찍은 사진이 앨범 어딘가에 꽂혀있을 것이다. 내가 사진을 찍을 때도 많은 사람들이 사진을 찍느라 부산하였고, 옆 사람에게 사진을 찍어달라고 겸연쩍게 부탁을 했었다. 그때 온통 위에 있는 폭포에 정신을 빼앗겨 아래에 있는 폭포의 존재 자체를 알지 못하였다. 최근에 들어서야 비로소 아래 폭포의 존재를 알게 되었으니 이것은 모두 유산기의 덕이다.

구송폭포

(와)룡담폭포

강원의 산하, 선비와 걷다

정시한(丁時翰, 1625~1707)은 「산중일기(山中日記)」에서 "구송정에서 내려가 위아래의 폭포와 너럭바위를 감상했다. 무척이나 맑은 기이한 경관으로 산중의 가장 큰 보물이다"라고 하였다. 안석경(安錫儆, 1718~1774)은 「유청평산기(遊淸平山記)」에서 "구송대로부터 골짜기에 있는 너럭바위로 옮겨 앉았다가, 한참 지난 후 일어났다"라고 했으니, 선인들에게 쌍폭과 밑에 형성된 너럭바위는 의미 있는 공간이었다. 그러나 지금은 예전의 나처럼 아래 폭포에 관심을 갖는 사람도 없을뿐더러, 그 밑에 형성된 너럭바위를 찾지도 않는다. 규모로 폭포를 평가하기 때문일 것이다. 여행객들은 위 폭포인 용담폭포 밑에서만 사진 찍기에 여념이 없다.

위 폭포 밑에 형성된 물웅덩이를 용담(龍潭)이라고 한다. 김창협과 정시한뿐만 아니라 안석경의 기록에도 용담으로 기록되어 있다. 그러므로 용담폭포가 적절하다. 폭포 아래에 시퍼런 물감을 풀어놓은 듯 짙은 색을 머금고 있어 진짜 용이 살것 같다.

환희령 위 공주탑

북쪽으로 돌 비탈길을 오르면 바로 환희령(歡喜嶺)이다. 고개 오른쪽 작은 언덕에 오층석탑이 있다. 또 그곳으로부터 수십 보 거리에 성향원(盛香院)의 옛 터가 있다. (「청평산기」)

구송대가 잊혀진 쉼터이듯 환희령(歡喜嶺)도 잊혀진 고개다. 계곡 건너편 길이 시원하게 뚫리기 전에 오가던 사람들이 흘리던 땀은 삼층석탑을 찾는 몇몇의 사람들의 이마에서만 볼 수 있다. 탑은 무심히 지나는 탐방객들의 눈에서 벗어난 지 오래 되었다. 지금은 공주탑이라 부르기도 한다. 공주탑 주변의 바위에 많은 글씨들이 새겨져 있다. 자신이 왔다갔음을 기념하고자 이름을 새기기도 하였고, 자신의 비원을 남기기도 하였다. 그 숱한 소망들은 성취되었을까? 글자를 새기지 못한 사람들은 정성스럽게 돌탑을 쌓았다. 나도 돌 한 개를 주워 조심스레 얹어놓았다.

　나무 사이에 말없이 서 있는 탑으로 접근하는 길은 무척이나 어려웠다. 급경사인데다가 계단이 설치되어 있지 않아서 드러난 나무뿌리를 잡고 올라가야했다. 이젠 정비되어 손쉽게 탑을 만날 수 있다. 긴 세월을 묵묵히 이겨낸 탑은 검버섯 같은 이끼가 듬성듬성 있고, 이곳 저 곳 떨어져나갔다. 그런데 이러한 모습이 묘한 경외감을 불러일으킨다. 탑을 보호하기 위해 세운 철 구조물의 뻘건 녹과 퇴색한 푸른 페인트색이 탑과 묘하게 어울리며 고려시대로 이끌고 간다.

환희령

　　　　　　　　　　　　강원의 산하, 선비와 걷다

3층석탑(공주탑)

| 제1부 서종화와 청평산을 오르다 |

공주탑에서 청평사쪽으로 가다보면 돌을 쌓아 만든 축대가 보인다. 성향원(盛香院) 터이다. 서종화가 방문했을 때도 터만 남아 있었다. 예나 지금이나 풀과 나무만이 축대와 벗하고 있다.

영지와 바위에서 마음을 청결히 하다

서북쪽으로 40보쯤 가서 첫 번째 다리를 건넜다. 길가에 산죽(山竹)이 빽빽이 우거져 있어 볼만하다. 비스듬히 올라가서 영지(影池)에 도착했다. 연못은 사방이 5묘(畝) 가량 되는데, 무늬 있는 돌로 계단을 만들었다. 계단 위에는 잎갈나무 네 그루가 빙 둘러 서 있는데 나옹(懶翁)이 심은 것이다. 크기가 모두 수 십 둘레나 되며, 몸체가 구불구불하게 틀어져 있고, 가지와 잎이 매우 기이하다. 북쪽으로 마주하고 있는 것이 부용봉(芙蓉峰)인데, 몇 리 쯤 멀리 보인다. 떨어질 듯이 높이 솟은 산의 모습이 연못에 비치는 것을 보니 견성암의 창문과 소요대 바위의 위아래가 모두 역력히 보인다. 얼마 후 바람이 잔잔한 곳에 불어와 물결이 일렁이자 봉우리와 초목이 모두 움직인다. 그 광경은 황홀하여 도저히 표현해낼 수 없을 정도이다.(「청평산기」)

영지는 이자현이 만든 정원의 중앙에 위치하고 있다. 정원은 폭포에서 시작해 식암에 이르는 방대한 규모로 구성되었으면서도 자연경관을 최대한 살리고 있기 때문에 고려 정원문화의 전형을 보여준다고 평가받는다. 영지는 고려시대에 인공으로 조성된 연못이다. 사다리꼴 모양의 못 안에는 세 개의 큰 돌을 배치하여 단순하면서도 입체적인 변화감을 더하여 주고 있다. 일본의 고산수식정원보다 200년 앞서며 우리나라에서 가장 오래되었다.

강원의 산하, 선비와 걷다

영지

고인 물은 천 년 동안 한 빛깔로 맑았거니 止水千年一色清
절에 칠한 고운 단청 고요한 물에 거꾸로 비치네 上方金碧倒空明
찾아온 나그네 허연 머리 비치는 게 부끄러워 客來羞照星星鬢
애오라지 연못가에 가서 갓끈 씻어 보네 聊就池邊試濯纓

　김상헌(金尚憲, 1570~1652)은 영지를 위와 같이 읊었다. 천년 동안
맑은 영지의 물은 이자현의 변치 않는 고결한 정신이다. 영지에 비치
는 주변의 산과 암자를 형상화한 두번째 구는 청평사를 둘러싼 경개
가 모두 고결한 곳임을 말한다. 그 속으로 들어가는 시인은 속세에 찌
든 자신의 모습이 부끄러워 영지에서 몸과 마음을 청결히 한다.

　　　　　　　　　　　｜제1부 서종화와 청평산을 오르다｜

청평사에 도착하기 전에 만나는 영지는 청평사를 찾는 외부인들의 마음을 씻어주는 정화수 역할을 하였다. 김상헌뿐만 아니라 청평사를 찾는 사람들은 빠짐없이 영지에 대하여 언급하였고, 청평사뿐만 아니라 청평산을 대표하는 장소 중의 하나로 꼽히고 있다. 영지가 이름을 얻게 된 이유는 부용봉과 그 곳에 있는 견성암이 연못에 비치기 때문이라고 한다. 진짜일까? 울창한 나무 위로 바위산이 물 속에 잠겨 있다.

나옹(懶翁, 1320~1376)은 1367년부터 1369년까지 청평사에서 주석하였다. 고려말 불교계를 이끈 선승으로 중·고등학교시절 국사시간에 배운 기억이 어렴풋이 난다. 스님이 영지 주변에 나무를 심었다고 하는데, 지금은 찾을 길이 없다. 다만 제법 큰 나무들이 울창하게 영지를 에워싸고 있다. 나무 그늘 밑에 의자가 군데군데 있어 탐방객들의 땀을 식혀준다.

영지 앞에 커다란 바위가 덩그러니 앉아있다. 지나가는 사람들을 물끄러미 바라보고 있으나, 사람들의 눈길은 아래부터 영지에 쏠려 있다. 바위에 암각문이 새겨져 있다고 하여 한 바퀴 돌며 찾아보았으나 찾을 수 없다. 혹시나 하여 바위 위로 올라가보니 노란 낙엽 사이로 희미하게 글씨가 보인다.

욕심이 나타날 때 욕심에 물든 대상은 나타나며,
욕심이 사라질 때 욕심에 물든 대상은 사라진다.
이와 같이 모두 없어지고 나면,
어느 곳이나 안락국(安樂國)이니라.

바위는 영지 앞에서 지나는 사람들에게 내 말을 들어보라고 말을 걸지만, 대부분 그냥 지나쳐 간다. 욕심을 버리면 평안이 찾아온다는

강원의 산하, 선비와 걷다

지혜를 모르는 이 없을 것이다. 실천의 문제인데, 서종화의 발길을 따라 빨리 청평산을 오르고 싶은 욕심이 앞선다.

문수원비를 읽고 회전문을 지나다

두 번째 다리를 따라 가다가 꺾어지면 동북쪽에 큰 절이 있다. 산은 열려 있고 물은 에워싸고 흐르며 사방의 신(神)이 주위에서 호위하는 듯한 것이 참으로 뛰어난 사찰의 터다. 처음 이름은 백암(白巖)이며, 보현(普賢)이라고도 하였다. 당나라 스님 영현(永玄)이 지었는데, 진락공(眞樂公)이 중수하고 이름을 고쳐 문수(文殊)라고 하였다. 이에 관한 전말이 고려의 보문각(寶文閣) 학사(學士) 김부철(金富轍)이 찬한 비석에 기록되어 있다. 비석은 회전문(回轉門) 밖 정원의 서쪽 뜨락에 있다. 또한 정원의 동쪽에 파손되어 읽을 수 없는 비석이 있다. 두 비석 사이에 제석단(帝釋壇)이 있다. 제석단의 아래에는 참죽나무 두 그루와 전나무 한 그루가 서 있는데, 모두 수십 아름이 된다. 노송나무의 색깔은 앞 봉우리와 서로 섞여 푸르게 보인다. (「청평산기」)

삼국사기로 유명한 김부식의 동생이 김부철(金富轍)이다. 그가 지은 「청평산문수원기(淸平山文殊院記)」에 청평사의 역사가 자세하다. 앞부분은 다음과 같다.

춘주(春州)의 청평산(淸平山)은 옛날의 경운산(慶雲山)이다. 문수원(文殊院)은 옛날의 보현원(普賢院)이다. 처음에 선사(禪師) 영현(永賢)이 당나라에서 신라국(新羅國)에 왔었는데, 태조(太祖)께서 즉위하신 지 후 18년 되는 을미년(乙未年;935)에 신라의 경순왕(敬順王)이 영토를 우리나라에 바쳤으니, 이때는 후당(後唐)의 청태(淸泰) 2년이었다. 광종(光宗) 24년(973)에 선사가 처음 경운산에 이르러 절을 창건하고, '백암선원(白巖禪院)'이라 하였다. 이때는 송나라의 개보(開寶) 6년이었다. 문종(文宗) 23년(1068) 무신(戊申)에 전(前) 좌산기상시지추밀원사(左散騎常侍知樞密院事)인 이공(李公) 의(顗)가 춘주도감창사(春州道監倉使)가 되어서 왔다가, 경운산의 좋은 경치를 사랑하여 백암선원의 옛터에다 절을 짓고 '보현원(普賢院)'이라 하였는데, 이때는 희령(熙寧) 원년이었다. 그 뒤에 희이자(希夷子)가 벼슬을 버리고, 여기에 숨어서 지내면서부터 도둑도 없어지고 호랑이도 종적을 감추었다. 마침내 산 이름을 '청평산(淸平山)'이라 고쳤다. 또한 문수보살(文殊菩薩)이 나타난 것을 두 번 이나 보고, 불법의 요의(要義)를 마땅히 자문하여 결정해야 된다고 하여, 마침내 원(院)의 이름을 '문수(文殊)'로 바꾸고 절을 다시 수리하였다.

지금의 청평사는 백암선원(白巖禪院)에서 보현원(普賢院)으로, 다시 문수원(文殊院)을 거쳐 현재의 이름을 갖게 되었다. 문수원비는 1130년에 세워져 오랫동안 탐방객들에게 청평사와 이자현의 이야기를 전해주었다. 서종화에게도 마찬가지였다. 그러나 오랜 세월을 견뎌오다가 전쟁 때 폭격으로 청평사가 전소되면서 비도 파괴되어 사라졌고 받침돌만 남게 되었다. 그러다가 최근에 복원되어 다시 옛 이야기를 전해준다.

맞은편에 또 하나의 비가 있었다. 청평사를 소개하는 글에 따르면, 충숙왕 14년(1327) 원나라 황제 진종(晉宗)의 황후가 불경과 함께 돈 1만 꾸러미를 시주하면서 황태자와 왕자들의 복을 빌고 그 내력을 기록한 비를 세웠다고 하는데, 바로 이 비를 말한다. 김상헌이 1635년에 지은 「청평록」은 "절 앞에 두 개의 연못과 두 개의 비석이 있는데, 서

문수원비

| 제1부 서종화와 청평산을 오르다 |

쪽에 있는 것은 송(宋)나라 건염(建炎) 4년에 김부철이 이자현의 사실을 기술한 것을 승 탄연(坦然)이 쓴 것이고, 동쪽에 있는 비석은 원나라 태정황후가 태자를 위하여 이곳에 불경을 보관해 복리(福利)를 구한 사실을 이제현이 찬하고 이암(李嵓)이 쓴 것이다"라고 기록하고 있다. 김창협은 "진락(眞樂)의 비문을 읽는데 돌 빛은 맑고 깨끗했으며 자획은 조금도 닳은 데가 없었다. 다만 윗면의 서너 뼘 정도가 겨울철에 크게 손상을 입고, 염천에 벗겨지고 균열이 생긴 것이 안타까웠다."고 적고 있다. 이때부터 조금씩 손상을 입은 것 같다. 박장원과 조인영의 글도 이 비에 대하여 언급하고 있다. 박장원은 1651년에 쓴 유산기에서 "비석은 원해문(圓解門) 앞쪽에 동서로 마주하고 있었다. 하나는 검은색이고 하나는 흰색이다. 흰 비석은 품격이 검은 비석에 미치지 못하였다. 검은 비석은 광택이 흘러 아직도 이끼가 끼거나 깨진 곳이 없으니 참으로 기이하다. 검은 비석은 건염(建炎) 연간에 세워진 것으로 스님 탄연의 필적이 있다. 흰 비석은 원나라 태정황후가 세운 것으로 모관(某官) 이군해(李君侅)가 전서체 글자를 썼고 수서(首書)는 모관(某官) 이제현이 찬하였다. 문지르기도 하고 매만지기도 했지만 바빠서 전부 읽어보지 못했으니, 잘못한 일이었다."라고 기록하고 있다. 그 후 서종화는 자신이 방문했을 당시 파손되어 읽을 수 없었다고 밝히고 있다. 그런데 이후 조인영(1782~1850)은 "원나라 사람이 불교를 숭상하여 절에 불경을 수장해 두고 비에 새겼으니, 익재(益齋)의 문장이요 행촌(杏村)의 글씨이다"라고 적고 있으니, 그 당시도 비석의 존재여부를 떠나 비석에 대한 정보를 접하고 있음을 알 수 있다.

지금은 비석을 세울 때 받침돌로 썼던 비좌만이 덩그러니 남아있다. 비좌의 홈에 어제 내린 빗물이 하늘을 머금고 있다. 설명하는 간

강원의 산하, 선비와 걷다

판이 있으나 탐방객들은 청평사를 배경으로 사진찍기에 열심일 뿐이다. 두 개의 비석 사이에 제석단이 있었다고 하나, 오랜 세월의 풍파에 사라지고 넓은 마당이 시원하게 펼쳐져 있을 뿐이다.

청평사를 상징하는 건축물은 회전문이다. 청평사를 설명하는 사이트에 들어가니 전문적으로 알려준다. 회전문은 절에 들어설 때 만나게 되는 두 번 째 문인 사천왕문을 대신하는 것이며, 중생들에게 윤회전생을 깨우친다는 의미의 문이라고 한다. 건축물의 특성에 대하여 전문용어를 써서 특징을 설명한 후, 16세기 중엽 건축 양식 변화 연구에 중요한 자료가 되는 건축물이라고 힘주어 말한다. 보물 제164호라 하니 건축에 대해 문외한인 나도 절로 다시 쳐다보지만, 다른 절의 문보다 수수하다는 인상만이 남아 있을 뿐이다.

회전문은 상사뱀 전설이 얽혀있다. 중국의 어느 공주에게 상사뱀이 붙어 청평사에 와서 이를 치유했다는 이야기는 일찍이 『유점사본말사지(楡岾寺本末寺誌)』에 실린 이래 다양한 형태로 전해지고 있다. 이 전설이 언제부터 전해졌는지 정확히 알 수 없지만, 청평사와 관련된 스토리텔링이 더 풍성해진 것만은 사실이다.

청평사 경내를 거닐다

정원 위에 두 개의 연못이 있는데 모두 막혀 말랐다. 연못의 주변에 주목이 두 세 그루 줄지어 심어져 있는데, 달빛 아래 그림자가 너울대는 것이 즐길 만하다. 회전문으로 들어가면 원해문(圓解門)이 있고, 문 위는 강선루(降仙樓)이다. 강선루의 기둥은 열 개이며 넓어서 수백 사람 정도가 앉을 수 있다. 이환문(離幻門)을 지나면 비로소 불전(佛殿)에 이르게 된다. 불전의 이름은 능인전(能仁殿)이다. 능인전과 강선루가 마주하고 있는데, 단청은 밝게 빛나고 규모는 크고 화려하며 두공(斗拱)이 교묘하고도 화려하여 예전에 보지 못했던 광경이다. 가운데에 세 좌의 금부처가 있다. 불전의 서쪽은 향적당(香積堂)이고, 동쪽은 사성전(四聖殿)과 구광전(九光殿)이다. 구광전에는 일월칠성(日月七星)과 여러 부처 그림이 걸려 있다. 그림이 비록 오래되었으나 아직까지 더럽혀지거나 흐려지지 않아서 마치 정기가 살아 있는 것 같다. 스님들이 "오도자(吳道子)가 직접 그린 것이다"라고 하니, 대체로 신라 이후의 작품은 아닐 것이다. 향적당(香積堂)의 수좌(首座) 묘영(妙映)이 앉아 있다가 쇠지팡이를 꺼내 보여주면서 말하기를, "이것은 태조가 도읍을 세울 때 나옹(懶翁)화상이 가지고 다니면서 성터를 획정하던 것입니다."라고 한다.

불전의 아래에 두 개의 결채가 좌우로 있는데, 좌측에 있는 것은 제하(齊霞)이고, 우측에 있는 것은 연적(宴寂)이다. 그 아래쪽에 동남쪽으로 요사채가 있다. 회전문을 끼고서 좌우에 회랑이 배치되어 있는데, 모두 승려들이 거처한다. 그 남쪽에서 북쪽으로 창고가 있는데 삼보(三寶)라고 한다. 절 안에 전해져 오는 집기와 물건이 모두 이곳에 수장되어 있다. 나옹의 돌 거울 또한 그 안에 있다. 향적당의 뒤쪽에는 감로천(甘露泉)이 있고, 서쪽으로 꺾어서 가면 북쪽에 극락전이 있다. 극락전의 기이하고 교묘함과 영롱히 빛나는 것은 능인전과 비교하면 더욱 정채롭고 화려하다. 서랑(西廊)의 서쪽에 샘물을 끌어들여 우물을 만들었다. 계속 따라가면 서쪽은 시왕전(十王殿)이고, 전의 아래쪽은 자음각(慈蔭閣)이다.(「청평산기」)

서종화가 목격한 18세기의 청평사 경내는 지금보다 더 많은 건물들이 자리 잡고 있었다. 동일한 건물인데 이름만 바뀐 것도 있다. 복원 과정을 거치면서 모습이 달라졌으리라. 그러나 회전문을 거치면서 삶의 본질을 깨닫고, 경내에서 교만한 자신의 마음을 내려놓고 욕심을 비우는 탐방은 예나 지금이나 변할 수 없다. 불당에서 108배를 하고 나니 이마에 땀이 맺히고, 등에서 땀이 세 줄기 흐른다. 합장을 하였다. 다시 도시로 나가면 욕망의 바다이겠지만 지금 만큼은 이자현이 된 마냥 허허롭기만 하다.

　대웅전을 나와 뒤쪽으로 향하니 극락보전이다. 대웅전의 커다란 건물에 가려졌던 청평산이 극락보전 위로 살포시 내려앉았다. 청평사 입구 계단에서 보았던 산이 다시 보이기 시작하는 곳이 극락보전 앞이다. 건물 옆엔 오래된 주목나무가 보호수로 보호받고 있다. 건물 뒤편으론 등산로가 있어 등산객들이 형형색색으로 내려온다.

　요사채 있는 곳으로 발길을 돌리자 작은 밭에 정갈하게 줄지어선 배추가 파릇파릇하다. 그 옆엔 커다란 나무 잠자리가 앉아있다. 솜씨 좋은 스님의 작품일까. 나도 모르게 얼굴이 환해진다.

청평사 전경

　　　　　　　　　　　　| 제1부 서종화와 청평산을 오르다 |

한편 건물의 화려함을 비판한 기록이 있어 흥미롭다. 박장원은 극락전을 화려하게 증축한 보우(普雨)를 비판하였다. 목민관의 입장에서 과소비를 지적한 것 같다. "경내 건축물의 기둥과 주춧돌은 갖은 기교를 부린 것으로 처음 보는 것이다. 극락전은 사치스럽고도 화려했는데, 노란색과 푸른색, 붉은 옻으로 칠하여 막대한 재력을 들였다. 보우를 죽였다고 해서 어찌 흡족하겠는가? 당시의 불사가 이 지경까지 이르게 된 것이 참으로 애석할 따름이다."

거대하면서도 화려한 불사중창이 비판받는 것은 고금의 진리이다.

서천을 아십니까

이곳으로부터 서남쪽으로 70보 떨어진 곳이 서천(西川)이다. 서천의 아래쪽에 절구처럼 생긴 연못이 있다. 연못 위쪽에 대(臺)가 있고, 대의 위쪽에 큰 소나무 한 그루가 있는데, 이를 독송(獨松)이라 부른다. 매월당 김시습이 예전에 이 대 위에 정자를 지어 놓고 거처하였다고 한다. 대개 산골짜기의 물이 합류하여 이곳으로 흘러온다. 바위를 깎고 돌에 부딪칠 때마다 꺾이면서 물보라를 일으키는데, 빠르게 흐르다 연못에 이르러서 물거품은 둥근 모양을 만들며 잔잔하게 흘러간다. 단풍나무 숲과 버드나무, 괴석과 고목이 양쪽 언덕을 덮으며 가리고 있어 깊고 그윽한 흥취가 있다.

대(臺)의 서쪽에는 이 층의 단(壇)이 있는데, 고을의 수령이 기우제를 지내는 곳이다. 정성스럽게 기원하면 종종 감응이 있다고 한다.(「청평산기」)

청평산은 크게 두 가지의 이미지로 그릴 수 있다. 외형적으로 뛰어난 경치가 하나이다. 다른 하나는 뛰어난 인물로 기억되는 청평산이다. 경치는 계곡의 아름다움으로 구체화된다. 김상헌은 청평산의 계

서천

곡에 주목하였다. 계곡은 서천(西川)과 선동(仙洞)을 지칭하는데, 이
곳 천석(泉石)의 아름다움은 대관령 서쪽에서 비슷한 곳이 없다고 말
한다. 김상헌은 산이 높고 웅장하며 기묘한 것에서 청평산의 특징을
찾아낸 것이 아니라, 계곡을 주목하였던 것이다. 서천에 대한 시가 없
을 수 없다.

> 서천의 물과 바위 예로부터 들었는데　西川水石聞昔日
> 직접 보니 참으로 그윽하고 뛰어나네　我來目擊信幽絶
> 맑은 물 골짝에서 구불구불 흘러가고　清泉出谷流蜿蜒
> 위로는 부용봉이 하늘을 찌르누나　上有芙蓉峯挿天

생각하면 진락공(眞樂公)이 절집에 살 제 尚憶眞樂寄梵宇

정원 앞에 흐르는 이 물을 아꼈으리 愛此朝暮當園圃

허나 고인 백골에 이끼가 돋았으니 古人白骨今生苔

깊은 회포 있은들 뉘를 향해 펼쳐보나 我有幽襟向誰開

이내 마음 불현듯 떠오르는 동봉자(東峯子) 今人却憶東峯子

고사리 캐던 곳이 또한 이 산이네 採薇亦曾此山裏

청평사를 찾는 대부분의 사람들은 구송폭포와 회전문에 관심을 표하면서도, 서천의 존재에 대해서 알지 못하는 경우가 많다. 또한 산봉우리의 아름다움을 말하는 사람은 있지만 계곡의 아름다움에 주목하는 사람은 찾기 힘들다. 나도 최근에야 서천의 존재를 알게 되었다. 이전에는 청평사 경내를 둘러보고 나오면서 물 한 모금 마시고 청평사 뒷산을 한번 쳐다보고 발길을 돌렸었다. 요사채 옆으로 길이 있다는 것도, 옆 계곡이 그토록 많은 선인들이 찬사 속에 시를 남겼던 장소였다는 것도 모른 채, 배 시간에 쫓겨 내려가곤 했다.

요사채 옆 계곡으로 향했다. 규모가 크지 않다. 너럭바위로 이루어진 계곡은 위압감을 주지 않고, 아무런 부담감 없이 바로 눈으로 마음으로 들어온다. 조그마한 폭포와 폭포 밑의 물웅덩이, 물의 흐름을 완상할 수 있는 넓은 너럭바위, 주변에 청량한 기운을 만들어주는 나무들. 서종화는 폭포 밑의 웅덩이를 절구처럼 생긴 연못이라고 했다. 지금은 입구에 세워진 알림판이 공주가 목욕재계하던 공주탕이라고 알려준다. 매월당 김시습이 거처하였다는 정자는 찾을 길 없고, 텐트를 치기 적당한 평평한 땅만이 김시습의 자취를 보여준다. 서천의 계곡 물은 김시습의 고독을 조금이라도 씻어 보냈을까. 고독을 없애지 못했을지라도 물소리는 외로운 김시습의 친구 역할

강원의 산하, 선비와 걷다

을 했을 것이다. 한참 동안 김시습처럼 바위 위에 앉아 흐르는 물을 무심히 바라보았다.

서천의 특징 중의 하나는 기우제를 지내던 단이 있다는 점이다. 기우제를 지내는 양상은 다양하다. 무당들에 의한 기우 굿이 있는가 하면, 사찰에서 승려들이 주관하는 기우제가 있고, 조정이나 지방관청에서 왕 또는 기관장이 참여하는 유교식 기우제 등이 있다. 자료에 의하면 고을의 수령이 기우제를 지냈다고 한다. 일반적으로 유교식 제의 절차는 기우 축문을 읽으면 되지만, 서천에 있는 절구처럼 생긴 연못에 기우 주술 행위를 했던 것으로 추정할 수 있다. 서천은 청평사란 사찰의 영역에 있음에도 불구하고 고을의 수령이 기우제를 지낸 독특한 곳으로, 불교와 유교가 조화를 이루던 공간이었다.

이심전심으로 대화를 나누는 두 기의 부도

이곳에서 꺾어져서 북쪽으로 수 백 계단을 가면 두 기의 부도가 있다. (「청평산기」)

서천에서 선동쪽으로 걷다가 오른쪽을 보면 두 기의 부도가 숲 속에 앉아있다. 자료에 의하면 하나는 환적당(幻寂堂) 부도이고, 다른 하나는 설화당(雪和堂) 부도이다. 환적당(1603~1690)은 1650부터 3년 동안 수행하였고, 1657년 청평사 양신암에서 여름 수행을 한 것으로 기록되어 있다. 설화당에 대한 기록은 아직 알려져 있지 않다. 사실 우리 같은 속인들에게나 누구의 부도이며 조성된 연대가 궁금하겠지만, 당사자들은 아무 관심이 없을 것이다. 똑같아 보이는 부

환적당 부도와 설화당 부도

도는 자세히 보면 양식에 조금 차이가 있다. 두 부도 사이에 그만큼의 세월의 간극이 있다는 것이다. 등산로 옆의 두 부도는 오랜 세월서로 도반(道伴)이 되어 의지하며 이심전심(以心傳心)의 대화를 나누고 있다.

신선이 사는 계곡으로 들어가다

부도에 합장한 후 다시 길을 나섰다. 위로 올라가다보면 해탈문(解脫門)이 갑자기 나타난다. 이곳을 통과하면 해탈할 수 있을까. 해탈할수 있기를 염원하며 다시 앞으로 나갔다.(최근에 철거되었다) 두 계곡이 만나는 곳에 설치된다. 알림판에 촘촘히 새겨진 글자 옆의 화살표는 모두 오른쪽을 가리킨다. 오른쪽 계곡으로 접어들자마자 와폭(臥

강원의 산하, 선비와 걷다

瀑)이 반긴다. 수량이 부족하여 좁다란 바위틈 사이로 물이 졸졸 흐르며 큰물이 지나가길 기다린다.

폭포 오른쪽 석벽을 유심히 살펴볼 필요가 있다. 예전에 무심히 지나쳐서 '청평선동(淸平仙洞)'이라 새겨진 암각자를 발견하지 못했던 적이 있었다. 가파른 등산로 옆의 바위에 새겨졌기 때문에 정면에서 글씨를 볼 수 없다. 주변엔 푸른 이끼가 듬성듬성 나 있다. 바위와 같이 검은 회색의 각자는 오랜 세월 비바람을 온몸으로 견뎌내었음을 여실히 보여준다. 언제부터인가 바위와 한 몸이 되어 버렸다. 이 글씨는 이자현이 썼다고 알려져 왔다. 박장원은 「유청평산기」에서 "길 옆 돌 표면에 또 청평선동(淸平仙洞)이라고 새긴 네 글자가 있는데, 자체(字體)는 선동식암(仙洞息菴)의 글자와 같았다."고 적고 있다. 본격적으로 선동 구역임을 알려주는 표시다.

청평선동 각자

| 제1부 서종화와 청평산을 오르다 |

이자현의 수도처, 식암

또 다시 북쪽으로 몇 리 가면 암자가 있는데, 날아갈 듯이 절벽 위에 있다. 암자의 오른쪽에 큰 바위가 있는데, 그곳에 '청평식암(淸平息庵)'이란 네 글자가 새겨져 있다. 바위 위에는 잣나무 두 그루와 소나무 두 그루가 있는데, 뿌리가 서리고 얽혀져 구불구불하니 괴이하다. 바위 옆에는 이층폭포가 있다. 물이 햇빛에 반사되어 반짝거리는 것이 마치 백학이 날개 짓 하는 것과 같다. 그 옆에는 선동암(仙洞庵)의 옛 터가 있는데, 진락공(眞樂公)이 지팡이를 걸어두었던 곳이 뜨락 앞의 오래된 두 그루 배나무이다. 이것이 참으로 진락공이 심은 것일까?

그 위쪽이 바로 나한전(羅漢殿)이다. 그 가운데에 토불(土佛)이 있는데, 세월이 오래되어 많이 떨어져 나갔다. 나한전의 계단 아래에는 반석이 평평하게 깔려져 있다. 산골짜기의 물이 졸졸 흘러내리면서 돌을 움푹하게 파서, 위아래에 탕(湯)을 만들어 놓았다. 진락공이 예불할 때 목욕을 하던 곳이다. 골짜기 옆에는 석함(石函)이 있다. 바깥 면에 팔괘(八卦)가 새겨져 있고, 가운데에 질항아리가 안치되어 있는데, 진락공의 유골이 담겨져 있다.(「청평산기」)

계곡을 따라 오르다가 옆의 등산로로 몇 발자국 옮기는데 오른쪽에서 물소리가 계곡을 울린다. 다시 내려가 계곡을 따라 몇 걸음 옮기니 폭포가 보인다. 규모로는 이 계곡에서 제일 크다. 서종화는 올라갈 때 미처 보지 못하였는지, 하산 길에 이 폭포에 대해 언급한다. 바로 위에 폭포가 하나 더 있고, 폭포 옆에 척번대를 해설한 알림판이 있다. 위를 쳐다보니 솜씨 좋은 사람이 돌을 일정한 간격으로 썰어 쌓은 듯한 바위가 보인다. 여기에 앉아 참선을 하면 번뇌와 망상이 사라진다고 했지만, 주변이 온통 이자현과 관련된 유적들이라 마음만 급하다.

척번대에서 조금 올라가자 폭포가 다시 보인다. 알림판이 식암폭포라고 알려준다. 수량이 적어 가느다란 물줄기는 다래넝쿨의 굵기와 비슷하다. 폭포 위로 석축이 보이는데, 선동암터이다. 선동암터 위쪽에 폭포가 또 하나 있다. 이 폭포를 식암상폭이라 하고 선동암 아래에 있는 것을 식암하폭이라 한다.

계곡 오른쪽으로 올려다보면 적멸보궁이 바위절벽 위에 숨어 있듯 앉아 있다(적멸보궁은 최근에 철거되었다). 산 정상만을 생각하며 부지런히 걷는 사람은 지나칠 수도 있을 정도로 조용히 있다. 저렇게 있을 수도 있구나! 속으로 감탄하며 올라가보니 생각보다 퇴락했고, 문은 자물쇠로 잠겨 있다. 두 세 사람이 들어가 앉아 있으면 비좁을 것 같은 크기이다. 김상헌은 "식암은 둥글기가 고니의 알과 같아서 겨우 두 무릎을 구부려야 앉을 수가 있는데, 그 속에 묵묵히 앉아 있으면서 몇 달 동안 나오지 않았다."라고 옛 전적을 인용하면서, 지금의 작은 암자는 바로 후대 사람들이 세운 것이라고 말하고 있다. 김상헌이 찾을 당시에 이자현이 거처하던 형태는 사라지고, 새롭게 지은 암자가 탐방객을 맞이하였다. 그 후 다시 식암(息庵)이 있던 터에 새롭게 복원된 것이 지금의 적멸보궁이다. 이자현이 여기서 수도하였던 것이다. 거의 천 년의 시간이 흘렀으나 직접 뵙는 듯 가슴이 두근거린다. 흥분은 잠시 후에 부끄러움으로 변했다. 이자현은 자신에게 주어진 전도양양한 길을 버리고 깊은 산 속 후미진 바위절벽 위에서 깨달음을 얻기 위해 용맹정진 하였는데, 나는 과연 무엇을 얻기 위하여 이렇게 바삐 살고 있는가. 미망 속에서 일희일비하는 나는 과연 제대로 된 삶을 사는 것일까. 10대와 20대는 어떻게 살아야 할 것인가에 대한 고민이 늘 떠나지 않았었다. 그리고 열심히 살고자 노력을 했다. 그러나 지금은 어떤가. 아무 생각 없이 하루하루를 소진하고 있지 않은가. 적멸보궁 앞에서 한참 동안 참회문을 써야만 했다.

1. 척번대   2. 청평식암 각자   3. 차 유적지

　적별보궁 옆 바위를 바라보니 청평식암(淸平息庵)이라 새겨진 글자
가 천년의 세월을 뛰어 넘어 또렷하다. 이자현은 바위에 글자를 새기
며 식암을 지키겠노라고 다짐을 하였을 것이다. 이자현이라고 해서 유
혹이 없었겠는가. 정갈하며 힘 있는 해서체의 자획은 이자현의 굳은
의지를 보는 듯하다. 적별보궁의 지붕은 바위와 연결되어 있으니, 적
멸보궁과 바위는 서로 의지하며 세월을 뛰어넘어왔던 것이다.

　적멸보궁 뒤쪽으로 올라가니 지붕이 발 높이에 있다. 바위와 나무
가 다정히 있고, 앉아서 명상하기에 적절하다. 선인들이 언급하던 송
단(松壇)이다. 다시 계곡으로 내려가서 남겨진 발자취를 찾았다. 제일
먼저 보이는 것이 너럭바위에 파여진 네모꼴의 웅덩이다. 진락공이

찻물을 뜨던 곳이기도 하고 손을 씻던 곳이기도 하다. 잠시 모자를 벗고 앉았다. 쉼 없이 계속 걸어오며 유적을 살피느라 얼굴과 등은 온통 땀으로 홍건하다. 이자현은 차분한 마음으로 이 자리에 앉아서 차를 끓이기 위해 물을 떴으며, 예불 전에 목욕재계하기도 했다. 나는 쿵쾅거리는 심장을 느끼며 물을 벌컥벌컥 마신 후 뒤로 누웠다.

석대의 북쪽 바위 사이에는 이자현의 뼈를 묻었던 돌 상자가 있었다고 하나 찾을 길이 없다. 옆에 있는 평평한 터에 잡초만 무성하고, 사이사이에 푹신한 낙엽만 밟힌다. 나한전(羅漢殿)터다.

계곡 위쪽에서 커다란 물소리가 들려 올라갔다. 서종화의 기록에 없는 폭포다. 다른 전적을 살펴보아도 이 폭포에 대한 설명이 없다. 규모가 작아서일까? 앙증맞게 한줄기로 떨어지는 폭포는 선동 계곡 제일 위에서 쉼 없이 떨어지고 있다.

견성암을 찾아 산을 오르다

동쪽으로 언덕을 오르고 계곡을 지나 몇 리 가서 견성암(見性庵)에 이르렀다. 일찍이 영지에 거꾸로 비춘다고 한 곳이다. 견성암과 선동의 사이에 천단(天壇)이 있는데, 스님들이 기도하는 곳이다. 단으로부터 조금 북쪽으로 가면 암벽이 깎아지른 듯이 부용봉을 에워싸고 있다. 부용봉 허리 아래는 푸르며 괴이한데 아름다운 치마처럼 주름졌다. 이러한 까닭에 상암(裳巖)이라고 한다. 견성암은 빈 터에 지어져 있어 아득히 속세와 떨어져 있다. 돌을 뚫어 잔교를 만들었고, 에워싸고 있는 바위가 병풍처럼 있다. 뒤로 흰 구름이 어렴풋이 비추며 울타리처럼 둘러싸고, 앞으로는 연못이 거울처럼 맑기만 하다. 난간에 기대 한번 보니 마음은 편안해지나 뛰어난 경치는 놀랍다. 홀연히 회오리바람에 위로 올라가 하늘에 이른 듯하다. (「청평산기」)

적멸보궁에서 산등성이를 따라 위로 조금 더 올라가면 최근에 세워진 5층 석탑을 만날 수 있다. 1978년에 세워졌다고 한다. 다시 내려와 적멸보궁에서 오른쪽 산기슭으로 올라가니 자그마한 부도가 숲속에 숨어 있다. 어떠한 설명도 없는 부도는 기단부가 정교하지 않아서인지 전체적으로 엉성해 보인다. 큰 스님의 부도가 아니기 때문일까. 규모가 작아서 숲의 일부가 되어버린 부도는, 그래서 더 정겹다.

서종화는 부도가 있는 곳에서 동쪽으로 계속 가서 견성암에 이른듯하다. 부도가 있는 곳에서 동쪽으로 시선을 돌리니 견성암이 있던 산봉우리가 가까이 보인다. 그런데 도저히 길을 찾을 수 없다. 김상헌은 "산허리를 경유하여 갔는데, 길이 좁아서 겨우 한 사람만이 갈 수가 있었다."고 기록한 것으로 보아 예전에 길이 있었던 것 같다. 용기를 내어 무작정 동쪽으로 향했지만, 무성한 풀과 나무들이 앞길을 막

선동부도

강원의 산하, 선비와 걷다

견성암에서 바라본 청평사

는다. 더 결정적인 것은 경사가 급한 골짜기가 입을 벌리고 있어 뒷걸음치지 않을 수 없었다.

적멸보궁쪽으로 다시 되돌아왔다. 등산로에 세워진 알림판은 소요대와 천단으로 가는 길이 북쪽이라고 화살표로 알려준다. 등산로를 따라 올라갔다. 경사가 급해서 멈추고 위를 쳐다보길 몇 번. 땀은 비오듯 하고 숨이 차서 가슴에 통증이 온다. 다리는 더 이상 가기 힘들다는 신호를 보낸 지 한참 후에 철계단이 보인다. 계단에 오르니 시야가 열린다. 서종화의 코스는 견성암에 들른 후 천단과 소요대를 지났으나, 서종화와 반대로 소요대와 천단을 거쳐 견성암에 도착했다. 비록 반대 방향이긴 하지만 견성암에서부터 서종화와 같은 방향으로 다시 되돌아왔기 때문에 서종화의 발길을 따라 가기로 한다.

| 제1부 서종화와 청평산을 오르다 |

천단

　견성암이 있는 곳은 청평사 뒤로 보이는 산봉우리이다. 영지에 비치는 곳이 바로 이곳이다. 견성암에서 밑을 내려다보니 제일 먼저 보이는 것은 소양호수이다. 호수 밑으로 청평사가 보인다. 녹색으로 그림을 그리다가 덜 칠한 도화지처럼 하얗게 보인다. 그 위쪽에 영지가 있을 테지만 짙은 녹색 속에 묻혀서 찾을 수 없다. 바위 아래 부분의 평평한 터가 견성암이 있던 자리인 것 같은데, 흔적을 찾을 수 없고 터만이 바람 속에 있을 뿐이다. 지형을 보건데 협소한 암자였을 것이다. 견성암터 아래는 청평사로 내려가는 암릉구간이다. 등산객들이 길게 늘어서 뒤로 내려가느라 와자지껄하다.

　견성암에서 바위를 잡고 조금 올라가면 바로 천단이다. 천단 주변에는 기묘한 바위들이 여기저기에 있다. 천단은 스님들이 기도하던 곳이라 했지만, 남성 성기와 같은 모양을 해서인지 지나는 등산객들이 쳐다보며 웃고 지나간다. .

　　　　　　　　　　　　　　강원의 산하, 선비와 걷다

소요대에서 노닐다

계단 아래에 백 길이나 되는 전나무가 있다. 뒤쪽으로 가서 북쪽으로 돌아들고, 또 꺾어져서 서쪽으로 백여 층계를 지나 소요대(逍遙臺)에 이르렀다. 산기슭의 머리 부분이 잘라져 돌이 드러나면서 대가 된 것인데, 그 위에 너 댓 사람이 앉을 만하다. 깎아 세운 듯한 골짜기가 내려다보이는데 수천 길이나 된다. 이곳에서 남쪽으로 바라보면 층층이 쌓여 있는 봉우리가 주위를 빙 둘러싸고 있다. 뛰어올라 솟아나온 듯한 대단한 산의 기세를 모두 보여주는데, 기이한 형태와 자태를 모두 다 표현할 수 없다. 시간이 조금 흐르자 산의 푸른 기운은 아래로 퍼지고 상쾌한 기운은 옷소매를 가득 채운다. 마침 노스님 천호(天浩)가 따라와 반나절 동안 얘기를 나누었다. 이야기가 맑고 깨끗하여 들을 만 한 하니 마치 신선인 홍애(洪厓) 선문(羨門)과 함께 세상 끝 아득히 먼 곳에서 같이 있는 듯하다. (「청평산기」)

천단에서 위로 더 올라가면 소요대다. 서종화가 말한 대로 평평한 바위는 몇 사람이 앉을 수 있다. 소양호수를 배경으로 한 천단과 견성암이 바로 앞에 있어 만질 수 있을 것만 같다. 그 옆에 청평사 경내도 조그맣게 보인다. 마침 등산하던 사람들이 앉아서 물을 마시고 있다. 이곳에서 바라보는 경치는 가슴을 시원하게 한다. 서종화도 한참이나 스님과 대화를 나누었던 곳이다. 홍애(洪厓)와 선문(羨門)은 예전 중국에 살았던 신선의 이름이다. 소요대에서 서종화가 신선이 됐듯, 나도 조금이나마 신선의 기분을 느낄 수 있었다.

보우는 「청평팔영」 중 소요대를 포함시키고 흥취를 읊조렸다.

봄이 깊어 꽃이 땅에 무늬를 놓을 때 春深花織地
소요대를 찾으니 산허리 쪽으로 비틀어졌네 臺訪佛峯腰

소요대

뜬 구름 걷히자 하늘은 푸르고 空碧浮雲卷

묵은 안개 사라지자 산은 개이네 山晴宿霧消

구천은 멀리 낮은 곳에 있고 九千遙底處

삼신산은 아득하여 부르기 어렵구나 三島杳難招

한번 삭막한 참선의 적적함 달래니 一遣枯禪寂

유유히 흥이나 저절로 풍요로워지네 悠悠興自饒

정상에 오르다

부용봉은 소요대의 북쪽에 있다. 극락전 서쪽의 산기슭으로부터 북쪽으로 몇
리를 가면 동쪽으로 부용봉의 자락에 이르게 된다. 석벽이 우뚝 솟아있어 곧
바로 올라갈 수 없고, 돌길을 따라 구불구불 올라가면 꼭대기에는 입암(立巖)

이 있다. 바위 남쪽의 돌은 거북 모양으로 튀어나와 귀암(龜巖)이라고 부른다. 그 북쪽에 향로봉(香爐峰)이 있는데, 높이가 부용봉과 같다. 그 서북쪽에 경운봉(慶雲峰)이 있는데, 양 봉우리 사이가 깎아지른 듯 험하여 새들만이 길을 통하여 갈 수 있을 정도이다.

경운봉의 아래쪽에 혈암(穴巖)이 있는데, 겨우 한 사람만이 들어갈 수 있다. 혈암의 좌우는 모두 절벽으로 되어 있어 발을 디딜만한 곳이 없다. 혈암으로부터 위로 올라가면, 마침내 앞에 봉우리의 정상에 이르게 된다. 앞의 두 봉우리보다 더 높아 시야가 더욱 넓어진다. 동쪽으로 보니 사방이 환히 보이고, 서쪽으로 용화산(龍華山)을 마주 대하고 있다. 북쪽으로 낭천(狼川)에 임하여 있고, 남쪽으로 천전리(泉田里)가 보인다. 그러나 중첩된 산봉우리와 높이 솟은 고개가 사방을 둘러싸고 있어서 바라볼 수 있는 것이 불과 100여리에 지나지 않는다.

세 봉우리의 위와 아래에 기이한 돌과 바위가 빽빽이 늘어서 있다. 마치 사람이 서 있는 듯. 짐승이 쪼그리고 있는 듯하다. 어떤 것은 대(臺)를 이루고, 어떤 것은 병풍을 이루고 있다. 동굴은 깊이 패여 있고, 각 봉우리가 들쑥날쑥한 것이 기이한 형상 아닌 것이 없다.(「청평산기」)

소요대에서 발길을 옮긴 곳은 부용봉이다. 여기서 나는 한참 동안 갸웃거렸다. 지도상으로 부용봉은 백치고개 오른편에 위치한 산이다. 천단에서 바로 지금의 부용봉으로 갔을 리 없고, 아마도 예전과 지금의 명칭이 다르기 때문에 빚어진 오해이리라. 지금의 부용봉을 서종화는 향로봉(香爐峰)이라고 말하고 있는 것 같다. 향로봉에 대한 언급은 조금 뒤에 나온다.

경운봉(慶雲峰)에 대한 언급도 착오가 있는 듯하다. 지도상으로 경운봉은 배후령에서 올라오다가 갈림길에서 오른쪽에 위치한 곳을 가리킨다. 그러나 서종화가 말하고 있는 경운봉은 지금의 오봉산 정상을 가리키는 것 같다.

혈암   청평산

　그렇다면 서종화가 오른 부용봉은 어디일까. 아마 지금의 오봉산
정상을 가기 전에 있는 봉우리를 말하는 것 같다. 정상에 올라 주변의
경관을 조망할 수 있는 곳이 바로 오봉산 정상이다. 여기서 잠깐 오봉
산에 대한 설명이 필요하다. 오봉산에 대해 조사해보니 높이는 779m
로, 청평사 뒤에 솟은 비로봉, 보현봉, 문수봉, 관음봉, 나한봉의 다섯
봉우리로 이루어져 있어 오봉산이라 불리어지게 되었다고 알려준다.
그런데 오봉산이라고 불리게 된 시기는 불과 1970년대부터라고 한다.
그 이전에는 청평산이란 명칭이 일반적이었다. 산을 유람하고 기록
한 유산기의 제목을 보면 한결 같이 청평산이란 명칭을 사용하고 있
다. 북쪽으로 오음리가 보이고 서쪽으로 용화산이 바로 앞에 다가선
다. 동쪽으로 지금의 부용봉이 우뚝하고, 동쪽으로 소양강 물이 햇빛
에 반짝인다.

강원의 산하, 선비와 걷다

다시 식암으로 향하다

경운산으로부터 서쪽 아래로 2리 쯤 가면 식암(息庵)에서 시작된 길이 있다. 수승(首僧) 행균(行均)이 조(粟)를 조리하여 대접하였다. 이곳에서 잠시 쉰 후 다시 선동암 옛 터를 보았다. 시내를 따라 수십 걸음 내려가니 이층 폭포가 보였다. 서쪽에 7층의 석대(石臺)가 있는데, 처음엔 누가 이렇게 기교스러운 것을 만들었을까 생각하였다. 그러나 자세히 들여다보니 자연적으로 만들어진 것이다. (「청평산기」)

산 정상에서 다시 왔던 길로 내려왔다. 등산보다 하산이 어렵다는 말이 실감이 난다. 부실한 다리는 내 의지와 상관없이 흔들린다. 그래도 오를 때와는 달리 하산 길은 짧게 느껴진다. 허기와 갈증을 느낄 때 적멸보궁에 도착했다. 이자현이 찻물을 뜨던 곳에 앉아 갈증을 해소하고 누워서 휴식을 취했다. 아까 언급하지 않았던 7층 석대는 척번대를 가리킨다. 바로 옆에 있는 폭포도 등산길에 언급하지 않았던 폭포다.

따뜻한 기운 산수(山水)에 차서 문득 봄이 돌아왔는데 暖逼溪山暗換春
홀연히 신선 지팡이 짚고 숨은 이를 찾아 왔네 忽扦仙杖訪幽人
백이 숙제 세상 숨음은 천성(天性) 보존 위함이고 夷齊遯世惟全性
지(稷)과 설(契)이 왕업에 부지런한 건 자기 위함 아니었지 稷契勤邦不爲身
조칙 받은 오늘에는 패옥 소리 쟁경대나 奉詔此時鏘玉佩
어느 날에 갓을 벗고 옷의 티끌 털려는가 掛冠何日拂衣塵
어느 때나 이곳에서 함께 숨어 지내면서 何當此地同棲隱
종래의 불사신을 길러나 볼까 養得從來不死身

위의 시는 곽여의 시에 차운하여 답한 시이다. 이자현은 임금이 두 번이나 대궐에 들기를 명령했으나 거절하고 자신의 은둔 생활을 지켰는데, 곽여에게도 자신과 같은 삶을 살 것을 권유하고 있다. 다른 측면에서 보면 완전히 자연에 귀의를 실행하지 못하는 곽여에 대한 비판이기도 하다. 시에서 이자현은 백이숙제의 삶과 직(稷)과 설(契)의 삶을 대치시키며 서로 비교하고 있다. 전자의 삶은 천성(天性)을 보존하는 삶이고, 후자의 삶은 개인적인 부귀영화를 위한 삶이 아니라 나라를 위한 삶이다. 그러면서 자신의 삶은 백이숙제의 삶에, 곽여의 삶은 직(稷)과 설(契)의 삶에 대입시키고 있다. 둘 다 나름대로 의미 있는 삶이지만 결국 이자현이 추구하고자 하는 삶은 자연에 귀의하여 천성을 보존하는 삶이며, 그렇기 때문에 곽여에게도 갓 벗고 옷의 티끌 털어버리고 함께 은둔의 삶을 살아서 영원히 죽지 않는 신선의 세계를 획득하자고 권유하고 있다. 이 시를 읽으니 나에게 권유하는 것 같다.

청평의 뛰어난 경치 여섯 가지

식암으로부터 서천(西川)까지 몇 리쯤 된다. 골짜기는 좁았다가 넓어지고 기이한 바위와 푸른 절벽은 병풍처럼 둘러쳐져 있다. 그 아래는 모두 반석이다. 돌이 솟아 있으면 물이 튀어 올라 하얗고, 돌이 평평하거나 우묵하게 되어 있으면 물이 모여서 푸르다. 물이 합해졌다가 흩어지고, 갈려졌다가 모인다. 콸콸 흐르기도 하고, 졸졸 흐르기도 한다. 거문고가 소리를 내는 것 같고, 구슬을 토해내는 것 같다. 깊은 골짜기가 조용하고 그윽하며, 한가로운 흥취가 맑고 깨끗하다. 고즈넉이 한참 시를 읊으며 머뭇머뭇 돌아가는 것을 잊었다.

강원의 산하, 선비와 걷다

유종원이 말한 맑은 경치는 눈과 대화하고, 졸졸 물소리는 귀와 대화하고, 고즈넉이 빈 것은 정신과 대화하고, 깊숙이 고요한 것은 마음과 대화한다는 것은 이러한 아취를 먼저 그려낸 것이다. 아! 진실로 선동(仙洞)이다. 그러므로 나는 청평(淸平)의 뛰어난 경치를 말할 때 뚜렷한 것으로 여섯 가지를 든다. 구송대(九松臺), 서천(西川), 영지(影池), 선동(仙洞), 소요대(逍遙臺), 부용봉(芙蓉峰)이 그것이다. 이 중 오직 저 선동이 제일이다. (「청평산기」)

다시 하산 길이다. 서종화의 자세한 묘사가 두드러진다. 산행에 지친 범상한 나의 눈에 계곡은 계곡일 뿐이고, 물은 물일뿐이다. 물의 다양한 색깔과 물소리의 차이를 서종화는 절대음감으로 구별하여 감상하고 있다. 선인들 중 이렇게 생동감 있게 묘사한 작품을 찾기 어렵다.
  서종화가 언급한 당나라 사람 유종원은 「고모담서소구기(鈷鉧潭西小丘記」에서 다음과 같이 말했다.

(전략) 곧 도구를 써서 잡초와 잡목을 베고 그것을 불로 태웠다. 보기 좋은 나무가 우뚝 서고 아름다운 대나무가 드러났으며 기이한 돌이 나타났다. 그 속에서 바라보니 산은 높고 구름은 떠 있다. 시내는 흐르며 조수(鳥獸)와 물고기가 맘대로 노닌다. 모두 쾌활하게 저마다의 기교를 보였으니 그것들은 그 언덕 아래에서 벌어졌다. 자리를 깔고 베개를 놓고 누우니 청량한 모습이 눈과 교감하고 졸졸대는 물소리는 귀와 교감하였으며, 유유하고 허허로운 경계는 나의 정신과, 그윽하고 고요한 경계는 나의 마음과 교감하였다. 열흘도 안 되어 기이한 곳을 두 군데나 찾았으니 비록 옛적에 산수를 좋아하는 선비도 아마 이에 미칠 수 없을 것이다. 아! 이 언덕의 경치를 풍(灃), 호(鎬), 호(鄠), 두(杜) 지방에 두면 고귀한 선비들이 다투어 사서 매일 천금을 올려도 얻기 힘들 것이다. 지금 이 영주 땅에 버려져 농부

나 어부가 지나며 비천히 여기고 사백 냥으로도 몇 해간 팔리지 않았는데 나와 심원(深源), 극기(克己)만 이것을 얻고 즐거워하니 이것은 정말 시운이 있는 것일까? 이 글을 돌에 적어 이 언덕의 시운을 축하한다.

서종화는 자신이 표현하고자 한 경치를 유종원이 먼저 묘사하였다고 아쉬워한다. 그러면서 청평산에서 뛰어난 경치로 구송대(九松臺), 서천(西川), 영지(影池), 선동(仙洞), 소요대(逍遙臺), 부용봉(芙蓉峰)을 꼽고 있다. 그리고 그 중에서 제일 백미로 선동을 든다. 앞에서도 실토한 바 있지만, 구송대, 서천, 선동에 대하여 관심을 갖은 적이 없었다. 구송폭포와 청평사, 그리고 청평산만을 이야기했었다. 청평산을 바라보는 시각이 교정되어 또 다른 절경이 보이기 시작한 것은 온전히 서종화 덕택이다. 경치뿐만 아니라 곳곳에 새겨진 선인들의 체취를 느낄 수 있게 된 것도 빼놓을 수 없다.

청평산이 품고 있는 암자들

영지에는 지장암(至莊庵)이 있는데 우파새(優婆塞)가 거처한다. 암자는 경운산과 향로봉, 부용봉과 마주하고 있는데 멀리 환하게 보인다. 동쪽으로 석벽을 보면 깎아지른 듯 우뚝 솟아 높이가 천 길 쯤 된다. 일찍이 학이 찾아와 그 꼭대기에서 놀아 학암(鶴巖)이라고 부른다. 선동의 서쪽에는 폭포가 가로질러 몇 길이나 걸려 있고, 나무가 빼곡하니 들어서 있어 앉아 쉴만하다. 그 북쪽에는 원통암(圓通庵)의 옛 터가 있다. 또 그 북쪽에는 상암(上庵)이 있다. 경운산 자락에는 경운암이 있다. 양신암(養神庵)은 견성암(見性庵)의 동남쪽에 있다. ○○암은 구송대의 서남쪽에 있고, 그 남쪽에 또 수도량(修道場)이 있다. 모두 볼만하다.(「청평산기」)

강원의 산하, 선비와 걷다

청평산이 수도하기에 적합한 곳이라는 것은 서종화가 언급한 수많은 암자를 통해서도 알 수 있다. 이렇게 많은 암자를 품고 있는 산이 또 있을까. 도저히 많은 절터를 확인할 수 없다. 영지 옆에 지장암이 있었으나, 지금은 템플스테이를 위해 새로운 건물이 깔끔하게 들어섰다. 차 향기에 눈을 돌리니 옆의 세향다원에서 흘러나온다. 예전에 김시습이 이 부근 세향원에서 거처한 적이 있었다.

조금 더 내려오니 길옆에서 할머니가 전과 동동주를 파신다. 계곡 쪽에 설치된 자리를 차지하고 한 숨 돌리면서 땀을 식혔다.

욕심이 없어지면 어느 곳이나 안락한 곳이다

아! 나의 삶은 잠깐인데 산의 우뚝 솟음과 물의 흐름은 무궁하다. 잠깐의 삶으로 무궁한 사이에서 노니니, 어찌 하루살이가 태허(太虛)를 지나감과 다르겠는가? 나보다 앞서 이곳에서 노닌 사람이 몇 사람이었고, 나보다 뒤에 이곳에서 노닐 사람이 또한 다시 몇 사람일 터인데, 장차 모두 종적 없이 사라질 것이니 진실로 슬프다! 또 내가 늦게 태어나 진락(眞樂), 나옹(懶翁)의 무리들과 함께 하지 못함을 괴롭게 생각한다. 용담(龍潭)에 갓끈을 씻고, 부용봉에서 옷을 떨치고, 선동과 구송대 사이에서 노닐며 홀로 큰 뜻을 가지고 남은 자취를 어루만지다가 감회가 일어, 언덕에 올라 걱정스레 머리를 긁적인다. (「청평산기」)

서종화의 발길은 멈췄으나 그의 감회는 끝이 없다. 그의 서글픈 감정이 어디서 연유했는지 자세히 알 수 없다. 그러나 청평산 산행 도중에, 유람기를 적는 과정 속에서 어느 정도 치유되지 않았을까? 시름이 감당할 수 없을 정도의 무게를 지녔다면 「청평산기」를 기록하지 못하였을 것이다. 이제는 가벼워져서 담담히 자신의 발자취를 남긴 것이다.

나는 어떤가. 산행 동안 계곡물 소리는 나의 귀를 씻어주었고, 계곡물은 몸을 정갈하게 해주었다. 서종화의 발걸음을 쫓으며 눈과 귀가 호강을 해서인지 뿌듯해진다. 일상 속으로 돌아갈 것을 생각하니 가슴이 먹먹해지지만, 영지 앞 암각문이 계속 귀에 맴돌며 마음을 가볍게 한다.

"욕심이 나타날 때 욕심에 물든 대상은 나타나며, 욕심이 사라질 때 욕심에 물든 대상은 사라진다. 이와 같이 모두 없어지고 나면, 어느 곳이나 안락국(安樂國)이니라."

참고문헌

김상헌, 『청음집(淸陰集)』

김창협, 『농암집(農巖集)』

박장원, 『구당집(久堂集)』

서종화, 『약헌유집(藥軒遺集)』

안석경, 『삽교집(霅橋集)』

양대박, 『청계집(靑溪集)』

윤휴, 『백호전서(白湖全集)』

정시한, 『산중일기(山中日記)』

정약용, 『여유당전서(與猶堂全書)』

조인영, 『운석유고(雲石遺稿)』

윤영활, 『청평사』, 대원사, 2009.

홍성익, 『청평사와 한국불교』, 경인문화사, 2009.

| 제1부 서종화와 청평산을 오르다 |

서종화, 「청평산기(淸平山記)」, 『약헌유집(藥軒遺集)』

수춘(壽春)의 관청으로부터 동쪽으로 40리에 청평산(淸平山)이 있다. 본래의 이름은 경운산(慶雲山)이다. 산이 험하고 깊은데다가 도적과 맹수가 많았으나, 고려 시대 처사 이자현(李資玄)이 와서 머물자 사나운 짐승들은 자취를 감추고 도적은 들어오지 못하였다. 이로 인해 청평산(淸平山)이라 불렀다고 한다.

청평산의 물이 산의 입구에서 흘러 나와 소양강 상류로 들어간다. 여기서 강을 떠나 계곡으로 들어갔다. 시내를 거슬러 올라가자, 길은 험하고 나무는 빽빽이 들어차 있다. 길은 끝나는 듯하다가 다시 이어지고, 산은 합쳐진 듯하다가 다시 열리곤 하는 것이 십 여 리 길, 비로소 구송대(九松臺)에 도착했다. 구송대는 돌을 쌓아 만들었다. 예전엔 구송대 주변에 아홉 그루의 소나무가 있었는데, 이 중 하나가 작년에 바람에 의해 쓰러졌다. 구송대의 북쪽에 이층(二層) 폭포가 있다. 아래 폭포는 위 폭포에 비해 한 길 정도 작다. 산의 눈이 막 녹기 시작해 계곡의 물이 막 불어나니, 폭포의 물은 세차게 부딪치며 물보라를 내뿜는다. 흐르는 물소리는 마치 흰 용이 뛰어오르며 큰 소리로 으르렁거리는 듯하다. 두 폭포 사이에 용담(龍潭)이 있는데, 웅덩이의 깊이가 얼마나 되는지 알 수 없다. 일찍이 용이 이곳에서 숨어 살았기 때문에 이름 지었다. 앞의 찌를 듯한 돌은 오는 길에 관문 역할을 하고 있다. 붉은 낭떠러지와 푸른 절벽이 깎아지른 듯 서 있고, 양 옆에는 단풍나무와 향나무, 삼나무와 소나무가 무성하게 빛나고 있다. 이 때 산새 두세 마리가 나무 사이로 울며 날아다니니, 청평산에서 가장 처음 눈에 띄는 곳이다.

북쪽으로 돌 비탈길을 오르면 바로 환희령(歡喜嶺)이다. 고개 오른쪽 작은 언덕에 오층석탑이 있다. 또 그곳으로부터 수십 보 거리에 성향원(盛香院)의 옛 터가 있다.

　서북쪽으로 40보쯤 가서 첫 번째 다리를 건넜다. 길가에 산죽(山竹)이 빽빽이 우거져 있어 볼만하다. 비스듬히 올라가서 영지(影池)에 도착했다. 연못은 사방이 5묘(畝) 가량 되는데, 무늬 있는 돌로 계단을 만들었다. 계단 위에는 잎갈나무 네 그루가 빙 둘러 서 있는데 나옹(懶翁)이 심은 것이다. 크기가 모두 수 십 둘레나 되며, 몸체가 구불구불하게 틀어져 있고, 가지와 잎이 매우 기이하다. 북쪽으로 마주하고 있는 것이 부용봉(芙蓉峰)인데, 몇 리 쯤 멀리 보인다. 떨어질 듯이 높이 솟은 산의 모습이 연못에 비치는 것을 보니 견성암의 창문과 소요대 바위의 위아래가 모두 역력히 보인다. 얼마 후 바람이 잔잔한 곳에 불어와 물결이 일렁이자 봉우리와 초목이 모두 움직인다. 그 광경은 황홀하여 도저히 표현해낼 수 없을 정도이다.

　두 번째 다리를 따라 가다가 꺾어지면 동북쪽에 큰 절이 있다. 산은 열려 있고 물은 에워싸고 흐르며 사방의 신(神)이 주위에서 호위하는 듯한 것이 참으로 뛰어난 사찰의 터다. 처음 이름은 백암(白巖)이며, 보현(普賢)이라고도 하였다. 당나라 스님 영현(永玄)이 지었는데, 진락공(眞樂公)이 중수하고 이름을 고쳐 문수(文殊)라고 하였다. 이에 관한 전말이 고려의 보문각(寶文閣) 학사(學士) 김부철(金富轍)이 찬한 비석에 기록되어 있다. 비석은 회전문(回轉門) 밖 정원의 서쪽 뜨락에 있다. 또한 정원의 동쪽에 파손되어 읽을 수 없는 비석이 있다. 두 비석 사이에 제석단(帝釋壇)이 있다. 제석단의 아래에는 참죽나무 두 그루와 전나무 한 그루가 서 있는데, 모두 수십 아름이 된다. 노송나무의 색깔은 앞 봉우리와 서로 섞여 푸르게 보인다.

정원 위에 두 개의 연못이 있는데 모두 막혀 말랐다. 연못의 주변에 주목이 두 세 그루 줄지어 심어져 있는데, 달빛 아래 그림자가 너울대는 것이 즐길 만하다. 회전문으로 들어가면 원해문(圓解門)이 있고, 문 위는 강선루(降仙樓)이다. 강선루의 기둥은 열 개이며 넓어서 수백 사람 정도가 앉을 수 있다. 이환문(離幻門)을 지나면 비로소 불전(佛殿)에 이르게 된다. 불전의 이름은 능인전(能仁殿)이다. 능인전과 강선루가 마주하고 있는데, 단청은 밝게 빛나고 규모는 크고 화려하며 두공(斗拱)이 교묘하고도 화려하여 예전에 보지 못했던 광경이다. 가운데에 세 좌의 금부처가 있다. 불전의 서쪽은 향적당(香積堂)이고, 동쪽은 사성전(四聖殿)과 구광전(九光殿)이다. 구광전에는 일월칠성(日月七星)과 여러 부처 그림이 걸려 있다. 그림이 비록 오래되었으나 아직까지 더럽혀지거나 흐려지지 않아서 마치 정기가 살아 있는 것 같다. 스님들이 "오도자(吳道子)가 직접 그린 것이다"라고 하니, 대체로 신라 이후의 작품은 아닐 것이다. 향적당(香積堂)의 수좌(首座) 묘영(妙映)이 앉아 있다가 쇠지팡이를 꺼내 보여주면서 말하기를, "이것은 태조가 도읍을 세울 때 나옹(懶翁)화상이 가지고 다니면서 성터를 획정하던 것입니다."라고 한다.

불전의 아래에 두 개의 곁채가 좌우로 있는데, 좌측에 있는 것은 제하(齊霞)이고, 우측에 있는 것은 연적(宴寂)이다. 그 아래쪽에 동남쪽으로 요사채가 있다. 회전문을 끼고서 좌우에 회랑이 배치되어 있는데, 모두 승려들이 거처한다. 그 남쪽에서 북쪽으로 창고가 있는데 삼보(三寶)라고 한다. 절 안에 전해져 오는 집기와 물건이 모두 이곳에 수장되어 있다. 나옹의 돌 거울 또한 그 안에 있다. 향적당의 뒤쪽에는 감로천(甘露泉)이 있고, 서쪽으로 꺾어서 가면 북쪽에 극락전이 있다. 극락전의 기이하고 교묘함과 영롱히 빛나는 것은 능인전과 비교하면 더욱 정채롭고 화려하다. 서랑(西廊)의 서쪽에 샘물을 끌어들여 우물을 만들었다. 계속 따라가면 서쪽은 시왕전(十王殿)이고, 전의 아래쪽은 자음각(慈蔭閣)이다.

이곳으로부터 서남쪽으로 70보 떨어진 곳이 서천(西川)이다. 서천의 아래쪽에 절구처럼 생긴 연못이 있다. 연못 위쪽에 대(臺)가 있고, 대의 위쪽에 큰 소나무 한 그루가 있는데, 이를 독송(獨松)이라 부른다. 매월당 김시습이 예전에 이 대 위에 정자를 지어 놓고 거처하였다고 한다. 대개 산골짜기의 물이 합류하여 이곳으로 흘러온다. 바위를 깎고 돌에 부딪칠 때마다 꺾이면서 물보라를 일으키는데, 빠르게 흐르다 연못에 이르러서 물거품은 둥근 모양을 만들며 잔잔하게 흘러간다. 단풍나무 숲과 버드나무, 괴석과 고목이 양쪽 언덕을 덮으며 가리고 있어 깊고 그윽한 흥취가 있다.

대(臺)의 서쪽에는 이 층의 단(壇)이 있는데, 고을의 수령이 기우제를 지내는 곳이다. 정성스럽게 기원하면 종종 감응이 있다고 한다.

이곳에서 꺾어져서 북쪽으로 수 백 계단을 가면 두 기의 부도가 있다.

또 다시 북쪽으로 몇 리 가면 암자가 있는데, 날아갈 듯이 절벽 위에 있다. 암자의 오른쪽에 큰 바위가 있는데, 그곳에 '청평식암(淸平息庵)'이란 네 글자가 새겨져 있다. 바위 위에는 잣나무 두 그루와 소나무 두 그루가 있는데, 뿌리가 서리고 얽혀져 구불구불하니 괴이하다. 바위 옆에는 이층폭포가 있다. 물이 햇빛에 반사되어 반짝거리는 것이 마치 백학이 날개 짓 하는 것과 같다. 그 옆에는 선동암(仙洞庵)의 옛 터가 있는데, 진락공(眞樂公)이 지팡이를 걸어두었던 곳이 뜨락 앞의 오래된 두 그루 배나무이다. 이것이 참으로 진락공이 심은 것일까?

그 위쪽이 바로 나한전(羅漢殿)이다. 그 가운데에 토불(土佛)이 있는데, 세월이 오래되어 많이 떨어져 나갔다. 나한전의 계단 아래에는 반석이 평평하게 깔려져 있다. 산골짜기의 물이 졸졸 흘러내리면서 돌을 움푹하게 파서, 위아래에 탕(湯)을 만들어 놓았다. 진락공이 예불할 때 목욕을 하던 곳이다. 골짜기 옆에는 석함(石函)이 있다. 바깥 면에 팔괘(八卦)가 새겨져 있고, 가운데에 질항아리가 안치되어 있는데, 진락공의 유골이 담겨져 있다.

동쪽으로 언덕을 오르고 계곡을 지나 몇 리 가서 견성암(見性庵)에 이르렀다. 일찍이 영지에 거꾸로 비춘다고 한 곳이다. 견성암과 선동의 사이에 천단(天壇)이 있는데, 스님들이 기도하는 곳이다. 단으로부터 조금 북쪽으로 가면 암벽이 깎아지른 듯이 부용봉을 에워싸고 있다. 부용봉 허리 아래는 푸르며 괴이한데 아름다운 치마처럼 주름졌다. 이러한 까닭에 상암(裳巖)이라고 한다. 견성암은 빈 터에 지어져 있어 아득히 속세와 떨어져 있다. 돌을 뚫어 잔교를 만들었고, 에워싸고 있는 바위가 병풍처럼 있다. 뒤로 흰 구름이 어렴풋이 비추며 울타리처럼 둘러싸고, 앞으로는 연못이 거울처럼 맑기만 하다. 난간에 기대 한번 보니 마음은 편안해지나 뛰어난 경치는 놀랍다. 홀연히 회오리바람에 위로 올라가 하늘에 이른 듯하다.

계단 아래에 백 길이나 되는 전나무가 있다. 뒤쪽으로 가서 북쪽으로 돌아들고, 또 꺾어져서 서쪽으로 백여 층계를 지나 소요대(逍遙臺)에 이르렀다. 산기슭의 머리 부분이 잘라져 돌이 드러나면서 대가 된 것인데, 그 위에 너 댓 사람이 앉을 만하다. 깎아 세운 듯한 골짜기가 내려다보이는데 수천 길이나 된다. 이곳에서 남쪽으로 바라보면 층층이 쌓여 있는 봉우리가 주위를 빙 둘러싸고 있다. 뛰어올라 솟아나온 듯한 대단한 산의 기세를 모두 보여주는데, 기이한 형태와 자태를 모두 다 표현할 수 없다. 시간이 조금 흐르자 산의 푸르른 기운은 아래로 퍼지고 상쾌한 기운은 옷소매를 가득 채운다. 마침 노스님 천호(天浩)가 따라와 반나절 동안 얘기를 나누었다. 이야기가 맑고 깨끗하여 들을 만 한 하니 마치 신선인 홍애(洪厓) 선문(羨門)과 함께 세상 끝 아득히 먼 곳에서 같이 있는 듯하다.

부용봉은 소요대의 북쪽에 있다. 극락전 서쪽의 산기슭으로부터 북쪽으로 몇 리를 가면 동쪽으로 부용봉의 자락에 이르게 된다. 석벽이 우뚝 솟아있어 곧바로 올라갈 수 없고, 돌길을 따라 구불구불 올라가면 꼭대기에는 입암(立巖)이 있다. 바위 남쪽의 돌은 거북 모양으로 튀어나와 귀암(龜巖)이라고 부른다. 그 북쪽에 향로봉(香爐峰)이 있는데, 높이가 부용봉과 같다. 그 서북쪽에 경운봉(慶雲峰)이 있는데, 양 봉우리 사이가 깎아지른 듯 험하여 새들만이 길을 통하여 갈 수 있을 정도이다.

경운봉의 아래쪽에 혈암(穴巖)이 있는데, 겨우 한 사람만이 들어갈 수 있다. 혈암의 좌우는 모두 절벽으로 되어 있어 발을 디딜만한 곳이 없다. 혈암으로부터 위로 올라가면, 마침내 앞에 봉우리의 정상에 이르게 된다. 앞의 두 봉우리보다 더 높아 시야가 더욱 넓어진다. 동쪽으로 보니 사방이 환히 보이고, 서쪽으로 용화산(龍華山)을 마주 대하고 있다. 북쪽으로 낭천(狼川)에 임하여 있고, 남쪽으로 천전리(泉田里)가 보인다. 그러나 중첩된 산봉우리와 높이 솟은 고개가 사방을 둘러싸고 있어서 바라볼 수 있는 것이 불과 100여리에 지나지 않는다.

세 봉우리의 위와 아래에 기이한 돌과 바위가 빽빽이 늘어서 있다. 마치 사람이 서 있는 듯, 짐승이 쪼그리고 있는 듯하다. 어떤 것은 대 (臺)를 이루고, 어떤 것은 병풍을 이루고 있다. 동굴은 깊이 패여 있고, 각 봉우리가 들쑥날쑥한 것이 기이한 형상 아닌 것이 없다.

경운산으로부터 서쪽 아래로 2리 쯤 가면 식암(息庵)에서 시작된 길이 있다. 수승(首僧) 행균(行均)이 조(粟)를 조리하여 대접하였다. 이곳에서 잠시 쉰 후 다시 선동암 옛 터를 보았다. 시내를 따라 수십 걸음 내려가니 이층 폭포가 보였다. 서쪽에 7층의 석대(石臺)가 있는데, 처음엔 누가 이렇게 기교스러운 것을 만들었을까 생각하였다. 그러나 자세히 들여다보니 자연적으로 만들어진 것이다.

식암으로부터 서천(西川)까지 몇 리쯤 된다. 골짜기는 좁았다가 넓어지고 기이한 바위와 푸른 절벽은 병풍처럼 둘러쳐져 있다. 그 아래는 모두 반석이다. 돌이 솟아 있으면 물이 튀어 올라 하얗고, 돌이 평평하거나 우묵하게 되어있으면 물이 모여서 푸르다. 물이 합해졌다가 흩어지고, 갈려졌다가 모인다. 콸콸 흐르기도 하고, 졸졸 흐르기도 한다. 거문고가 소리를 내는 것 같고, 구슬을 토해내는 것 같다. 깊은 골짜기가 조용하고 그윽하며, 한가로운 흥취가 맑고 깨끗하다. 고즈넉이 한참 시를 읊으며 머뭇머뭇 돌아가는 것을 잊었다.

유종원이 말한 맑은 경치는 눈과 대화하고, 졸졸 물소리는 귀와 대화하고, 고즈넉이 빈 것은 정신과 대화하고, 깊숙이 고요한 것은 마음과 대화한다는 것은 이러한 아취를 먼저 그려낸 것이다. 아! 진실로 선동(仙洞)이다. 그러므로 나는 청평(淸平)의 뛰어난 경치를 말할 때 뚜렷한 것으로 여섯 가지를 든다. 구송대(九松臺), 서천(西川), 영지 (影池), 선동(仙洞), 소요대(逍遙臺), 부용봉(芙蓉峰)이 그것이다. 이 중 오직 저 선동이 제일이다.

영지에는 지장암(至莊庵)이 있는데 우파새(優婆塞)가 거처한다. 암자는 경운산과 향로봉, 부용봉과 마주하고 있는데 멀리 환하게 보인다. 동쪽으로 석벽을 보면 깎아지른 듯 우뚝 솟아 높이가 천 길 쯤 된다. 일찍이 학이 찾아와 그 꼭대기에서 놀아 학암(鶴巖)이라고 부른다. 선동의 서쪽에는 폭포가 가로질러 몇 길이나 걸려 있고, 나무가 빼곡하니 들어서 있어 앉아 쉴만하다. 그 북쪽에는 원통암(圓通庵)의 옛 터가 있다. 또 그 북쪽에는 상암(上庵)이 있다. 경운산 자락에는 경운암이 있다. 양신암(養神庵)은 견성암(見性庵)의 동남쪽에 있다. ○○암은 구송대의 서남쪽에 있고, 그 남쪽에 또 수도량(修道場)이 있다. 모두 볼만하다.

아! 나의 삶은 잠깐인데 산의 우뚝 솟음과 물의 흐름은 무궁하다. 잠깐의 삶으로 무궁한 사이에서 노니니, 어찌 하루살이가 태허(太虛)를 지나감과 다르겠는가? 나보다 앞서 이곳에서 노닌 사람이 몇 사람이었고, 나보다 뒤에 이곳에서 노닐 사람이 또한 다시 몇 사람일 터인데, 장차 모두 종적 없이 사라질 것이니 진실로 슬프다! 또 내가 늦게 태어나 진락(眞樂), 나옹(懶翁)의 무리들과 함께 하지 못함을 괴롭게 생각한다. 용담(龍潭)에 갓끈을 씻고, 부용봉에서 옷을 떨치고, 선동과 구송대 사이에서 노닐며 홀로 큰 뜻을 가지고 남은 자취를 어루만지다가 감회가 일어, 언덕에 올라 걱정스레 머리를 긁적인다.

壽春治東四十里, 有淸平山. 本名慶雲山. 險而邃, 且多盜賊猛獸, 自高麗處士李資玄來居, 虎豹屛跡, 盜賊不入. 因以淸平稱之云.

淸平之水, 從山口流出, 入于昭陽上流. 自此舍江入谷, 溯溪而行, 峏嶇叢鬱. 路若窮而復續, 山若合而復開者, 十數里, 始至九松臺. 臺累石以成. 臺之上曾有九株松, 其一昨年爲風所倒矣. 臺之北有二層瀑布. 下瀑之不及上瀑丈許. 山雪方融, 溪水正漲, 瀑之流峻激噴薄. 其聲潃然若白虹之騰躍叫哮. 兩瀑之間爲龍潭, 潭之深不知其幾許. 嘗有龍潛居, 故名之. 前有撑石以關來道, 丹崖翠壁削立, 兩邊楓栝杉松菁薈交暎. 時有山鳥數三, 飛鳴其間, 淸平之最初開眼處也.

北躋石磴, 乃歡喜嶺. 嶺右小邱, 有五級石塔. 又數十步, 有盛香院故基.

西北四十步, 渡第一橋. 路傍山竹叢生, 蓊蔚可愛. 迤而至影池. 池方五畝, 以文石爲階. 階上有赤木四株環立, 懶翁所植. 大皆數十圍, 槎枒蟠屈柯葉甚奇. 北對芙蓉峯, 可數里遠望之. 但見其碑屼形, 俯鑑于池, 則臺庵之窓櫳, 巖石之顑仰, 皆可歷歷數之. 已而風至澄波熨皺, 峰巒草木皆動搖. 光影恍惚殆不可狀.

循第二橋折, 而東北有大伽藍. 山開水繞, 四神周護, 眞寶林勝界. 初名白巖, 或曰普賢. 唐僧永玄所刱, 眞樂公重修之. 改名文殊. 顚末在高麗寶文閣學士金富轍所撰碑, 碑在回轉門外庭西畔. 庭之東又有碑剝裂不可讀. 兩碑之間有帝釋壇. 壇之下立二春一檜, 皆數十餘圍. 檜色與前峯參, 望之蒼然.

庭之上畔雙池, 皆湮洇. 赤木數三列植其傍, 月下景影婆娑可喜. 入回轉門, 又有圓解門. 門之上爲降仙樓. 凡十楹而寬敞可坐數百人. 度離幻門, 始至佛殿. 殿名能仁. 能仁與降仙相對, 丹艧照耀, 制作宏麗, 構檻之巧, 節梲之華, 曾所未覩也. 中有三金佛. 殿之西香積堂, 東四聖曁九光殿, 九光掛日月七星諸佛圖. 圖雖古猶未漫漶, 精氣如生. 僧徒云, 吳道子眞蹟. 盖非新羅

以後之手也. 香積堂首座妙暎居焉, 出鐵筞示之曰, 此我太祖刱都時, 懶翁所持而畵定城基者. 殿之下翼之以兩廡, 左曰齊霞, 右曰宴寂, 其下又有東南寮 挾回轉門而排左右廊, 皆緇徒居焉. 南之北有庫, 名三寶. 寺中傳來什物悉藏之. 懶翁石鏡亦在其中. 香積後有甘露泉, 西折而北極樂殿. 殿宇奇巧金碧玲瓏, 比能仁尤爲精麗, 西廊之西引泉爲井. 循而又西十王殿. 殿之下慈蔭閣.

自此西南去七十步有西川. 其下爲臼潭. 潭之上臺, 臺之上立一長松, 以獨松名之. 金梅月堂悅卿嘗於此臺上, 築亭以居云. 盖山澗之水合流至此. 齧厓抵石屈折噴迅而下, 逮潭流沫成輪, 然後平鋪而逝. 楓林檉柳, 怪石枯木, 蔭暎兩厓, 深邃多幽趣. 臺之西有二層壇, 州守禱雨處. 禱之以誠, 往往有應云.

折而北數百級, 有兩浮屠.

又北數里有庵, 翼然臨絶壑之上. 其右巨巖, 刻淸平息庵四字. 巖之上生二栢二松, 根相蟠結爲一輪囷, 可恠. 巖邊懸着二層瀑布. 水色暎日如翻白鶴. 其傍有仙洞古址, 眞樂公掛錫處, 庭前兩老梨木云. 是眞樂所種然乎.

其上乃羅漢殿. 中有土佛, 歲久多剝落. 殿階之下, 盤石平鋪. 山澗潺湲, 鑿其石, 爲上下湯. 眞樂公禮佛時沐浴處. 澗邊有石函, 外面刻八卦, 中安陶瓶, 瘞眞樂公遺骨也.

東而登崗越壑數里, 至見性庵. 曾所倒映於影池者也. 見性仙洞之間, 有天壇. 緇徒祈禱處. 自壇而稍北, 巖壁削成抱繞芙蓉峯. 腰下蒼翠詭怪襞積如雲錦裳. 故名裳巖. 見性憑虛結搆, 縹緲絶塵, 醫石爲棧, 繞巖爲屏. 白雲隱暎藩擁於後, 淸潭澄澈鏡平於前. 凭欄一視, 心舒目駭. 忽然若飄, 浮上騰以臨空虛也.

階下有百丈老檜. 由後而北轉, 又折而西百餘級, 至逍遙臺. 山麓斗斷石

出爲臺, 上可坐四五人. 臨絶壑, 殆數千仞. 南向而望之, 層巒疊巘環擁周羅. 踴躍奮迅者一一呈露, 奇形異姿不可盡述. 已而山嵐下布, 爽氣盈袖. 適有老釋天浩者隨, 至半日談話, 淸灑可聽. 疑與洪厓羨門, 相接於九垓汗漫之外也.

芙蓉峯在是臺之北. 自極樂殿西麓, 北涉數里, 東到峯低. 石壁矗立不可直上, 緣磴逶迤而上有立巖. 巖之南石出爲龜形, 名曰龜巖. 其北有香爐峯, 高與芙蓉等, 其西北有慶雲峯, 兩峯之間, 斗絶險巇, 纔通鳥道.

慶雲之下有穴巖, 僅容一人. 左右皆絶壁, 無着足處. 由穴巖而上, 遂至峯頭. 於前二峯最高, 眼界益濶. 東瞰四明, 西當龍華, 北臨狼川, 南望泉田, 疊嶂峻嶺四隅, 周遭所眺, 都不過百餘里. 三峯之上下, 詭石怪巖森然羅列. 或人立, 或獸蹲, 或爲臺, 或爲屛. 嵌穴透邃稜隙*砑, 奇形異狀無所不有.

由慶雲而西下二里路出息庵. 首僧行均炊粟餽之, 少憩復觀仙洞故址, 緣溪而下數十武, 又有二層瀑. 其西七層石臺, 初謂誰能作此奇巧. 諦視之乃天作也.

自此至西川幾數里强. 其洞或狹或廣, 奇巖翠壁擁如畵屛. 其下皆盤石. 石突而起則水沸而白, 石平而凹則水聚而碧. 或合而散, 或歧而會. 或嗚咽, 或潺湲. 或鏘然如鳴琴, 或戞然如噴珠. 幽谷靚深, 閒趣沖淡. 悠然長嘯, 盤桓忘返.

柳柳州所謂, 淸泠之狀與目謀, 潛潛之聲與耳謀, 悠然而虛者與神謀, 淵然而靜者 與心謀者, 先寫此中趣. 噫眞仙洞也. 故余評淸平之勝槩, 較著者有六, 曰九松臺曰西川曰影池曰仙洞曰逍遙臺曰芙蓉峯. 惟仙洞爲最也.

影池之○○至莊庵, 優婆塞居焉. 菴與慶雲香爐芙蓉三峰相對迥曠. 東望石壁, 嵯峨削立, 高可千仞. 嘗有鶴來遊其上, 謂之鶴巖. 仙洞之西, 瀑布橫懸數仞, 樹木叢薈, 可庥而坐. 其北有圓通庵故址. 又其北有上菴. 慶雲之下

有慶雲菴. 養神庵在見性之東南. 缺 菴在九松臺之西南, 其南又有修道場.
皆有可觀.

　嗟夫吾之生也斯須, 山之峙水之流也無窮. 以斯須之生遊於無窮之間, 何
異蜉蝣之過太虛. 吾之前遊此者幾人, 吾之後遊此者亦復幾人. 其將泯泯焉
都無蹤跡, 良可悲夫. 苦余生晚不得與眞樂懶翁之流, 濯纓於龍潭, 振衣於
芙蓉, 相携徜徉於仙洞九松之間, 獨自嘐嘐然撫遺躅而興懷, 登高邱而搔
首.

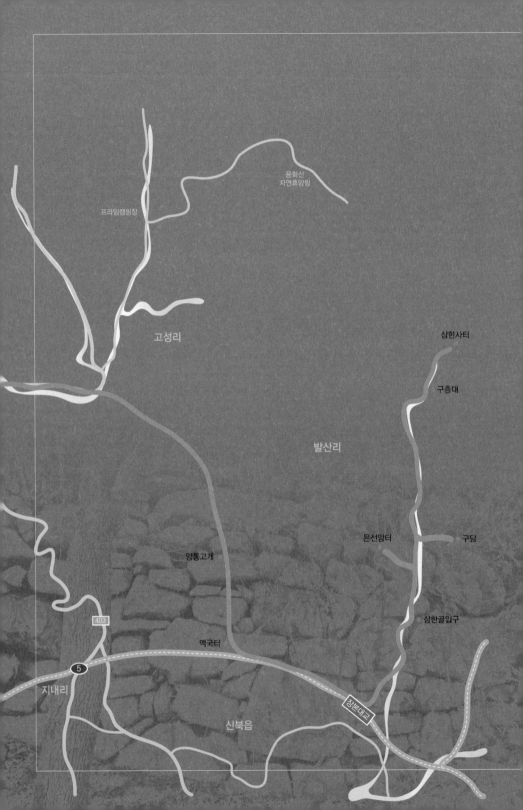

송광연과
삼한동을 거닐다

2

고탄과의 인연

몇 년 전 겨울이었다. 추위가 기승을 부릴 무렵 고탄에 간 적이 있었다. 지인과 함께 라면을 사들고 마을 앞 호수에서 얼음낚시를 하는 사람들 틈에 섞여 입김을 불어가며 라면을 먹었다. 고탄과의 첫 번째 인연이었다. 그 후 한 두 해쯤 뒤 겨울에 다시 고탄을 지나 용화산 휴양림으로 놀러갔던 기억이 흐릿하게 남아있다. 무심하게 지나쳤던 고탄과의 세 번째 만남은 송광연(宋光淵, 1638~1695)의 「삼한동기(三韓洞記)」를 읽으면서 시작되었다.

송광연은 1684년에 승지를 지내다가 권신의 탄압으로 춘천부사로 좌천되면서 춘천과 인연을 맺게 된다. 자료에 따르면 그는 1654년(효종 5)에 진사가 되면서 벼슬길에 나섰다. 이후 부침이 심한 벼슬살이를 하다가 경기도 고양의 행호(杏湖)에 범허정(泛虛亭)이란 정자를 짓고 낙향하게 된다. 다시 예조참의·황해도관찰사를 지내다가 춘천으로 오게 되었다. 그 뒤 진주목사·형조참의·개성유수·이조참판 등을 역임한다. 후대 사람들은 송광연에 대하여 성품이 강개하고 벼슬을 좋아하지 않았으며, 오로지 학문을 했다고 입을 모은다.

송광연이 남긴 책이 『범허정집(泛虛亭集)』이다. 이 책은 한시를 포함해서 다양한 작품들을 싣고 있는데, 「삼한동기」도 그 중의 하나다. 처음에는 『범허정집』을 말 그대로 일별(一瞥)하며 지나갔다. 그런데 작품 속에 등장하는 춘천과 고란산, 그리고 용화산 등의 단어들을 보면서 작품 속으로 빠져들어갔다.

「삼한동기」는 이렇게 시작된다.

가는 봄을 아쉬워하다

병인년(1686년) 4월에 공무를 마치고 문소각(聞詔閣)에서 쉬고 있었다. 바람은 맑고 날씨는 화창하다. 시들어가는 꽃을 애틋하게 바라보는데 갑자기 산수(山水)를 그리워하는 마음이 일어났다. (「삼한동기」)

춘천과 관련된 송광연의 발자취는 그의 문집 여기저기에 숨어 있다. 행정관료로서의 모습은 세 편의 기우제 글에서 볼 수 있다. 그는 사직과 대룡산, 그리고 신연강을 향하여 백성들에게 고통을 주는 가뭄이 빨리 끝나기를 호소하였다. 한시로는 「청평산에 들어가며」와 삼천동 배 터 뒤쪽 봉황대에 올라가서 지은 「봉황대에 올라 이태백 시를 따라 짓다」가 있다. 그 중 「봉황대에 올라 이태백 시를 따라 짓다」는 춘천에 있을 때 그의 심리상태를 알 수 있는 작품이다.

봉황대(鳳凰臺) 위에 홀로 올라가 거니노니　鳳凰臺上獨登遊
봉황대 아래 큰 강은 끊임없이 흐르는구나　臺下長江袞袞流
난현(蘭縣)의 옛 터엔 돌이 아직도 남아있으나　蘭縣舊基猶有石
맥국(貊國) 도성의 유적은 모두 언덕이 되었네　貊都遺迹摠成丘
투명한 물결엔 바로 삼악산(三岳山) 잠겨있고　晴波近蘸三山影
노을 풍경은 멀리 두 강 합쳐지는 모래톱에 펼쳐지네　落景遙連二水洲
임금 향한 진심은 이백(李白)과 같은데　戀闕丹心同李白
저물녘 서울 바라보니 다시 애가 끊누나　暮天西望更添愁

좌천당해 춘천에 있었을 시기에 한정한다면, 송광연의 마음 한 구석엔 늘 슬픔과 근심이 도사리고 있었던 듯하다. 경련(頸聯)의 "임금 향한 진심은 이백(李白)과 같은데, 저물녘 서울 바라보니 다시 애가

　　　　　　　　　　　　　강원의 산하, 선비와 걷다

끓누나."는 송광연의 심리 상태를 잘 보여준다. 강물을 따라 임금 계신 서울로 가고 싶지만 그러하지 못하는 현실과, 이러한 자신의 붉은 마음을 알아주지 못하는 서운함을 슬쩍 내비친다. 「삼한동기」에 "시들어가는 꽃을 애틋하게 바라보는데 갑자기 산수(山水)를 그리워하는 마음이 일어났다."는 표현도 동일한 심리상태가 아닐까?

송광연의 행적은 「춘주승람발(春州勝覽跋)」에서도 언뜻 보인다. 그는 춘천에 와서 엄황(嚴愰)이 만든 『춘주지(春州誌)』를 읽은 후, 부족하다고 여기는 것들을 기존의 『춘주지』에 추가하였다고 밝히고 있다.

문소각은 1642년(인조 24) 춘천부사 엄황이 관아 옆에 지었던 숙소다. 송광연은 공무가 끝나고 문소각에서 쉬고 있다가 울적한 마음을 풀기 위하여 길을 나섰다.

고란산의 출옹을 찾아가다

비서를 데리고 고란산(古蘭山)에 올라 출옹(朮翁)의 옛 집을 찾았다. 나송산(蘿松山)으로 옮겨가다가 용연(龍淵)에 앉아 노니는 물고기들을 찬찬히 살펴보고, 양통고개[兩通峴]를 넘어 맥국(貊國) 왕의 옛 도읍지에서 애도하였다.(「삼한동기」)

송광연의 발길은 저만치 앞에서 보일 듯 말 듯 하다. 아니 처음에는 짙은 안개 속이라 도무지 감을 잡을 수 없었다. 제일 먼저 나를 혼란케 만든 것은 고란산과 출옹이다. 도대체 고란산은 어디며 출옹은 누구란 말인가?

며칠 동안 자료를 찾으며 고민하자 안개가 조금씩 걷힌 듯 했다. 『신증동국여지승람』은 춘천 고적 항목에서 고란산현(古蘭山縣)에 대해 "본래 고구려의 석달현(昔達縣)이다. 신라 경덕왕(景德王)이 난산현(蘭山縣)으로 고쳐 우두주(牛頭州)의 관할 현으로 하였다. 지금은 있던 곳이 어딘지 자세히 알 수 없다."고 적고 있다. 이 자료는 고난산현이 난산현으로 바뀌었으며, 춘천지역에 속하였다는 것을 알려준다.

이 자료보다 더 자세한 것은 엄황의 『춘주지』이다. 고란산에 대해 "부 북쪽 35리에 있다. 일명 고탄(古呑)이라 한다. 고구려 때에는 석달현이었는데, 신라 경덕왕 때 난산으로 고쳐 우두주의 관할 현으로 하였다."라고 알려준다.

김부식의 삼국사기 중 신라본기를 살펴보면 애장왕(哀莊王) 5년 우두주 난산현에 엎드려 있던 돌이 일어나 섰다고 적었다. 지금도 이 돌은 길 가에 서 있는데, 마을 사람들이 영험하다고 생각하고 학질을 앓는 사람들이 모두 그 꼭대기에 올라가면 학질을 물리칠 수 있다고 한다. 난산의 북쪽 산록에는 봉수대가 있었으나 지금은 없으며, 석봉암(石峯巖)의 형세는 매우 험하여 병자호란 때 사람들이 많이 피하고 숨어서 온전할 수 있었다고 읍지들은 기록하고 있다.

1940년에 발간된 『강원도지』는 고란산에 대해 "고탄이라고도 한다. 군 북쪽 4리에 있다."라고 설명하고 있다. 이 자료들은 고란산이 지금의 고탄 일대임을 알려준다.

한편 정약용은 『천우기행권(穿牛紀行卷)』에서 삼악산 남쪽 문바위 밖이 곧 난산으로 고구려 배달현이었다가 신라 우수주의 속현으로 된 지역이라고 논하였으나, 심경호에 의해 고구려의 석달현은 삼악산 어구가 아니라 사북면에 있었을 가능성이 높다고 지적한 바 있다.

강원의 산하, 선비와 걷다

그러면 출옹(尤翁)은 누구일까? 순조(純祖) 때 발간된『춘천읍지』는 이주(李胄)에 대해 "호는 출옹이다. 도를 닦고 가난함을 편히 여기며 영화와 이익을 도모하지 않았다"고 기록하고 있다.『관동읍지』는 이주를 다음과 같이 소개한다. "고란산에 은거한 50여 년 동안 도를 닦고 빈한함을 꺼리지 않으며 영화와 이익을 구하지 않았다"

권득기(權得己, 1570~1622)의『만회집(晩悔集)』에서도 이주와 관련된 기사를 찾아볼 수 있다. 이주가 영서의 산골짜기에 은거하고 있는데, 소를 타고 삿갓을 쓰고 고을 수령을 알현하곤 해서 고을 사람들이 그를 은사라고 불렀다고 한다. 조위한(趙緯韓, 1567~1649)이 그를 방문해보니 살고 있는 곳이 매우 깊고 후미진 곳이었다고 한다.

춘천과 관련된 고적을 다룬 요즘의 글들 대부분이 출옹을 무오사화 때 김종직의 문인으로 몰려 진도로 귀양 갔다가, 1504년 갑자사화 때 김굉필 등과 함께 사형된 이주(李胄, 1468~1504)로 오인하고 있다. 동명이인임을 몰랐기 때문이다. 김굉필과 함께 사형당한 이주의 자는 '주지(胄之)'이며 호는 '망헌(忘軒)'이다. 그러므로 읍지나 도지의 춘천과 관련된 항목에 인용된 이주(李胄)의 시문(詩文)들은 망헌(忘軒)의 것이 아닌 출옹(尤翁)의 작품으로 수정해야 한다.

『관동읍지』인물 항목에서 이주(李胄)를 소개한 기록이 자세하다.

권신(權臣) 이이첨(李爾瞻, 1560~1623)이 글을 보내 관작(官爵)으로 꼬드기니, 이주(李胄)가 절구(絶句)로 답하기를, "이이첨의 문(門) 높아 높이가 5척, 한때의 영화가 남들보다 뛰어나네. 산에 사는 늙은이 자연을 사랑하는 병 있어, 번화한 거리로 나가고 싶지 않네."라고 하였다. 나이 83세에 죽었는데, 문사(文詞)와 한묵(翰墨)이 세상에 많이 전해지고 있다.

도를 닦고 가난을 편안히 여기며 영화와 이익을 도모하지 않았다는 기록을 뒷받침하는 일화다. 읍지와 도지에 실려 있는 그의 작품은 산수에 은거하며 안빈낙도(安貧樂道)하였던 그의 삶을 대변한다.

『춘주지』는 고탄계(古呑溪)를 설명하는 가운데 "산천이 밝고 아름다우며, 굽이굽이 꽃다운 벌판에 기이한 암석이 겹겹이 서 있고, 장송이 낙락하여 사탄(史呑)에 버금가고 퇴곡(退谷)보다 뛰어나다. 처사 이주는 호가 출옹인데 정자를 만들어 살았다"고 전한다.

이주는 고탄계(古呑溪)에서의 삶을 시로 전해준다.

아침에 동쪽 정자로 나와　朝出東亭子

유연히 허공에 앉으니　悠然坐半空

물 위엔 물새 날아드는데　有鷗來水上

산중엔 오는 손님 없구나　無客到山中

언덕 위 푸른 버들 바람 따라 하늘거리고　岸柳風前絲

개울 가 꽃 비 온 뒤라 더욱 붉은데　溪花雨後紅

다시 소나무 아랫길 따라 가다　更從松下路

지초 캐는 아이 만났네　課得採芝童

푸른 산 깊다고 말하지 마시게　休道碧山深

산에 있으면 외려 깊지 않지　在山猶不深

세상 말 때때로 들리기는 하지만　世言時到耳

어느 곳이 이보다 더 깊고 깊을까　何處更深深

잠자리 외에는 좋은 집도 필요 없고　滕外空金屋

배부른 뒤에는 팔진미도 소용없지　飽餘無八珍

어찌하여 이익 탐내어　如何貪利子

종일토록 몸 괴롭히는가　終日自勞身

강원의 산하, 선비와 걷다

출옹은 두 가지를 알려준다. 세상 사람들은 벽산이 깊다고 하지만, 지형적으로 깊은 것은 깊은 것이 아니라고 말한다. 그곳에 살고 있는 사람의 마음에 따라 얼마든지 깊을 수도 있고 아닐 수도 있다는 입장이다. 자신이 은거하고 있는 고탄계는 비록 깊은 산 속은 아니지만 자신 스스로 세상의 명예와 거리를 두었기 때문에 벽산보다도 더 깊은 곳이 되었다. 다른 하나는 안분지족을 실천하는 자신의 삶이다. 세상 사람들의 출세의 척도인 좋은 집과 맛있는 음식 등에 초연한 모습을 보여준다.

출옹(尤翁)에 대해 마을 사람들에게 물어보아도 아는 이 없다. 또한 그의 정자 터를 물어보아도 똑같은 대답만이 되돌아올 뿐이다. 고탄에 은거했던 출옹에 대한 논의가 이제부터라도 시작되어야 하지 않을까? 출옹은 후세인들의 이러한 생각 자체를 부질없는 것이라고 허허롭게 웃겠지만.

삼국사기에 기록된 일어나 우뚝 선 선돌

『삼국사기』에 "우두주 난산현에 엎드려 있던 돌이 일어나 섰다[牛頭州蘭山縣伏石起立]"라고 기록된 곳을 찾아보기로 했다. 마을 사람들에게 물어보니 지금의 양통리 입구 소나무 옆에 있는 돌이 바로 그 돌이라고 한다. 이 선돌은 힘센 사람이 흔들면 움직이기 때문에 흔들바위라 부르며, 마을 제사를 지낼 때 새끼줄로 얽어매는 곳도 바로 이 선돌이라고 덧붙여 말씀하신다.

여기서 잠깐 고탄리과 고성리, 그리고 양통마을의 위치에 대한 설명이 필요하다. 나도 몇 번의 답사를 하면서 한참 동안 헷갈렸다. 현재 행정구역상으로 고탄리는 낚시터, 농협, 송화초등학교가 있는 곳이다. 고성리의 이정표는 선돌이 있는 곳에 서 있다. 여기서부터 용화산쪽으로 고성리다. 고탄을 가로지르는 개울 건너편에 있는 마을도 고성리에 속한다. 양통마을은 고성리에 속한 한 지역의 이름이다. 예전에는 고탄리와 고성리를 함께 고탄이라 한 것 같다. 지금도 외지 사람들은 고탄이란 명칭으로 두 지역을 함께 말하곤 한다.

선돌은 길쭉한 자연석 또는 일부만을 가공한 기둥 모양의 돌을 땅위에 하나 또는 몇 개를 세운 선사시대의 거석기념물이다. 입석(立石)이라고도 불리는 선돌은 고인돌, 열석(列石)과 함께 대표적 거석문화의 하나다.

선돌은 신앙 또는 예배의 대상물로서의 성격이 짙다. 우뚝 솟은 선돌의 모습은 사람들에게 일종의 경외감으로 다가섰을 것이다. 마을사람들이 영험하다고 생각해서 학질을 앓는 사람들이 꼭대기에 올라가면 학질을 물리칠 수 있다고 믿었던 것은, 선돌이 신앙의 대상물이었음을 보여준다. 선돌은 또 형태가 남자의 성기와 비슷해 생식기숭배 같은 원시신앙과 결부되기도 하며 풍요를 기원하기도 한다.

근세에 이르러 선돌은 볏짚이나 새끼로 묶는 등 의인화, 신격화되면서 마을의 수호신 역할을 담당하기도 했다. 양통마을 입구의 선돌도 다양한 역할을 해왔음을 마을 어르신의 말씀이 증명해 준다.

강원의 산하, 선비와 걷다

양통리 입구의 선돌

| 제2부 송광연과 삼한동을 거닐다 |

양통고개를 넘어 맥국 도읍지에서 애도하다

　그러면 나송산(蘿松山)은 어디에 있는가? 19세기 중엽에 김정호(金正浩)가 제작하여 대동여지도의 저본으로 삼았던 것으로 추정되는 동여도(東輿圖)에 나송산(蘿松山)은 용화산에서 북쪽으로 뻗어있는 산줄기 끝에 위치하고 있다. 더 이상의 추적은 능력에서 벗어나기 때문에 일단 숙제로 남겨놓는다. 아무튼 나송산은 용화산의 한 줄기이며, 고탄 주변에 있는 산을 가리키는 것임에 틀림없는 것 같으나 확인할 길이 없다. 나송산에 대해 송광연과 동여도가 다르게 알고 있음을 확인한 것도 수확 중의 하나다.

　송광연이 앉았던 용연(龍淵)은 어딜까? 용연은 시내에 형성된 깊은 소일 것이다. 고탄리와 고성리에 있는 소는 세 개다. 그 중 하나는 지금의 '시냇가'라는 유원지 뒤에 있다. 어린 시절 이곳에 살았던 한 주

용소

　　　　　　　　　　　　　　　강원의 산하, 선비와 걷다

정지소

민은 이곳을 '용소'라고 불렀다고 한다. 그때는 수량이 풍부해서 여름 내내 이곳에서 수영을 하면서 놀았다는데, 지금은 모래와 자갈로 메워지고 너럭바위들만 남아있다. 또 하나는 지금의 '드림파크' 뒤에 있다. 개울 양쪽 바위 사이로 물이 흐르면서 깊은 못을 만들었다. 지금도 제법 깊숙하여 파란색을 띠고 있으며 마을 사람들은 '정지소'라 부른다. 마지막 하나는 '용화산쉼터' 앞개울에서 위로 조금 올라가다보면 두 개의 개울이 합쳐지는 곳으로 '무당소'라고 한다. 세 개 중 두 번째가 송광연이 말한 용연일 것이다. 송광연의 발걸음은 무당소에 이르기 전에 오른쪽에 있는 양통고개로 향하였다.

발산리에 세워진 맥국터 조형물

현재 지도상에서 양통고개는 춘천 지내리와 고탄 사이에 있는 고개를 가리킨다. 그러나 송광연이 말한 양통고개는 현재의 이곳이 아니다. 고성리 주민은 양통마을의 매산골을 통해 발산리로 넘어가는 길을 양통고개라고 하였다. 신북읍 발산리에서 주민에게 물어보니 동일한 고개를 손짓으로 가르쳐주신다.

양통고개를 넘으면 발산리의 맥국터가 나온다. 맥국의 옛 도읍지를 기록하고 있는 대부분의 전적들은 우두산이거나 발산리, 혹은 유포리를 지목하고 있다. 그렇다면 송광연의 눈길이 머물었던 맥국 왕의 옛 도읍지는 어딜까? 맥국터에서 바로 삼한동으로 향했으므로 그의 발걸음은 발산리에 멈췄을 것이다.

강원의 산하, 선비와 걷다

용화산으로 접어들다

비스듬히 용화산으로 올라가니 계곡 입구의 수석부터 매우 뛰어남을 알 수 있다. 계곡 가운데 있는 두 개의 너럭바위 쪽으로 내려가 거슬러 올라가다가 은선암(隱禪庵)을 지나갔다. 어둑어둑해지는데 청아한 경쇠소리는 금과 옥을 흔드는 듯 하고, 하나하나 깎아 세운 듯 연꽃 같은 뾰족한 봉우리들이 더하고 있으니 그 모습을 모두 표현할 수 없다. 관암봉(冠巖峰)·문암봉(門巖峰)·표암봉(豹巖峰)·마암봉(馬巖峰) 등이 가장 빼어난 봉우리이다. 대곡사(大谷寺)와 법화사(法華寺)의 옛 터는 마을이 열리는 곳에 있다.(「삼한동기」)

지금까지 용화산은 화천의 명산이며 바위로 이루어진 산이라 절경이란 이미지로 존재하였다. 춘천에 있는 조그마한 산에 올라 북쪽으로 눈을 돌리면 보이는 그곳에 용화산이 있었음에도, 뒷산 정상에 등산 일정을 적은 홍보물에 적혀있는 것을 보면서도 그냥 막연하게 이름만 알고 있었다. 예전에 용화산 휴양림에 놀러갔을 때에도 그곳이 화천 땅인 줄만 알고 있었다.

검색해보니 자세한 정보가 수두룩하다. 산은 춘천시 사북면과 화천군 간동면·하남면의 경계에 위치한다. 지네와 뱀이 서로 싸우다 이긴 쪽이 용이 되어서 하늘로 올라갔다 하여 용화산(龍華山)이라는 이름이 생겨났다고 전설을 들려준다. 주봉은 만장봉이며 용마굴(龍馬窟)·장수굴(將帥窟)·백운대(白雲臺)·은선암(隱仙岩)·현선암(顯仙岩)·득남(得男)바위·층계바위 등 각종 전설을 간직한 기암이 많고, 폭포도 6개나 되어 경치가 뛰어나다고 한다. 인근 주민의 정신적 영산이자 명산으로서, 옛날에는 가뭄이 들면 화천군에서 군수가 제주가 되어 기우제를 지내기도 하였고, 요즘도 해마다 열리는 용화축전 때 산신제를 지낸다고 친절하게 소개해준다.

그런데 송광연이 알고 있는 용화산은 지금의 용화산과 거리가 있는 듯하다. 송광연의 발길은 지금 발산리 뒤에 있는 수리봉과 우측에 보이는 마적산 사이의 계곡으로 향하고 있기 때문이다. 이 계곡이 끝나는 곳을 용화산이라고 생각했을까?

발걸음은 발산리 삼한골에 닿는다. 송광연의 말한 두 개의 너럭바위는 유원지 입구를 말하는 것 같다. 그는 조금 더 올라가다가 은선암(隱禪庵)을 지났다. 엄황의 『춘주지』에 은선암은 삼회동(三檜洞) 서쪽 석봉(石峯) 아래에 있다고 적었는데 송광연이 지나친 은선암을 말하는 것 같다. 도로에서 왼쪽으로 '작은 수리봉'이 보인다. 이장님께서 작은 수리봉 아래에 절터가 있다며 산으로 올라가신다. 송이를 따라 다니는 마을 사람들의 발자국이 보이다 사라지곤 한다. 예전에는 길이 있었겠지만 외지인의 눈엔 무성한 숲만이 앞에 놓여 있을 뿐이다. 경사가 급한 산을 오르다가 조그만 계곡을 몇 개 넘으면서 땀이 비 오듯 한다. 오를수록 마적산과 그 옆의 산들이 한 뼘씩 솟구치며 산세를 보여준다. 몇 차례 중간에 쉬고 나서야 절터에 도착하였다. 어떻게 이러한 곳에 아늑한 터가 있는 것을 알고 절을 지었을까? 감탄이 절로 나온다. 정교하게 쌓은 축대의 일부는 아직도 온전한 모습을 보여준다. 두세 곳에 건물이 있었던 것 같다. 주춧돌로 추측되는 잘 다듬어진 돌들이 풀 사이로 고개를 내민다. 기와 조각과 그릇으로 사용했을 백자 조각들도 쉽게 찾을 수 있다. 그러나 오랜 세월이 흐르면서 커다란 나무들이 곳곳에 자라나 절터의 전경을 추측하기 어렵다. 군부대 때문에 접근이 어려워 발굴되지 못하였겠지만, 지금이라도 절터에 대한 조사가 시작되어야 한다.

삼한동으로 접어들면서 송광연이 바라본 바위 봉우리들과 암자에서 들려오는 경쇠소리는 그의 시각과 청각을 호사롭게 하였다. 지금은 경쇠소리가 들리지 않지만 대신 개울 물 소리와 산새 소리, 그리고 바람

은선암터

소리가 마음의 때를 씻어준다. 그리고 여전히 산봉우리들은 언어도단의 경지를 보여준다. 송광연도 불가진술(不可盡述)이라고 하면서 인간의 언어로는 형용할 수 없다고 탄복하였다. 바위로 이루어진 산봉우리들을 연꽃을 깎은 듯하다며, 가장 뛰어난 봉우리를 관암봉(冠巖峰)·문암봉(門巖峰)·표암봉(豹巖峰)·마암봉(馬巖峰) 등으로 부르고 있지만 아둔한 눈으로 도무지 분간할 수 없다.

　계곡이 본격적으로 시작되는 곳에 대곡사(大谷寺)와 법화사(法華寺)의 옛 터가 있었다고 하니, 그 당시에도 이미 폐사가 되었음을 알려준다. 『춘천의 역사와 문화유적』에 의하면 법화사지(法華寺址)에 대해 양통마을에서 동쪽으로 약 2㎞ 용화산 중턱에 있는 절터로 고성

은선암터

은선암터

강원의 산하, 선비와 걷다

리사지(古城里寺址)라고도 한다고 적고 있다. 그러나 이곳은 송광연이 말한 법화사의 옛 터와는 차이가 있는 것으로 보인다.

다시 도로로 내려오자 이장님은 '동녘재골'로 발길을 향하신다. '아들바위' 건너편으로 계곡을 건너 조그만 계곡으로 들어서니 여기도 길을 찾는 것이 쉽지 않다. 중간에 '으름'이란 열매를 처음 맛보았다. 바나나 맛이 약간 나는 열매를 어렸을 적부터 많이 따 먹었다고 하신다. 발길을 옮기자 기와 조각이 보이기 시작한다. 절터가 가까이 있음을 알려주는 표시다. 잠시 뒤 석축이 보이기 시작한다. 석축 가운데에 허물어진 돌계단도 보인다. 돌계단을 통과하니 건물터가 나타난다. 절터엔 누가 조상님을 모셨는지 벌초한 무덤이 법당을 대신하고 있다. 이곳도 기와 조각을 쉽게 발견할 수 있다.

이곳은 아마도 대곡사(大谷寺) 터 이거나 법화사(法華寺) 터 일 것이다. 그러나 정확하게 알려주는 자료가 절대적으로 부족하다. 마을 사람들에게 '동녘재골 절터'로 알려진 이 절터는 자신의 이름을 밝혀달라고 요구한다. 우리에겐 절터의 정당한 요구를 들어 줄 의무가 있다.

삼한동에 도착하다

십 여 리를 가서 삼한동(三韓洞)에 이르렀다. 사람들이 말하길 옛날 골짜기 안에 큰 절이 있었는데, 삼한(三韓) 시대에 창건되어서 삼한사(三韓寺)라 이름을 붙였다고 한다. (「삼한동기」)

계곡이 시작되는 곳에서부터 십 여 리를 갔다고 하나 지금의 정확한 거리 계산과는 차이가 있을 것이다. 아마 너무 힘들어서 그만큼의

거리로 착각한 것은 아닐까. 송광연은 삼한동과 삼한사의 유래를 사람들의 전언을 통해 설명해준다. 그리고 이것은 『춘주지』에 적혀 있는 삼회사(三檜寺)에 대한 설명과 정확히 일치한다. 『춘주지』는 삼회사에 대해 "경운산의 서쪽에 있다. 세상에 전하기를, 이 절은 소양정과 함께 모두 삼한시대에 세워졌는데 천 년된 옛 집이 조금도 기울거나 틈이 생긴 곳이 없으며, 섬돌은 잡석으로 어지러이 쌓았는데 조금도 미세한 틈으로 물이 샐 곳이 없으니 보는 자가 기이하게 여겼다. 을해년에 화전으로 개간하여 모두 타 없어졌다"고 말한다. 송광연이 언급한 삼한사와 읍지가 말하는 삼회사는 동일한 곳으로 보인다. 그렇다면 『춘천의 역사와 문화유적』에서 설명하고 있는 삼회사지의 위치는 어떻게 된 것인가. 책에서 밝히고 있는 신북면 지내2리의 절터는 삼회사지가 아니란 말인가. 전문가들의 연구가 뒤따를 것이지만 이름이 중요한 것은 아니지 않는가? 절이 있었고 그곳에서 깨달음을 얻기 위한 노력이 있었으며, 그 절로 인해 많은 사람들이 위안을 얻었으면 족하지 않을까?

삼한동의 유래에 대해서 친절하게 설명하지 않았으나 삼한사가 있기 때문에 계곡의 이름이 생겼음을 넌지시 말해준다. 마을 사람들은 '삼한골'이라고 부르고 있고, 삼한골로 들어가는 입구에 있는 다리 이름은 '삼한교'다.

청평산보다 뛰어난 구층대와 폭포

구층대(九層臺)에 오르니 폭포는 청평산 구송정(九松亭) 옆에 있는 폭포와 비슷하고, 너럭바위는 청평산 서천(西川)의 바위와 같으며, 바위산은 부용봉(芙

구층대

蓉峰)과 흡사하다. 그러나 구층대(九層臺)는 청평산에 없는 것이다. 바위 위
에 핀 꽃은 아직도 피어 있으며 녹음은 새로 돋아나 여리다. 굽이치는 물은 맑
고도 얕아서 술잔을 띄우고 시를 읊조리며 회포를 풀기에 안성맞춤이어서 저
녁이 되는 줄 몰랐다. (「삼한동기」)

　삼한동으로 가는 길은 입구부터 난관에 봉착했다. 노란색과 검은색
으로 칠해진 바리케이트가 길 가운데서 이중으로 버티고 서 있기 때문
이다. 유원지 곳곳에 있는 텐트 옆 샛길로 바리케이트를 피해 10여 미
터 앞으로 나가니 이번엔 철문이 굳게 잠겨 있다. 철문 위와 옆으로
날카로운 철조망이 접근을 불허한다. 경고판에 국가 중요 시설이므로

출입은 사전에 승인을 받아야 한다고 고딕체로 힘 있게 적혀 있다. 한참 망설이다 경고판 밑의 연락처에 전화를 걸어 자초지종을 말한 후, 서류에 출입자의 신상을 기록한 후 들어갈 수 있었다.(군부대는 이후에 철수하였다.)

군부대 안이라 생기는 묘한 긴장감과 삼한동을 걷는다는 설렘이 뒤섞인 채 계곡을 걸었다. 온통 바위로 이루어진 계곡은 일반인들의 출입이 금지되어서인지 인간에 의한 오염이 티끌만큼도 없다. 어느 정도 가자 폭포가 시원하게 다가선다. 구층대(九層臺)는 폭포 위에 있는 바위를 말한다. 바위를 차곡차곡 쌓은 구층대는 자신의 모습을 늠름하게 보여준다. 마을 분들은 신선바위라고 부른다. 송광연은 구층대 밑에 있는 폭포를 청평산 구송정(九松亭) 옆에 있는 폭포에 비유를 하였는데 규모는 비슷해 보인다. 청평산에 있는 폭포는 현재 알려져 있는 구송폭포를 말하는 것이다. 옛 사람들의 기록을 보면 폭포 옆에 정

구층대폭포

강원의 산하, 선비와 걷다

자가 있었고, 정자 주변을 아홉 소나무가 호위하고 있었기 때문에 구송정이라고 불렀다. 그래서 그 옆에 있는 폭포는 자연스럽게 구송폭포라는 이름을 얻게 되었다고 한다.

송광연은 이곳에 오기 전에 청평산을 찾은 적이 있었다.

막 만폭동(萬瀑洞)에서 돌아와 　新從萬瀑洞中還
또 청평산(淸平山) 계곡을 찾았네 　又入淸平水石間
내 몸에 도(道)의 기운 가득 참 느껴 　方覺此身多道氣
일 년에 대부분 신선 있는 산에 사네 　一年强半在儒山

금강산에서 오자마자 청평산(淸平山) 계곡을 찾았노라고 실토한다. 이러한 전력이 있는지라 갑자기 산수를 그리워하는 마음이 생겨 삼한동을 거닐고 있는 그의 행위는 벽(癖)에 가깝다고 볼 수 있다. 그도 자신의 벽(癖)에 대하여 알고 있었던 듯하다. 내 몸에 도(道)의 기운 가득하다고. 그래서 일 년의 대부분을 산에 산다고 말하고 있다.

삼한동의 너럭바위를 청평산 서천(西川)의 너럭바위와 같다고 했는데, 서천은 청평사 서쪽에 있는 계곡으로 암반으로 이루어졌다. 이곳을 찾은 시인묵객들은 청평계곡의 절경 중 하나로 꼽는 곳이기도 하다. 부용봉은 청평산을 구성하고 있는 봉우리 중의 하나이다. 송광연은 용화산의 경치를 줄곧 청평산과 대비시키고 있는데, 아마도 세상 사람들은 청평산의 경치를 알고 있지만 용화산과 삼한동에 대해서는 아직 잘 모르고 있다고 생각해서인 것 같다. 그런데 반전이 일어난다. 여기가 청평산보다 더 뛰어나다는 것이다. 구층대에 필적할 만한 경치를 청평산은 가지고 있지 못해서라고 이유를 설명하는데 삼한동에 대한 송광연의 애정을 보여준다.

폭포 밑은 억겁의 세월 동안 물의 세례를 받아서 깊게 연못을 이룬다. 계속된 가뭄으로 수량은 풍부하지 않지만 물은 연못으로 계속 떨어지면서 계곡을 울린다. 물을 손으로 떠 마시고 세수를 한 후, 한참 동안 앉아서 땀을 식혔다. 송광연은 이곳에 앉아서 조금이나마 마음의 시름을 씻었을까? 한시를 남길 법도 하지만 문집을 몇 번 찾아봐도 삼한동과 관련된 시를 찾지 못했다.

주변은 온통 신록이다. 춘천은 이미 꽃이 떨어지고 있으나, 깊은 산속인 이곳은 이제야 기지개를 켜고 있다.

삼한사터에서 다래를 먹다

그 위는 삼한사(三韓寺)의 옛 터이고, 또 그 위에 휘돌아가며 열린 평평한 땅이 절경인데 식암(息庵) 옛 터이다. 그리고 맨 위에 몇 사람이 들어갈 수 있는 석굴이 있다고 한다. 그러나 날이 저물어 물이 시작하는 곳을 찾아가 볼 수 없었다. (「삼한동기」)

처음 답사 때는 폭포와 구층대를 확인하는 것에 만족할 수밖에 없었다. 그리고 일 년 후 다시 삼한동을 찾을 기회를 가졌다. 마을 분들도 함께 답사를 하면서 절터를 인도해 주셨다. 구층대에서 위로 조금 올라가니 절터가 나온다. 얼마나 찾아오고 싶었던가? 일 년 내내 삼한사는 머리에서 떠난 적이 없었다.

먼저 눈에 보이는 것은 축대다. 송광연이 이곳을 방문했을 당시 터만 있었으며, 그 이후로도 계속 방치되었던 것 같다. 축대가 온전할 리 없다. 더군다나 예전에 나무를 실어 나르기 위한 도로가 절터 한

삼한사 축대

가운데를 통과했으니 더 심한 파괴가 이루어졌다. 도로의 흔적은 많이 사라지고 원상태로 복구되는 중이지만 한번 훼손된 절터는 축대만이 아슬아슬하게 남아 있을 뿐이다. 문화재 보존의 중요성을 알려주는 현장이 된 셈이다.

주민들은 이 절터를 '불탄 절터'라 불렀다. 절에 빈대가 많아 불을 놓고 절을 떠났다고 하는데, 전국에 퍼져 있는 폐사된 절의 설화와 흡사하다.

절터에선 기와조각이 쉽게 발견된다. 가끔 백자 파편도 눈에 띤다. 전문가에 의하면 기와와 도자기 파편은 최소한 조선 중기 이전에 구워진 것이 틀림없다고 한다. 풀숲엔 익어서 말랑말랑한 다래가 여기

삼한사 축대

저기에 떨어져 있다. 절터를 찾아온 것에 대해 고맙다고 선물을 받은
것 같아 마음이 환해진다. 어렸을 적 먹었던 다래의 향과 맛이 또렷이
되살아난다.

식암(息庵)은 이자현(李資玄)이 거처하던 식암을 지칭하는 것 같
다. 송광연도 직접 가보지 못하고 주변 사람들의 말을 전하면서 아쉬
움을 내비친다.

매끈하게 파인 구담

왼쪽으로 구담(臼潭)을 찾아갔다. 위아래에 은빛 폭포가 있는데, 가운데 돌항
아리에서 물이 돌아나가니 또한 절경이다.(「삼한동기」)

강원의 산하, 선비와 걷다

처음에는 구담(臼潭)이 구층대폭포 아래 물이 고여 있는 못을 가리키는 줄 알았다. 마을 사람들이 '학수골'의 '용소'가 있다며 앞장 설 때도 반신반의하였다. 삼한동을 가로지르는 계곡을 건너 조그만 골짜기로 접어들었다. 수량이 현저히 적어 기대를 하지 않았는데 계곡이 사라지자 커다란 바위가 버티고 있다. 자세히 보니 물이 위에서 떨어진다.

폭포를 옆으로 하며 위로 올라가니 또 하나의 폭포가 연신 물을 아래 웅덩이로 내뿜는다. 물웅덩이는 잘 빚은 항아리처럼 둥그렇다. 안쪽은 비누처럼 매끈하다. 깊다는 것을 보여주듯 옥빛 색깔은 청량함을 느끼게 해 준다.

구담

강원의 산하, 선비와 걷다

이장님께서 재미난 이야기를 들려주신다. 예전에 '용소'의 깊이를 재기 위해서 명주실타래를 넣었더니 한 타래를 넣어도 바닥에 닿지 않았다고 한다. 나중에 살펴보니 명주실은 소양강으로 이어졌다고 한다. 그만큼 용소가 깊다는 것을 말해주는 전설이다.

전혀 있을 것 같지 않은 계곡과 거대한 폭포와 만남은 선입견이 얼마나 위험한 것인지를 깨우쳐준다.

이자현의 청평산과 출옹의 고란산

경운산(慶雲山)의 한 산기슭이 빙 돌아가며 내달려 법화산(法華山)이 되었다. 남쪽으로 간 것은 용화산(龍華山)이며, 서쪽으로 간 것은 나송산(蘿松山)이다. 경운산의 다른 이름은 청평산인데, 진락공(眞樂公)이 거처함으로써 나라에 이름을 떨쳤다. 나송산의 다른 갈래가 고란산(古蘭山)인데, 출옹(尤翁)이 거처하게 되어 자못 이름을 날렸다. 홀로 용화산만 호랑이가 웅크리고 용이 서려있는 형세를 하고 있다. 비록 흥망이 뚜렷하더라도 지난 일에 대해 증거할 만한 기록이 없다. 그러나 옛 흔적을 말한다면 법화사(法華寺), 삼한사(三韓寺), 대곡사(大谷寺) 등 유명한 사찰의 남겨진 터가 있다. 지금도 완연한 불대(佛臺)와 탑(禪塔)은 기이하고 옛스러움을 보여준다.(「삼한동기」)

청평산의 원래 이름은 경운산(慶雲山)이다. 이자현이 벼슬을 버리고 경운산에 들어와 문수원(文殊院)을 짓고 도를 닦자 도적이 그치고 호랑이와 이리가 자취를 감추었다고 한다. 그래서 그 후 청평산이라 불렀다. 청평산에서 시작하여 한 줄기가 법화산(法華山)이 되었다고 하는데, 법화산이 어디를 가리키는 지 정확하게 알 수 없다. 뱃재 옆의 부용

고성리에서 바라본 석봉

산을 지칭하는 것 같다는 설도 있다. 남쪽으로 간 것은 용화산(龍華山)이라고 한다. 그런데 지도를 펴놓고 방위를 살펴보면 남쪽에 위치한 산은 마적산이다. 서쪽으로 간 것은 나송산(蘿松山)이라고 하는데, 송광연의 방향 감각에 따른다면 지금의 용화산이 아닐까? 이렇게 추정해야 나송산의 한 갈래가 고란산이라는 대목이 이해가 된다. 이러한 추정이 맞는다면 고란산은 고탄 마을을 지칭하기도 하고, 고탄 뒷산인 석봉을 가리키기도 하는 것으로 볼 수 있을 것이다.

당나라의 시인 유우석(劉禹錫)은 「누실명(陋室銘)」에서 '산부재고 유선즉명(山不在高 有仙則名)'이라고 했다. '산은 높은 데에 있는 것이 아니고 신선이 살아야 명산이다'는 뜻이다. 산은 유명한 사람이 있

강원의 산하, 선비와 걷다

어야만 명산으로 이름을 떨치게 된다. 이황이 있으므로 청량산(清凉山)이 전국에 이름을 떨쳤고, 진락공(眞樂公) 이자현이 청평산에 거처함으로써 비로소 청평산이 알려지게 되었다. 마찬가지로 출옹이 고란산에 살게 됨으로써 고란산이 이름을 날리게 되었다고 송광연은 말한다. 그런데 지금 고란산의 이름도 위치도 명확치 않은 것은 왜일까? 많은 사람들은 벼슬에 뜻이 없는 것처럼 거짓으로 은자를 자처한 후 출세하여 이름을 떨치곤 했다. 그러나 출옹은 진짜로 은거했기 때문에 양명(揚名)하지 못한 것이 아닐까? 사실 출옹은 우리네들이 중시하는 가치를 떠났기 때문에 이러쿵저러쿵 말하는 것 자체가 출옹을 욕되이 하는 것이리라.

맥국터와 법화사지, 삼한사지, 대곡사지에 남아 있는 불대(佛臺)와 탑만이 송광연에게 옛날의 영화를 말없이 몸으로 보여주었다. 그리고 그 후 몇 백 년이 흘러 자취마저 묘연해진 지금, 송광연의 답사기를 통해서 그 시절을 상상해볼 뿐이다.

삼한동이 송광연을 기다린 까닭은

뛰어난 경치를 표현한다면 문암봉(門巖峰)·관암봉(冠巖峰)·표암봉(豹巖峰)·마암봉(馬巖峰) 등 여러 봉우리들이 높은 하늘로 솟구치거나, 계곡에 벽처럼 서 있다. 구층대(九層臺)와 구담(臼潭)의 여러 폭포는 은하수를 거꾸로 매단 듯, 옥으로 만든 구유통에 새로 방아를 찧는 듯하다. 땅의 청량함과 경치의 맑고 깨끗함은 청평산의 계곡에 뒤처지지 않다. 그런데 지금까지 없어져버린 듯 알려지지 않으니, 또한 나를 기다려서 그러한 것인가?(「삼한동기」)

여러 봉우리들과 계곡이 품고 있는 폭포들로 어우러진 삼한동은 청평산의 서천(西川) 계곡에 필적할만하다. 규모로만 본다면 더 크다고도 볼 수도 있다. 그럼에도 불구하고 청평산의 계곡에 비하여 알려지지 않았음을 송광연은 안타까워한다. 그러면서 자신의 답사기로 인하여 삼한동이 후대에 알려지기를 은근히 기대한다. 계곡은 온통 너럭바위들이며 곳곳의 바위들은 오랜 시간 동안 물에 씻겨 매끄럽거나 둥글게 파여졌다. 물과 거리를 둔 바위들은 아직도 날카로움을 간직하며 예전의 모습을 보이기도 한다. 계곡 옆은 울창한 숲이다. 나무를 분간하기 어렵기 때문에 그냥 숲이라고 부르는 것이 합당할 정도이다. 눈에 보이는 것은 물과 바위와 숲이며, 들리는 것은 물소리와 새소리, 그리고 이따금 지나가는 바람소리뿐이다.

알려지는 것, 또는 알려지지 않는 것

아! 청학동(靑鶴洞)의 뛰어난 경치는 율곡선생을 기다리고 나서야 비로소 후대에 전해졌다. 만물이 세상에 알려지는 것과 알려지지 않는 것은 진실로 운수가 있단 말인가? 느껴지는 것이 있어서 기록한다. (「삼한동기」)

율곡은 34세에 강릉시 연곡면에 있는 소금강의 산길을 걷고나서 「유청학산기(遊靑鶴山記)」를 남긴다. 송광연은 바로 이 사실을 언급한 것이다. 청학산은 마치 금강산을 축소해 놓은 듯 절경이어서 소금강이라 불리게 된다. 율곡의 답사기 중 마지막 부분은 이러하다.

강원의 산하, 선비와 걷다

오대산이나 두타산(頭陀山) 등은 여기에 비유하면 그 품격이 낮다고 볼 수 있다. 그럼에도 불구하고 오히려 이름을 떨치고 아름다움을 알려 관람하는 자가 끊이지 않는다. 이 산은 중첩된 봉우리와 계곡 속에 그 광채를 감추고 숨겨 아무도 찾아오는 사람이 없으니, 하물며 그 웅성깊은 곳임에랴. 세상 사람들의 알거나 모르거나 산은 아무런 손해와 이익이 없지만 사물의 이치란 본시 그렇지 않다. 이번에 우리를 만나서 후세 사람이 이 산이 있는 줄 알게 되었으니, 이 또한 운수인 것이다.

소금강이 율곡을 만나서 비로소 세상에 알려지게 된 것처럼, 자신도 율곡에 빗대면서 삼한동을 유람한 행적을 마무리 하고 있다. 송광연의 글로 세상에 알려지게 된 삼한동. 이제 다시 한번 삼한동은 나의 이 글로 인하여 알려질 수 있을까? 삼한동 아니 '삼한골'의 운수는 어떻게 전개될 것인가?

송광연을 따라 삼한동을 걷는 동안 무심히 지나쳤던 것들이 말을 걸어온다. 출옹 이주와 고란산, 그리고 삼한동 일대의 절터와 폭포들. 한동안 침묵하고 있다가 기지개를 켜며 긴 시간의 일들을 말해주지만 아직은 명확하게 들리지 않는다. 조금 더 관심을 기울인다면 또렷하게 들을 수 있고 그 이야기를 들려줄 수 있을 것이다.

참고문헌

『강원도지』
『관동읍지』
『신증동국여지승람』
『춘천읍지』
권득기, 『만회집』
송광연, 『범허정집』
정약용, 『천우기행권』
심경호, 『다산과 춘천』, 강원대학교출판부, 1995.
한림대학교박물관, 『춘천의 역사와 문화유적』, 1994.

송광연, 「삼한동기(三韓洞記)」, 『범허정집(泛虛亭集)』

병인년(1686년) 4월에 공무를 마치고 문소각(聞韶閣)에서 쉬고 있었다. 바람은 맑고 날씨는 화창하다. 시들어가는 꽃을 애틋하게 바라보는데 갑자기 산수(山水)를 그리워하는 마음이 일어났다.

비서를 데리고 고란산(古蘭山)에 올라 출옹(尤翁)의 옛 집을 찾았다. 나송산(蘿松山)으로 옮겨가다가 용연(龍淵)에 앉아 노니는 물고기들을 찬찬히 살펴보고, 양통현(兩通峴)를 넘어 맥국(貊國) 왕의 옛 도읍지에서 애도하였다.

비스듬히 용화산(龍華山)으로 올라가니 계곡 입구의 수석(水石)부터 매우 뛰어남을 알 수 있다. 계곡 가운데 있는 두 개의 너럭바위 쪽으로 내려가 거슬러 올라가다가 은선암(隱禪庵)을 지나갔다. 어둑어둑해지는데 청아한 경쇠소리는 금과 옥을 흔드는 듯하고, 하나하나 깎아 세운 듯 연꽃 같은 뾰족한 봉우리들이 더하고 있으니 그 모습을 모두 표현할 수가 없다. 관암봉(冠巖峰)·문암봉(門巖峰)·표암봉(豹巖峰)·마암봉(馬巖峰) 등이 가장 빼어난 봉우리이다. 대곡사(大谷寺)와 법화사(法華寺)의 옛 터는 마을이 열리는 곳에 있다.

십여 리를 가서 삼한동(三韓洞)에 이르렀다. 사람들이 말하길 옛날 골짜기 안에 큰 절이 있었는데, 삼한(三韓) 시대에 창건되어서 삼한사라 이름을 붙였다고 한다. 구층대(九層臺)에 오르니 폭포는 청평산 구송정(九松亭) 옆에 있는 폭포와 비슷하고, 너럭바위는 청평산 서천(西川)의 바위와 같으며, 바위산은 부용봉(芙蓉峰)과 흡사하다. 그러나 구층대(九層臺)는 청평산에 없는 것이다. 바위 위에 핀 꽃은 아직도 피어 있으며 녹음은 새로 돋아나 여리다. 굽이치는 물은 맑고도 얕아서 술잔을 띄우고 시를 읊조리며 회포를 풀기에 안성맞춤이어서 저녁이 되는 줄 몰랐다. 그 위는 삼한사(三韓寺)의 옛 터이고, 또 그 위에는 휘돌아가며 열린 평평한 땅이 절경인데 식암(息庵) 옛 터이다. 맨 위에 몇 사람이 들어갈 수 있는 석굴이 있다고 한다. 그러나 날이 저물어 물이 시작하는 곳을 찾아가 볼 수 없었다.

왼쪽으로 구담(臼潭)을 찾아갔다. 위아래의 은빛 폭포가 돌항아리로 떨어졌다가 돌아나가니 또한 절경이다.

경운산(慶雲山)의 한 산기슭이 빙 돌아가며 내달려 법화산(法華山)이 되었다. 남쪽으로 간 것은 용화산(龍華山)이며, 서쪽으로 간 것은 나송산(蘿松山)이다. 경운산의 다른 이름은 청평산인데, 진락공(眞樂公)이 거처함으로써 나라에 이름을 떨쳤다. 나송산(蘿松山)의 다른 갈래가 고란산(古蘭山)인데, 출옹(尤翁)이 거처하게 되어 자못 이름을 날렸다. 홀로 용화산만 호랑이가 웅크리고 용이 서려있는 형세를 하고 있다. 비록 흥망이 뚜렷하더라도 지난 일에 대해 증거할 만한 기록이 없다. 그러나 옛 흔적을 말한다면 법화사(法華寺), 삼한사(三韓寺), 대곡사(大谷寺) 등 유명한 사찰의 남겨진 터가 있다. 지금도 완연한 불대(佛臺)와 탑은 기이하고 예스러움을 보여준다.

뛰어난 경치를 표현한다면 관암봉(冠巖峰)·문암봉(門巖峰)·표암봉(豹巖峰)·마암봉(馬巖峰) 등 여러 봉우리들이 높은 하늘로 솟구치거나, 계곡에 벽처럼 서 있다. 구층대(九層臺)와 구담(臼潭)과 여러 폭포는 은하수를 거꾸로 매단 듯, 옥으로 만든 구유통에 새로 방아를 찧는 듯하다. 땅의 청량함과 경치의 맑고 깨끗함은 청평산의 계곡에 뒤처지지 않는다. 그런데 지금까지 없어져버린 듯 알려지지 않으니, 또한 나를 기다려서 그러한 것인가?

아! 청학동(靑鶴洞)의 뛰어난 경치는 율곡선생을 기다리고 나서야

강원의 산하, 선비와 걷다

비로소 후대에 전해졌다. 만물이 세상에 알려지는 것과 알려지지 않는 것은 진실로 운수가 있단 말인가? 느껴지는 것이 있어서 기록한다.

丙寅維夏, 余謝府事, 臥聞韶閣中. 風日淸和. 殘花悵望, 忽起山水之思.

携幕客, 登古蘭山, 訪朮翁舊居, 轉入蘿松山, 坐龍淵, 數游魚, 踰兩通峴, 弔貊王舊都.

迤入龍華山, 洞口水石, 已覺殊絶. 泝下中二盤石, 過隱禪庵. 薄暮淸磬, 撼玉搖金, 加以面面尖峰, 削立芙蓉, 其名狀不可盡述. 而冠巖門巖豹巖馬巖等峰, 其最秀者也. 有大谷法華遺址, 在洞天開處.

行十里許, 到三韓洞. 諺傳洞中舊有大刹, 三韓時所刱, 仍以名寺云. 登九層臺, 瀑布似九松亭, 磐石似西川, 巖巒似芙蓉峰. 而九層臺, 又淸平山之所未有. 巖花未謝, 綠蔭新嫩. 曲水淸淺, 最宜流觴, 嘯咏暢叙, 不覺日之夕矣. 其上卽三韓寺舊基, 又其上旋開平陸絶勝. 息庵遺墟. 最上頭, 有石窟可容幾人云. 而日暮不得窮源.

遂左尋臼潭. 上下銀瀑, 中匯石臼, 亦一名勝.

大抵慶雲一麓, 周馳爲法華山. 而南落者是龍華, 西落者是蘿 松慶雲之一名, 乃淸平山, 而得眞樂公, 擅名東國, 蘿松山之別支, 卽古蘭山, 而爲朮翁所占, 亦頗顯名. 獨龍華一山, 有虎踞龍盤之勢. 雖興亡如鴻, 往事無徵. 而論古跡則法華, 三韓, 大谷等名刹遺址. 至今宛然, 佛臺, 禪塔, 尙留奇古.

語形勝則門冠豹馬羣峰, 或上出重霄, 或壁立洞天. 層臺臼潭諸瀑, 或倒挂銀河. 或新碾玉槽, 地分之淸凉, 景致之瀟灑, 不讓於淸平洞中. 而至今湮沒不稱, 其亦有待而然耶.

噫. 以靑鶴洞之絶勝, 待栗谷先生而始傳於後. 物之顯晦, 固有數存焉耶. 遂感而爲之記.

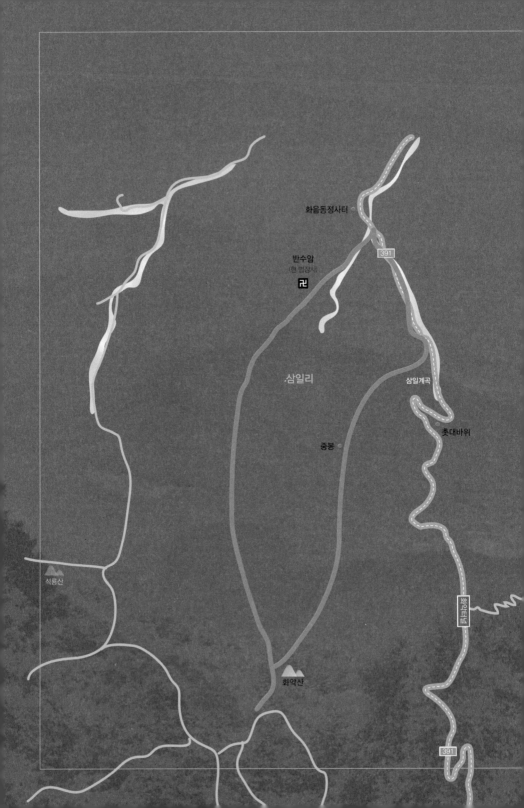

화음동정사터

반수암
(현 법장사)
卍

반수암

·삼일리

삼일계곡

촛대바위

중봉

석룡산

화악산

391

391

김수증과 웅장하고 광활한
화악산을 오르다

3

구름을 관장하는 산이라 불린 화악산

춘천에서 서쪽을 바라보면 멀리 높게 솟은 산이 보인다. 초봄이나 늦가을에 비가 내리면 어김없이 정상 부근이 하얗게 눈으로 덮이곤 한다. 바로 화악산이다.

화악산이 가평 인근에 있으며 아주 높은 산이라는 것은 일찍부터 알았다. 집안의 아는 사람이 화악산 공군부대에 근무를 한 적이 있었기 때문이다. 처음에는 의아했다. 공군과 산이 쉽게 연결이 되지 않아서다. 그러나 주변의 산들보다 높은 화악산은 비행기의 운행을 쉽게 포착할 수 있기 때문에, 정상에 레이더 기지가 설치되어 있다는 말을 듣고 고개를 끄떡였다. 지금도 정상 부근은 군사시설 때문에 통제되고 있는데, 주변 산보다 높은 화악산의 운명이라고 하기엔 너무 잔혹하다.

화악산에 대한 정보를 얻기 위해 찾아보니 산의 높이는 1,468m다. 경기도에서 가장 높은 산이라고 한다. 당연히 경기도 가평군에 속해 있는 줄 알았는데 강원도 화천군과 경계를 이루고 있다. 화악산은 동쪽의 응봉, 서쪽의 국망봉과 함께 광주산맥의 주봉을 이룬다. 화악산을 삼형제봉이라 부르기도 하는데 화악산을 중앙으로 동쪽에 응봉, 서쪽에 중봉이 있기 때문이라고 설명해 준다.

화악산은 삼형제봉이란 이름 말고 다른 이름으로도 알려져 왔다. 성해응은 『연경재전집』에서 화악산을 '화음산(華陰山)'으로 기록하고 있다. 또 많은 선인들은 화악산에 늘 구름이 끼여 있다고 해서 구름을 관장한다는 의미로 '관운산(簪雲山)'으로 부르기도 하였다.

김수증의 조카인 김창협은 「관운산」이란 제목으로 시를 읊조렸다.

화악산(길종갑 작)

아침에 구름 뜨고 저녁에도 구름 떠 　朝見雲生暮復生
눕거나 거닐 때나 언제고 바라보네 　不分眠臥與經行
누가 뉘 관장하나 이제 이미 잊으니 　如今己是忘相管
청산에 다른 이름 바꿔지어 불러야지 　須與青山換別名

　산을 바라보면 언제나 구름을 볼 수 있기 때문에 이름을 관운산으
로 바꾼다는 김창협의 말처럼, 화악산은 언제나 구름과 벗하고 있다.
늘 구름이 머물고 있는 화악산을 노래한 시는 이밖에도 많다. 화악산
을 노래한 사람들은 언제나 구름을 언급하고 있으니, 화악산은 구름
과 떼려고 해도 뗄 수 없는 운명공동체다. 지금도 화악산의 정상은 구

강원의 산하, 선비와 걷다

름에 싸여 있다.

화악산에 대한 선인들의 시는 많으나, 등산하고 그 과정을 기록한 유산기는 김수증의 「유화악산기(遊華嶽山記)」가 유일하다. 이제 김수증을 따라 화악산 산행을 시작한다.

화악산 자락인 화음동에 깃들다

화악산은 춘천부의 북쪽 80리에 있다. 김화(金化)의 대성산(大聖山)에서 뻗어 나와 영평(永平)의 백운산(白雲山)이 되고, 백운산에서 동쪽으로 비스듬히 와서 화악산(華嶽山)이 된다. 내가 처음에 살만한 곳으로 정한 곡운(谷雲)은 화악산의 북쪽에 있다. 나의 집은 바로 화악산과 마주하고 있어 산봉우리와 골짜기의 구름과 안개가 책상까지 들어온다. 눈을 돌리면 누워서도 유람할 수 있어 벼랑과 산봉우리를 오를 일이 없었다. 일찍이 한 번 산어귀까지 10여리를 가기도 했지만 흥이 다하여 돌아왔다. 또 작년에 마을 입구에 초당을 짓고 화음동(華陰洞)이라 이름 붙였다. 이곳은 산기슭이라 산과 더욱 가깝다.
(김수증, 「유화악산기(遊華嶽山記)」,『곡운집(谷雲集)』)

화악산 자락에서 살았던 김수증은 어떤 사람인가? 공식적인 역사책의 기록을 참고해 본다. 그가 죽자 조선왕조실록은 그에 대하여 종합적인 평가를 내린다. "일찍이 과거를 포기하고 간간이 나와서 수령을 지냈으나, 또한 얽매여 있을 생각은 없었다. 만년에 춘천 곡운(谷雲)의 산속에 자리 잡고 살았다. 산수가 깊숙하고 그윽함을 사랑하여 마침내 여기에서 늙었으니, 당시 사람들이 모두 그를 고상하게 여기었다."

그는 당대의 명문 집안 후손으로 할아버지는 김상헌이다. 김상헌은 병자호란 때 조선이 청나라에 항복하자 식음을 전폐하고 자결을 기도

하기도 했다. 그 뒤 안동의 학가산(鶴駕山)에 들어가, 와신상담하여 치욕을 씻고 명나라와의 의리를 유지해야 한다는 내용의 상소를 올린 뒤 두문불출하였다. 이후 조선의 군대를 보내서 청이 명을 치는 것을 돕는 것에 반대하자, 청나라로부터 위험인물로 지목되어 1641년 심양에 끌려갔다. 이후 4년여 동안 청나라에 묶여 있었다. 당시에도 강직한 성격과 기개로써 청인들의 굴복 요구에 불복하며 끝까지 저항하였다. 청나라로 압송당할 때 지은 시조가 그 유명한 "가노라 삼각산아 다시 보자 한강수야 / 고국산천을 떠나고자 하랴마는 / 시절이 하 수상하니 올 둥 말 둥 하여라"다.

김수증은 1670년에 지금의 화천군 사내면 용담1리에 땅을 마련하고 집을 짓기 시작해서 1675년 겨울에 온 집안이 와서 살았다. 그러다가 1689년에 화악산 자락인 삼일리로 거처를 옮겨 은거하게 된다. 처음에 살던 용담리에서도 화악산이 잘 보이긴 했으나 산과 멀리 떨어져 있었다면, 삼일리의 거처는 화악산 품에 안긴 형국이다.

중국의 시인 유우석(劉禹錫)은 「누실명(陋室銘)」에서 "산은 높아서가 아니라 신선이 살면 이름을 얻고, 물은 깊어서가 아니라 용이 살면 영험한 것이다"라고 말하였듯이 화악산은 온전히 김수증이 화악산 자락에 살게 되면서 이름을 떨치게 되었다고 해도 과언은 아닐 것이다.

화악산 이 산속의 태초적 구름 보소 華嶽山中太始雲
일천 봉 일만 골에 자욱이 깔리었네 千峯萬壑接氣氳
예로부터 이 물건 관장하는 이 없다가 古來此物無人管
선생이 나오시어 그 공 처음 인정했네 直待先生始策勳

조카 김창협의 시이다. 김수증 이전에는 화악산에 살던 이가 없다가, 김수증이 화악산에 거처하면서 비로소 화악산을 관장하게 되었다고 평가한다.

김수증은 처음엔 용담리 주변의 자연에 매료되었다. 마을을 관통하는 시내의 뛰어난 경치를 찾아내어 구곡(九曲)을 만들었다. 지금의 곡운구곡이다. 여기서 그치지 않고 광덕계곡 일대를 유람하고 7곡을 명명하기도 했다.

그러나 용담리에서의 생활을 청산하고 화악산 자락인 삼일리로 들어오면서 화악산에 대해 더 관심을 갖게 되었다. 그 결정판이 「유화악산기」다.

반수암에서 등산을 시작하다

신미년(1691) 8월 28일에 신랑(申郞), 반수암(伴睡菴)의 승려 홍눌(弘訥)과 남특(南特)을 데리고 화악산 정상에 오를 계획을 실행하였다. 소를 타고 반수암을 지나 서쪽 산으로 올라가다가, 소에서 내려 남여를 타고 계속 오르며 나아갔다. 산세가 점점 높아졌으므로 다시 남여를 놓아두고 짧은 옷을 걸치고 짚신을 신고 지팡이를 짚고서 갔다. 나무숲과 풀덤불은 무성하게 우거지고 산길은 낙엽에 덮혔다. (「유화악산기」)

용담리에 거처하던 김수증은 1689년에 화음동으로 거주지를 옮겼다. 화악산에 오른 1691년은 그의 나이 68세로 화음동에서 산 지 3년째 되던 해이다.

반수암은 김수증이 거처하던 화음동정사에서 멀지 않은 곳에 있는 절이다. 김수증이 평강 현감이었을 때 금강산에서 스님인 홍눌을 만

등산 출발점인 법장사

났는데 화천으로 올 때 같이 왔다. 김수증은 자신의 집에서 멀지 않은
쌍계협에 암자를 짓게 했다. 그 암자 이름이 반수암이다. 지금은 홍눌
스님의 부도만 남아 있고, 옛 건물 대신에 정법사란 새 절이 최근에 들
어섰다. 김수증은 금강산부터 친분관계를 맺어오던 반수암의 스님 홍
눌과 산행을 함께 하였다.

　요즘 화악산 등산코스는 대부분 경기도 가평 쪽에서 시작한다. 그
러나 300여 년 전 김수증은 화천 삼일리에 있는 반수암부터 산을 오르
기 시작했다. 지금은 화천 쪽에서 등반할 경우 삼일리에서 출발하여
화음동정사지와 법장사를 둘러본 후 촛대바위를 통과한다. 그리고 화
악터널 주변에 주차를 한 후, 정상에 오르는 코스가 일반적이다.

　　　　　　　　　　　　　　　　　강원의 산하, 선비와 걷다

조선시대 대부분의 사대부들은 산행할 때 가마를 이용하곤 했다. 김수증도 처음엔 소를 타고 가다가 도중에 가마로 갈아탔다. 산세가 험해지자 비로소 도보로 오르기 시작했다. 지금보다 더 손쉬운 산행이었을 수도 있다. 그러나 그 당시 68세의 노구가 화악산을 올랐다는 것 하나만으로도 경의를 표하지 않을 수 없다.

매 잡는 사람들을 만나다

중봉(中峯) 옆에 이르자, 매 잡는 마을 사람들이 마름풀집을 짓고 임시 머무는 곳으로 삼고 있다. 곁에 가느다란 샘이 있어서, 잠시 앉아 밥을 먹었다. 식사를 하고 차츰 올라가는데 산은 점점 높아졌다. 지나가는 산등성이마다 곳곳에 매 집이 있다. (「유화악산기」)

드디어 산행을 시작했다. 보이지 않는 길을 만들며 산등성이를 따라 올라간다. 짐승들이 다녔을 법한 길을 따르니 생각보다 수월하다. 그러나 서서 가는 인간들을 가로막는 나뭇가지와 넝쿨들 때문에 중간중간 걸음을 멈추어야 했다.

예전에 시골에서 나무를 하던 때가 떠오른다. 겨울이면 한 해 땔감을 마련하기 위해 마을 뒷산을 오르곤 했다. 지게에 세 단 정도를 지고 휘청거리는 다리를 끌고 겨울 내내 이 산 저 산을 오르내렸다. 한 가리를 하면 일 년을 버틸 수 있었다. 지금은 땔감용 나무를 하는 사람들이 거의 없어서 모든 산들이 무성하다. 아니 너무 밀식되어서 나무를 솎아내야 할 판이다. 상전벽해라는 말이 실감이 난다.

김수증이 산행 중간에 지나간 중봉은 어디일까? 삼일리 주민들이 매봉이라 부르던 곳인 것 같다. 점심을 먹은 곳이 중봉 옆이고, 이후 저녁때가 다 되어서 산 정상에 도착했으니 말이다. 말 그대로 화악산의 중간 정도쯤에 있는 봉우리일 것이다. 김수증은 화악산 정상에 오른 후, 다시 중봉을 거쳐 내려온 것으로 보아, 사창리에서 가평으로 가는 도로 오른쪽에 솟은 봉우리를 중봉이라 부른 것 같다.

매 잡는 사람들이 머무는 임시 집이 있었다고 하니, 화천 삼일리 지역에서도 매를 잡는 일이 큰일이었던 것 같다. 김수증이 점심을 먹은 중봉은 삼일리 주민들이 닭을 이용해서 매를 잡던 곳이다. 그물을 이용해서 매를 잡는 일반적인 방법이 아니고, 싸리나무로 엮은 큰 소쿠리 같은 것을 이용해 매를 생포하였다고 한다. 불과 몇 십 년 전만해도 삼일리에서는 매를 이용해서 꿩 등을 잡았다고 한다. 여하튼 화악산에 매가 많이 서식하였던 것만은 틀림없다. 산봉우리의 이름에도 '매'를 뜻하는 응봉(鷹峰)이 남아 있다. 현재의 응봉은 화악산에서 바라볼 때 동쪽에 있는 산이다. 군부대가 있어 외부인의 출입이 통제되고 있다.

파노라마처럼 펼쳐진 산 산 산

저녁 무렵에 정상에 이르렀다. 산의 한 줄기가 동쪽으로 뻗어서 우람하게 대치하고 있는데, 사자봉(獅子峯)이라고 한다. 사방이 활짝 트여 아무 걸림이 없어, 가깝고 먼 여러 산들이 모두 시야에 들어온다. 풍악산(楓嶽山)과 한계산(寒溪山)을 볼 수 있고, 목멱산(木覓山)도 바라볼 수 있다. 마침 구름과 노을에 가려져서 삼각산(三角山)은 어두운 기운 속에 희미하다. 춘천의 소양강(昭陽江)과 철원의 보개산(寶蓋山)도 지척에 있는 듯하다. 양구의 저산(猪

강원의 산하, 선비와 걷다

山)과 평강의 고암산(高巖山)도 뚜렷하게 눈높이에서 살필 수 있다. 포천의
국망산(國望山)은 만질 것처럼 가깝다. 이밖에 이름을 알 수 없는 많은 산들
은 하나하나 헤아릴 수 없을 정도이다. 산의 서쪽 기슭은 이른바 도성협(道
星峽)인데, 어깻죽지 아래에 있는 듯하다. 두 산이 마치 묶인 듯하여 넓고 평
평한 땅이 한 조각도 없다. 산의 남쪽은 곧 가평의 경계이다. (「유화악산기
(遊華嶽山記)」)

화악산 정상은 올라갈 수 없다. 이미 군부대가 오래전부터 차지하
고 출입을 엄금하고 있기 때문이다. 정상뿐만 아니라 정상 일대를 군
부대가 넓게 차지하고 있다. 철조망을 피해 토끼길 같은 등산로를 따
라 올라가니 정상에 '중봉'이란 표지석이 서 있다. 언제부터 중봉이라
불렸는지 알 수 없으나, 김수증이 화악산에 오르면서 만났던 중봉은
아니다. 화악산 정상은 새로 이름을 얻은 중봉에게 한 구석만 조금 남

중봉 정상에서 바라본 서쪽

| 제3부 김수증과 웅장하고 광활한 화악산을 오르다 |

겨주었다. 중봉에서 사방을 돌아보니 주변의 산들은 모두 아래로 보인다. 가끔 구름 속에 모습을 드러내는 봉우리는 망망대해에 외롭게 떠 있는 섬이다. 동쪽에 있는 사자봉은 현재의 응봉을 말한다. 응봉 옆으로 멀리 춘천이 보이며, 용화산과 그 밖의 산들이 계속 물밀 듯이 겹쳐서 시야로 들어온다. 산의 이름을 열거할 수 없을 정도다. 풍악산(楓嶽山)은 금강산의 다른 이름이다. 한계산(寒溪山)은 설악산을 의미한다. 김수증은 화악산에 오르기 전에 설악산을 오른 적이 있었다. 금강산과 설악산이 보인다고 했으나 시계가 불량하여 보이질 않는다. 김수증이 올라왔던 17세기엔 아마도 공기가 깨끗하여 보였을지도 모르겠다. 남쪽으로 용문산이 흐릿하게 자리 잡고 있다. 서쪽으로 목멱산과 삼각산이 희미하게 보인다고 했으나, 어느 산이 어느 산인지 알 수 없다. 북쪽으로 철원과 양구의 산들도 눈 아래에 가득하다. 보개산(寶蓋山)은 요즘 지장봉으로 더 알려져 있다. 평강의 고암산(高巖山)은 궁예의 수도였을 때 진산이었던 산으로 적석사(積石寺)의 달빛 구경이 유명하였다.

서쪽에 있는 도성협은 포천시 이동면 연곡리 제비울에서 가평군 북면 적목리로 넘어가는 고개를 가리킨다. 가평군의 옛 이름인 토성으로 넘어가는 고개라 해서 토성현(土城峴)이라고도 부른다.

정상에 서고 보니 공자가 생각난다. 공자는 태산에 오르고 나서 천하가 좁다는 것을 알았다고 했는데, 화악산에 오르자 태산에 오른 공자의 심경이 조금 이해된다.

바위 밑에서 하룻밤을 지내다

차츰 1리쯤 내려오자 벼랑에 있는 바위가 집의 처마 같아서 비바람을 피할 수 있다. 바위에 의지해서 작은 온돌을 만들고 땔나무로 덮어 집을 만들었다. 이 것도 역시 가평의 매잡이가 만든 것인데, 10여명이 머물고 있다. 나는 솥을 설치해 저녁밥을 지었다. 이곳에서 하룻밤을 지내는데, 구름과 안개가 컴컴하고 바람과 이슬이 온몸에 가득 차 심신이 모두 시려 잠을 이룰 수 없다. 이번 여름에 한계산에서 유숙할 때와 같은 상황이다. 탁주 한 잔을 마시는데, 승려 홍눌이 곁에서 게송을 외운다. 매잡이가 나의 하인들에게 가만히 말하였다. "간밤 꿈에 사대부 서너 분이 여기 와서 노닐었는데, 지금 그 꿈이 들어맞았소. 정말 기이하오."(「유화악산기」)

김수증이 하룻밤 묵었던 곳을 찾아 나섰다. 바위가 처마 역할을 할 수 있는 곳은 쉽게 눈에 뜨이지 않는다. 더구나 정상 주변은 군부대와 군사용 도로 때문에 이전의 모습을 잃어버린지 오래다. 10여명이 머물고 있다가 김수증 일행이 합류 했으니 상당한 공간일 것이다. 아침에 일출을 보았으니 동쪽이나 남쪽에 있었던 것 같다.

군사용 도로를 따라 올라가면 군부대가 또렷이 보이는 곳에 헬기장이 있다. 그곳에서 남서쪽 방향에 이정표가 있다. 협소한 등산로는 중봉까지 계속된다. 중봉으로 올라가기 바로 전에 바위가 있고, 그 앞에 약간 넓은 공터가 있다. 서쪽을 등지고 동쪽을 향하고 있어 아침에 일출을 감상하기에 적절한 장소이다. 텐트를 치고 하룻밤을 보낸 흔적도 보인다. 화악산 정상 부근을 몇 번 탐색하였지만 이곳만한 곳을 더 찾을 수 없다.

가평 지역의 매잡이들은 화악산에서 주로 활동을 하였던 것 같다. 이들의 소속과 잡은 매의 용도는 불분명하다. 조선 시대에도 응방(鷹

坊)이란 관청이 있어 매의 사냥과 사육·훈련을 맡았으나, 민폐 때문에 폐지·설치가 반복되었고 숙종 때 혁파되었다. 매를 진상하기 위하여 잡는 것인지 아니면 매사냥을 위한 것인지 판단하기 어려우나, 개인적인 용도를 위해 많은 사람들이 동원되었을 리 없다.

일제강점기까지도 매우 성행했던 매사냥은 전북 진안에서 아직도 전통적인 방법에 의해 매사냥이 전승되어 오고 있다. 몇 십 년 전만 해도 화천 삼일리에서 매사냥을 하였다는 증언은 매사냥이 광범위했다는 것을 보여준다.

매를 이용한 사냥은 중앙아시아에서 시작돼 전 세계로 퍼졌다. 중국에서는 원나라 때에 크게 유행했다. 사냥매로 유명한 우리나라의 해동청(海東靑)이 중국에 이름을 떨친 것도 원나라 지배 시기와 일치한다. 고려시대에는 몽고에서 매를 바칠 것을 요구하여서 세공으로 매를 보냈고, 이를 관장하기 위해 응방을 설치했을 정도였다. 조선시대에는 해동청의 공헌으로 명나라와의 곤란한 교섭이 해결되기도 했다. 조선 태조는 자주 매사냥을 구경했고, 태종은 친히 활과 화살을 차고 말을 달리며 매사냥을 자주했다.

가을날 화악산의 추위는 한 잔 술로도 이겨내기 어려웠다. 김수증은 바로 그해 5월 달에 있었던 설악산 여행을 생각했다. 조카 김창협의 농노로 그해 봄에 소를 끌고 와서 설악산에 머물고 있었던 정금(丁金)의 집에서 자게 되었다. 그런데 집은 서까래뿐이고 지붕은 없어 나무껍질로 간단히 위를 덮고 밑에 풀을 깐 후 밤을 보내야 했다. 별빛과 달빛이 지붕을 뚫고 들어오고 바람과 이슬이 몸에 가득하여 추워서 잠을 이룰 수가 없었다. 아마도 설악산에서의 밤보다 화악산에서의 밤이 더 길었을 것이다.

산을 오르면서 나무 위를 유심히 보았다. 내려가면서 바위틈도 자

강원의 산하, 선비와 걷다

세히 살펴보았다. 혹시 새매 둥지를 찾을 수 있을지도 모른다는 생각 때문이었다. 등산객들의 말소리와 군대 차량의 경적소리 때문인지 흔한 새집조차 보기 힘들다. 인적이 드문 곳에 있을지는 모르지만 등산로 주변에서 찾을 수 없고, 정상 부근에서 까마귀의 울음소리만 들려온다.

웅장하고 광활하구나

새벽에 일어나니 음울한 구름이 풀어져 흩어지고 해가 동쪽 봉우리에서 솟아오른다. 흰 구름은 동남쪽에 평평하게 깔려 있고, 산과 들은 하늘에 끝없이 이어져 넓디넓은 바다처럼 끓어오른다. 고개 서쪽에 위치한 경기지역은 모두 눈 아래 흐릿하게 들어오고, 용문산만 하늘가에 반쯤 드러나 보인다. 멀고 가까운 봉우리들의 뾰족한 모습이 점점이 출몰하니, 섬이 별과 바둑알을 펼친 것 같다. 전에 풍악산을 찾아 아침에 수재[水岾]에 올랐을 때 흰 구름이 까마득한 비로봉을 삼켰다가 토해냈다. 그것도 대단히 기이하기는 하였지만, 웅장하고 광활한 형세는 이보다 못하다. 주희(朱熹)가 운곡(雲谷)에서 본 것이 과연 어떠하였는지는 모르겠으나, 천하의 기이한 경관을 정말로 미리 제대로 표현한 것이다.(「유화악산기」)

화악산에서 맞이한 아침의 일출은 표현하기 어렵다. 화악산 아래로 펼쳐진 운해의 모습은 대단한 볼거리다. 구름을 관장하는 산이란 이름에 걸맞게 화악산은 늘 구름 속에 있곤 했다. 그가 만들어낸 구름은 자신보다 낮은 산들을 다 삼켜버렸다. 그 중 주변보다 제법 높은 산들만이 머리를 내밀고 있을 뿐이다. 바둑알을 펼쳐 놓았다는 묘사가 절묘

할 정도로 점점이 보이는 것은 산의 정상이다. 김수증은 이러한 광경
을 금강산 유람했을 때의 일과 비교한다. 비로봉을 휘감아 돌던 구름
의 형세에 감탄을 한 적이 있었지만, 지금 화악산과 비교한다면 못하
다고 평가를 내린다. 그러면서 화악산에서 바라본 운해를 웅장하고 광
활하다고 정의내리고 있다. 김수증은 나중에 화악산의 절경에 대해 언
급하였는데, 산 정상에서 바라본 노을과 구름을 최고의 경관 중 하나
로 꼽았다.

그러나 수시로 변하는 화악산의 구름을 쉽게 만나기는 어렵다. 정
상에서 근무하는 군인들은 날마다 보는 것이라며 심드렁한 표정이지
만, 운해를 만난 등산객들은 횡재를 한 듯 한껏 들뜬 표정으로 연신 카
메라에 담기에 바쁘다.

화음동이 은은하게 보이는구나

밥을 먹은 후 다시 봉우리 정상으로 올라갔다. 서쪽에서 살랑살랑 바람이 불
어오고 기후는 청명하다. 사방의 구름 기운은 아직 걷히지 않았기 때문에, 더
멀리까지 조망할 수 없다. 그러나 곡운정사의 소나무 숲과 마을의 집들은 또
렷하게 식별할 수가 있다. 화음동이 앞 봉우리의 주름 접힌 곳 속에서 은은히
보인다. (「유화악산기」)

잠을 잔 곳을 떠나 김수증은 다시 정상으로 향한다. 김수증은 정상
을 향해 갔지만 군부대 때문에 따라갈 수 없다. 아쉬움을 달랠 수 있
는 방법은 정상 북쪽에 있는 일명 '북봉'으로 가는 것이다. 북봉으로
가는 길은 화악산 터널 쪽에서 다시 발걸음을 시작해야한다. 터널 입

강원의 산하, 선비와 걷다

구에서 오른쪽 임도를 따라 올라가면 실운현 사거리가 나온다. 오른쪽으로 백 여 미터 쯤 가다가 헬기장이 보이면 거기서부터 능선을 따라 올라가면 된다. 이 코스는 야생화 애호가들이 좋아하는 코스로 알려져 있다. 금강초롱, 투구꽃, 단풍취 등이 탐방객들을 반간다고 하는데, 내가 방문했을 때는 아직 잔설이 있어서 찾아볼 수 없었다. 북봉에 오르면 김수증의 시선을 느낄 수 있다. 사창리 방면을 바라보니 온통 산뿐이다. 그 사이에 마을이 가끔 섞여있다. 용담리와 삼일리는 아기 손톱만큼 보인다. 우리네가 사는 곳은 산의 틈새에 보일 듯 말 듯 묻혀 있다. 산이 주인이고 우리는 그 틈에서 살아가고 있을 뿐이다. 그런데도 한 뼘의 땅이라도 더 차지하기 위해 눈을 붉히고 있다. 화악산에서 바라보니 얼마나 부질없는 짓인지 깨닫게 된다. 산에서 내려가 저 속에 들어가서도 이러한 마음을 유지할 수 있을까? 장담하기 어렵다.

화악터널에서 바라본 사창리

| 제3부 김수증과 웅장하고 광활한 화악산을 오르다 |

화악산에 올라가 바라보니 김수증이 지명에 '운(雲)'자를 많이 넣은 이유가 화악산과 관련이 있을 것 같다는 생각이 든다. 먼저 용담리 일대를 '곡운(谷雲)'이라고 하였다. 시내 이름인 '벽운계(碧雲溪)', '백운계(白雲溪)'에도 넣었다. 단지 곡운(谷雲)을 주자가 은거하던 운곡(雲谷)을 사모하여 지은 것이라고 말해왔지만, 그 속에는 화악산의 구름처럼 얽매임 없이 자유자재로 변하는 자유로움이 포함되었을 것 같다.

그래서 일까 김수증은 화악산을 읊은 시 중에 다음과 같은 시를 남겼다.

와룡담 위 화악산이 구름을 만들자 臥龍潭上山出雲
구름은 용을 좇지 않고 나와 짝하네 雲不從龍只伴人
함께 무심하니 어찌 관여함이 있으랴 同是無心寧有管
우연히 마주하고 좋은 이웃 되었네 偶然相對作芳隣

화악산의 구름이 김수증과 어울린 이유는 바로 무심(無心) 때문이다. '나'라는 인식조차 잊은 자유로운 김수증은 구름과 물아일체가 되어 자유롭게 화악산에서 노닐었던 것이다.

분비나무를 만나다

마침내 어제 왔던 길을 버리고 곧바로 중봉으로 따라 내려왔다. 산을 넘고 벼랑 곁을 지나니, 나무숲은 성글고 풀은 무성하며 철쭉이 온 산에 가득하고 간간이 두견새가 운다. 꽃이 피었을 때 그 꽃들이 주변을 비추고 제 모습을 드러내는 광경을 상상해봤다. 높은 곳의 나무는 뻗지 않고 가지와 줄기가 구불구불한데, 주목·측백·잣나무들이다. 또 이름 모를 나무들이 있는데, 승려들은 그것을 비목(棐木)이라고 부른다. 가지와 잎은 젓나무와 같고 몸통은 창백하며, 겨울이 다 가도록 시들지 않는다. 이전에 풍악산과 희령산(戱靈山)에서 본 적이 있는데, 대체로 멋진 나무이다. (「유화악산기」)

등산길이 산등성이를 따른 길이었다면 하산 길은 중봉으로 내려오는 길이다. 이때의 중봉은 현재 등산객들이 화악산 정상 대신 오르는 중봉과 다르다. 삼일리에서 화악산으로 가는 길에서 볼 때 오른쪽에 있는 산을 가리킨다. 이 산은 지역민들이 말하는 '큰골'과 '목골' 사이에 있는 산줄기이다.

정상 부근은 지대가 높아서 관목들이 대부분이다. 그 중 눈에 뜨이는 것은 자작나무이다. 하얀 나무껍질의 자작나무는 등산하는 내내 나를 따라 다녔다. 자작나무는 높은 산악지대나 추운 지방에서 주로 자라며, 버릴 것 하나 없는 쓰임새 덕분에 숲 속의 귀족 또는 여왕 등으

자작나무

| 제3부 김수증과 웅장하고 광활한 화악산을 오르다 |

로 불린다. 목재가 질이 좋고 썩지 않으며 병충해에 강해서 건축재, 조
각재 등으로 많이 사용되고, 팔만대장경을 제작하는 목판으로도 일부
사용되었다. 종이가 없던 시절에는 자작나무의 껍질을 종이 대신 사용
해 불경을 적어두거나 신라 고분벽화의 그림의 재료가 되기도 했다.
하얀 눈 속에 하얀 속살을 드러내고 있는 자작나무는 푸른 하늘을 머
리에 이고 있어서 더 인상적이다.

  잣나무도 가끔씩 보인다. 곳곳에 보이는 것은 참나무이다. 나중에
사전을 찾아보니 참나무는 어느 한 종을 지칭하는 것이 아니라, 참나
무과 참나무속에 속하는 여러 수종을 가리키는 명칭이다. 쓰임새가
많아 유용한 나무라는 뜻이다. 이 속에 속하는 나무는 모두 도토리라
고 불리는 견과를 생산하므로 '도토리나무'라고도 불린다. 어렸을 적
에 시골에서 '갈나무'란 나무를 많이 보았다. 도토리 채취보다는 땔감
으로 많이 사용했다. 여기 참나무들은 정상으로 올라올수록 키가 작

분비나무

강원의 산하, 선비와 걷다

으며, 곧게 뻗은 것보다는 구부러진 모양이 더 많다. 그 사이사이에 진달래나무가 자주 보인다. 김수증은 주목나무와 측백나무를 보았다고 했는데 등산로 주변에서 찾기 힘들다.

정상부근에 오르자 침엽수들이 더 눈에 띈다. 화려한 넓은 잎의 활엽수보다 자신을 최대한 줄인 침엽수들은 화려함만이 능사가 아님을 보여준다. 또한 정상 부근은 바람과 추위를 이겨낸 나무들만이 살아남았다. 자신의 성장을 최대한 늦추고 땅에 가까이 밀착한 나무만이 살아 있다. 자신을 최대한 겸손하게 하는 것이 살아남는 길임을 관목들은 보여준다.

화악산에서 주목할 나무는 분비나무이다. 최근에 크리스마스트리로 애용하는 나무로 널리 알려진 구상나무와 비슷해서 착각하곤 한다. 예전에는 분비나무를 비목이라 불렀는데 금강산에서 보았다는 기록이 여기저기 보인다.

마조장들을 만나다

반쯤 내려온 깊은 골짜기에 마조장(磨造匠) 서너 명이 나무를 찍으며 일을 하고 있다. 거기서 조금 쉬면서 밥을 먹고 떠났다. 골짜기는 어둡고 숲은 컴컴하여 동서가 헷갈렸다. 작은 산을 타고 넘으면서 한참을 내려오다가 평평한 비탈을 만났다. 푸른 젓나무 천 그루가 주변에 즐비하게 늘어서 있는데, 크기는 백 아름이나 된다. 간혹 잣나무와 박달나무가 섞여 하늘에 둥실 떠서 해를 가리고 있기 때문에 꼭대기를 볼 수 없다. 한낮인데도 음침하고 기상이 엄숙하다. 아마도 개벽 이래로 도끼와 자귀가 들어오지 못했을 것이다. (「유화악산기」)

사전적 의미의 마조장은 조선 시대에 선공감 및 지방 관아에 속하여 연자매를 만드는 일을 맡아 하던 사람을 가리킨다. 그런데 김수증이 만난 마조장들은 전통적인 개념의 마조장인 것 같지 않다. 나무를 찍으며 일을 했다는 기록은 이들이 석수보다는 목수에 가깝다는 것을 알려준다. 어찌되었건 마조장들은 중앙 관청에 소속되거나 각 군현에 배속되었다.

내려오던 김수증은 전나무 군락지를 만났다. 한낮에도 하늘을 볼 수 없을 정도로 울창한 전나무 숲이었다. 마조장들이 나무를 할 정도로 울창했을 것이나 지금은 어디인지 찾기 힘들다. 아마 있었다고 하더라도 오랜 세월 동안 자신의 모습을 유지하기 어려웠을 것이다. 울창한 화악산을 기억하고 있는 삼일리 주민들은 커다란 아름드리 나무들이 베어져 산판차로 끊임없이 내려오던 때를 기억하고 있다. 아마도 이때 화악산의 하늘을 가렸던 대부분의 나무들이 사라졌을 것이다.

마조장을 만났던 공터

강원의 산하, 선비와 걷다

잣나무 군락

삼일리에서 화악산을 향해 오르다보면 실운 휴게소가 보인다. 휴게
소에서 조금 더 올라가면 오른쪽으로 등산로 표시가 있고 산 쪽으로
시멘트도로가 펼쳐진다. 군사용도로이다. 군데군데 군사용 참호가 보
인다. 이제는 사용하지 않은 듯 대부분 노후화되어 있다. 화악산 등산
로임을 알려주는 표시가 몇 군데 나무에 걸려있다. 주변은 온통 잣나
무이다. 그러다가 갑자기 주변이 환해지면서 평탄한 곳이 나타난다.
화악산이라고 믿겨지지 않을 정도이다. 혹시 상암사터가 아닐까 해서
한참을 살펴보았다. 그러나 절터임을 알려주는 표시는 없다. 다만 가
지런히 쌓은 돌들이 보일뿐이다. 「유화악산기」를 꺼내 읽어보았다.
여기가 바로 마조장들과 만났던 곳이다.

태초곡에서 오무암을 짓고 살고 싶구나

산의 정상에서 여기까지, 전체 산의 3분의 2나 된다. 서쪽을 등지고 동쪽을 마주하면서 넓게 차지하고 있다. 모두 여러 층이어서 수목의 그늘이 햇빛을 가리고 우거져 있으니, 숲의 길이와 너비가 얼마인지 전혀 할 수 없다. 떨어진 잎은 썩으면서 쌓이고 흙은 깊고 두터워서 인삼과 산나물이 여기서 많이 난다. 산의 승려와 마을사람들조차도 보지 못한 것이 있다고 한다. 남쪽에는 상암사(上菴寺)의 옛터가 있다고 하지만, 숲이 깊고 길이 끊어져서 그곳을 알지 못한다고 한다. 이곳은 화음동에서 불과 10여리밖에 떨어져 있지 않으므로, 너와집을 하나 두고 때때로 왕래한다면, 회옹(晦翁)이 노봉(蘆峰)에서 그랬듯이 세상의 분잡함과 완전히 거리를 둘 수 있을 것이다. 하지만 산이 높고 계곡이 끊어져 있으므로 큰 결단을 하지 않는다면 거처하기 어렵고, 품과 비용이 적으면 거처를 만들기 어렵다. 그러므로 다만 그 승경을 잠시 기록해 둘 따름이다. 또 계곡을 태초곡(泰初谷)라 이름 지었다. 봄날 화창하고 햇빛이 밝으면 다시 느긋하게 와서 노닐면서 세상 바깥의 무궁한 취미를 붙이고 싶다.(「유화악산기」)

김수증의 하산 길을 정확히 알기 어렵다. 아까 걷던 길을 계속 걸으면 길이 끝나는 곳에 조그마한 봉우리가 있다. 봉우리는 1969년에 세운 군사용 진지 위이다. 삼일리가 내려다보이는 이곳은 중봉의 한 봉우리이다. 산줄기를 타고 계속 올라갔다. 조금 올라가니 헬기장이 나온다. 그 위쪽으론 바위들이 계속 능선을 타고 줄지어 서 있다. 오른쪽 '목골'에서 물소리가 올라온다. '목골'은 '목욕골'로 불리기도 한다. 매월당과 곡운, 삼연 선생이 목욕을 하였기 때문에 이름을 얻었다고 한다.

왼쪽 아래로 잣나무 군락이 빼꼭한 참나무 가지 사이로 넓게 펼쳐져 있다. 중봉의 정상에 오른 후 다시 내려왔다. 올라온 코스를 버리고 아까 지나온 평지를 향해 급경사를 미끄러지듯 내려갔다. 거의 다 내려

강원의 산하, 선비와 걷다

태초곡

왔을때 우연하게 노부부를 만났다. 80이 넘으신 노부부는 고비를 꺾으러 삼일리에서 오셨다. 벌써 배낭을 가득 채우고 귀가 하던 중이셨다. 할아버지의 배낭을 대신 메고 내려오면서 이것저것 물어보았다. 예전에 울창하던 나무는 산판으로 다 잘려나가고 이후 잣나무를 심었는데, 그 잣나무가 커서 이렇게 무성하게 자랐다고 한다. 그리고 평평한 이곳을 포함해 이 일대를 '큰골'이라 부른다고 알려주신다.

　전체 산의 2/3되는 부분은 속세와 완전히 격리된 화악산 중에서도 깊숙한 곳이다. 김수증은 이곳을 태초곡이라 이름 지었다. 그리고 이곳에 움막을 짓고 가끔씩 머물고자 했다. 태초곡은 이 일대 계곡을 전체적으로 말한 것이다.

| 제3부　김수증과 웅장하고 광활한 화악산을 오르다 |

그는 왜 이곳에 집을 짓고자 했을까? 용담리의 곡운정사에서 삼일리의 화음동정사로 거처를 옮긴 것은 속세와 더 멀어지고 싶어서였다. 잠시 벼슬길에 나갔던 그는 정쟁의 소용돌이 속에서 송시열과 그의 동생이 희생당하는 것을 보고 화음동으로 들어왔다. 가끔씩 화음동보다 더 깊숙한 곳으로 자신을 유폐시키고 싶었던 것이 아닐까? 점잖은 김수증은 자신의 속내를 잘 보여주지 않는다. 그러나 태초곡에 거처를 마련하고 싶다는 그의 말은 쉽게 극복할 수 없었던 현실의 고통을 알려준다.

김창흡은 『농암집』에 「부지암기」란 글을 실었다. '부지암'은 큰아버지인 김수증이 화음동에 거처를 마련하고 주로 거처하던 방의 이름이다.

그런데 선생의 뜻은 이 정도에 그치지 않고, 태초(太初)의 골짜기를 열고 오무암(五無菴)을 지어 굴원의 「원유사(遠遊辭)」의 끝 장을 노래하며 여생을 마치려 하고 있다. 이와 같이 하면 형체를 버리고 천지개벽 이전의 혼돈 상태로 뛰어올라 만물의 밖에 홀로 서서 더 이상 꿈과 현실, 앎과 모름의 경계가 없을 것이니, 이것이 또 어찌 소자가 헤아릴 수 있는 것이겠는가. 아! 깊기도 하다. 아! 원대하기도 하다. (백부는 또 화악산 가장 깊은 곳에 골짜기 하나를 얻었는데, 그곳은 수많은 전나무가 하늘까지 닿고 인적이 닿지 않는 곳이다. 선생은 그곳을 '태초'라 이름하고 장차 작은 암자를 지어 「원유사」의 끝 장에 있는 오무(五無)의 뜻으로 이름을 지으려 하였다.)

오무(五無)는 굴원이 지은 「원유(遠遊)」에 보인다. "아래로는 아득히 깊어 땅이 없고, 위로는 텅 비어 하늘이 없도다. 눈은 흐려서 보는 것이 없고, 귀는 흐리멍텅하여 듣는 것이 없도다. 무위의 경지로 뛰어올라 지극히 맑아져서, 태초(太初)와 이웃이 되리."라고 했듯이 다섯

강원의 산하, 선비와 걷다

가지가 없는 것이다. 바로 세속적인 지각을 완전히 버리고 청정무위
(淸淨無爲)의 경지에 도달함을 의미한다.

김창협은 태초곡에 대하여 다음과 같이 노래했다.

큰 골짜기 깊은 숲 범과 표범 놀이터에　鉅谷深林虎豹墟

일만 그루 전나무가 무성하게 늘어섰네　蒼杉鬱鬱萬株餘

바람 서리 비 이슬 무한했던 기후 변화　風霜雨露無窮事

단장 짚고 가끔 와 태초곡에 물어보네　拄杖時來問太初

그러나 김수증은 태초곡에 오무암을 짓지 못하였다. 아니 안 지었
을 수도 있다. 마음에 소용돌이가 일어날 때마다 화악산을 바라보거
나, 조금만 더 깊숙이 들어와 한나절을 보내면 금방 자신을 괴롭히던
것들이 사라졌을 것이다. 그러한 의미에서 김수증은 화악산을 통해
자신의 고통을 치유한 셈이다.

상암사터는 글을 쓰는 내내 나를 괴롭혔다. 도대체 어디에 있을까?
자료를 찾아봐도 알려주는 곳이 없다. 그 당시에도 터만 있었고 어디
인지 알 수 없었다고 기록했듯이 폐찰이 된지 오래되었기 때문에 찾
는 것은 불가능해 보였다. 그러나 모르리라. 혹 인연이 닿는다면 우연
히 마주칠지도.

태초곡을 지나 화음동으로 향하다

이곳에서부터 내려가는데 지세가 현격히 가팔라서 어찌할 수가 없을 정도
이다. 산비탈에 조를 심은 곳이 있다. 이곳을 지나 계곡과 골짜기를 돌아 나
왔다. 물은 남쪽 계곡에서 흘러나오는데, 화음동의 상류이다. 바위 골짜기

　　　　| 제3부 김수증과 웅장하고 광활한 화악산을 오르다 |

는 울퉁불퉁 큰 돌이 많은데, 가평의 읍성까지 이를 수 있다고 한다. 여러 번 개울을 건너자 돌 길이 조금이나마 열렸다. 화음초당 가까이 이르자 이미 저녁이 되었다. 드디어 남여를 타고 돌아왔다. 이내 한계산을 유람할 때 대승암(大乘菴)을 방문하고 폭포를 구경하고 싶었지만, 몇 리에 지나지 않는 험준한 바위 길에 겁을 먹고 쉽사리 오르지 못했던 일이 생각났다. (「유화악산기」)

다시 하산길이다. 태초곡에서 하산히는 김수증은 촛대바위 옆 계곡을 거쳐 내려온 것 같다. 촛대바위에 대해 언급하지 않은 것은 보지 못해서일까? 조금 내려오니 계곡 옆에 폭포가 보인다. 비록 수량이 풍부하지 않지만 바위 사이로 떨어지는 폭포는 진달래꽃과 절묘하게 어울린다. 길을 따라 내려오면서 산비탈과 함께 민가가 보이기 시작한다. 조를 심었다는 밭이 여기쯤일 것이다.

화음동에서 바라본 중봉

강원의 산하, 선비와 걷다

원시림의 모습을 하고 있었던 화악산 자락은 차츰 회복되어 가고 있지만 아직은 우리의 손길이 닿지 않아야 한다. 이러한 바람과는 정 반대로 도로 주변을 차지하고 있는 별장용 집들이 점점 산 쪽으로 올라가고 있다.

더 내려가면 화음동을 통과하는 시내의 상류 두 곳이 만나는 곳이다. 화음동 바로 위에서 두 계곡이 만나기 때문에 쌍계(雙溪)라고 부른다.

김수증은 1691년 5월에 조카 창흡과 같이 설악산을 방문한 적이 있었다. 그러나 그 당시 그는 대승암과 대승폭포 길이 멀고 험하여 가지 못하였다. 바로 하산 길에 그때의 일을 기억한 것이다. 지금 그의 마음은 어떨까? 아마도 화악산을 완주하였다는 자부심이 마음에 가득할 것이다. 그것도 대부분 온전하게 자신만의 힘으로 다니질 않았던가?

김수증이 뽑은 화악산의 승경

이번에 산등성이를 오르내린 것이 거의 오륙십 리나 되었다. 험난하기는 한 계산과 큰 차이가 없었지만 원근에 있어서는 현격한 차이가 있다. 그때 조금 이나마 다리 힘을 시험해보지 못하고 험난함을 보고 포기한 것이 매우 한스 러웠다. 다행히 오늘 우연히 이렇게 유람하게 되었다. 산꼭대기에서 바라본 구름과 노을, 깊은 골짜기의 무성한 숲은 평생토록 유람한 것 중에 제일 기이 하고 장엄했다. 이에 한두 가지를 기록하여 스스로 보고자 한다. 이 해 중양 일에 화음동의 부지암에서 기록한다. (「유화악산기」)

김수증은 산행 도중 화악산을 자신이 유람했던 산들과 비교하곤 했 다. 특히 산 정상에서 바라본 운해의 모습은 금강산의 운해보다 더 웅 장하고 광활하다고 찬사를 보낸 바 있다. 그래서인지 김수증의 화악

촛대바위

산의 백미로 '산꼭대기에서 바라본 구름과 노을'과 '깊은 골짜기의 무성한 숲'으로 요약한다.

　그러나 화악산을 오른 사람들은 제각각 자신만의 승경을 뽑을 것이다. 사창리쪽에서 화악산을 오른 사람은 '촛대바위'를 화악산의 명승에 넣을 것이다. 화악터널부터 산행은 야생화에 관심 있는 사람에게 환영받는 코스라고 하니, 화악산의 야생화도 새롭게 떠오르는 승경이다.

　나의 경우는 어떤가? 제일 먼저 화악산은 눈으로 기억된다. 늘 정상이 눈에 덮혀 있는 것을 많이 봐왔기 때문이다. 첫 번째 등산도 눈 내리던 날이었다. 주변의 웅장한 산들도 기억에 남는다. 분비나무와

　　　　　　　　　　　　　　강원의 산하, 선비와 걷다

자작나무도 깊게 새겨져 있다. 그러나 무엇보다 김수증과 깊은 관련을 가지는 화음동정사지와 반수암터를 지키고 있는 법장사도 빼놓을 수 없다. 김수증이 아니면 화악산의 의미도 많이 퇴색될 것이기 때문이다.

함박눈이 내리다

사창리로 향했다. 곡운구곡을 둘러보고 내친 김에 화악산 발치까지 가보기로 했다. 제설작업은 되었지만 곳곳에 눈과 얼음이다. 고도가 높아질 때마다 점점 흰색만이 보인다. 화악터널 주변에 주차를 하였다. 전망대에서 사창리쪽이 희미하게 보인다. 쾌청하지 않은 날씨 탓에 멀리까지 보이질 않는다.

터널 오른쪽으로 난 길은 여러 사람들이 발자국으로 토끼 길을 만들어 놓았다. 아무 준비도 없었고, 청바지에 등산화이지만 용기를 내서 눈길을 걸었다. 한참을 걸어 여러 길이 만나는 장소에 도달했다. 동쪽으론 응봉으로 가는 길이고, 서쪽으로 난 길은 정상으로 뻗어 있다. 차량이 다닐 수 있는 넓은 길은 제설작업이 되어있다. 마침 지프차가 체인도 없이 지나친다. 멀리 정상이 뿌옇게 보인다.

구불구불한 길은 끝없이 계속 이어진다. 한 구비 돌면 또 한 구비가 보인다. 길옆의 나무들을 관찰하며 쉼 없이 걸었다. 도중에 군용 지프차가 한번 지나갔을 뿐이다. 하늘은 좀처럼 개이질 않더니 시계가 점점 흐려진다. 땀이 조금씩 흐르더니 헐벗은 정상에 높이 솟은 탑과 원형의 건물과 막사가 여기저기에 보인다. 반가움보다는 안타까움이 먼저 드는 것은 화악산을 찾은 모든 사람들의 공통된 느낌일 것이다.

터널 옆 샘터

　군부대로 들어가는 입구에서 중봉으로 가는 길을 이정표가 알려준
다. 아이젠도 없이 용감하게 나무숲을 뚫고 갔다. 자그마한 나무들과
여기저기 자리를 지키고 있는 분비나무가 인상적이다. 400미터를 가
면 정상이라는 표시에 힘을 얻어 출발했지만, 눈 속에서 조금씩 미끄
러지면서 힘은 몇 배가 들었다. 멈출 수 없어 이를 악물고 주변의 나
무에 의지해 가다보니 갑자기 산등성이고 이정표는 오른쪽을 가리킨
다. 조금 더 가니 중봉을 알리는 비석이 서 있다. 기쁨보다는 허탈함
이 먼저 찾아왔다. 중봉 정상 옆은 철조망과 커다란 안테나가 설치되
어 있다. 정상은 손바닥만큼의 공간만 남겨져 있었다. 안개가 끼어있
어 시계는 몇 십 미터도 채 되지 않는다. 눈 덮인 정상 주변을 바라보
다 내려올 수밖에 없었다. 매잡이들이 지키던 화악산을 이젠 붉은 마
후라의 보라매들이 지키고 있다.

강원의 산하, 선비와 걷다

발을 돌리자 느닷없이 함박눈이 내리기 시작한다. 마음이 급해지면서 뛰다 걷다를 반복하다가 군사용 도로를 내달렸다. 화악터널에 도착하니 차는 눈에 덮혀 있다. 아무 준비 없이 화악산을 오른 나는 그때에야 비로소 갈증을 느꼈고 터널에서 얼마 떨어지지 않은 샘터에서 목을 축일 수 있었다. 영하의 날씨에도 물은 얼지 않고 흐른다. 약간 미지근함을 느낄 정도로 온기가 있다. 표주박 옆에 사탕 한 움큼 놓여 있다. 아마도 산행한 사람을 위하여 마음씨 좋은 산행객이 놓고 간 것 같다. 사탕 하나를 입에 물고 사창리로 향했다. 엔진브레이크를 넣고 천천히 움직였다. 조금 내려가니 실운 쉼터 휴게소가 보였으나 겨울 내내 내린 눈 때문에 주인은 철수한 모양이다. 촛대바위를 지나고서도 조금 더 내려가자 언제 그랬냐는 듯이 날씨가 쾌청하다. 뒤를 돌아보니 화악산은 짙은 구름에 싸여 있다. 화악산과의 만남은 이렇게 해서 시작되었고, 이후 김수증의 흔적을 찾으러 몇 번 더 화악산을 찾아야 했다.

김수증, 『곡운집』

김창협, 『농암집』

성해응, 『연경재전집』

김수증, 「유화악산기(遊華嶽山記)」, 『곡운집(谷雲集)』

화악산은 춘천부의 북쪽 80리에 있다. 김화(金化)의 대성산(大聖山)에서 뻗어 나와 영평(永平)의 백운산(白雲山)이 되고, 백운산에서 동쪽으로 비스듬히 와서 화악산(華嶽山)이 된다. 내가 처음에 살만한 곳으로 정한 곡운(谷雲)은 화악산의 북쪽에 있다. 나의 집은 바로 화악산과 마주하고 있어 산봉우리와 골짜기의 구름과 안개가 책상까지 들어온다. 눈을 돌리면 누워서도 유람할 수 있어 벼랑과 산봉우리를 오를 일이 없었다. 일찍이 한 번 산어귀까지 10여리를 가기도 했지만 흥이 다하여 돌아왔다. 또 작년에 마을 입구에 초당을 짓고 화음동(華陰洞)이라 이름 붙였다. 이곳은 산기슭이라 산과 더욱 가깝다.

신미년(1691) 8월 28일에 신랑(申郞), 반수암(伴睡菴)의 승려 홍눌(弘訥)과 남특(南特)을 데리고 화악산 정상에 오를 계획을 실행하였다. 소를 타고 반수암을 지나 서쪽 언덕으로 올라가다가, 소에서 내려 남여를 타고 계속 오르며 나아갔다. 산세가 점점 높아졌으므로 다시 남여를 놓아두고 짧은 옷을 걸치고 짚신을 신고 지팡이를 짚고서 갔다. 나무숲과 풀덤불은 무성하게 우거지고 산길은 낙엽으로 덮혔다.

중봉(中峯) 곁에 이르자, 매 잡는 마을 사람들이 미름풀집을 짓고 임시 머무는 곳으로 삼고 있었으므로, 잠시 앉아서 밥을 먹었다. 식사를 하고 차츰 올라가는데 산은 점점 높아졌다. 지나가는 산등성이마다 곳곳에 매 집이 있다. 저녁 무렵에 정상에 이르렀다.

산의 한 줄기가 동쪽으로 뻗어서 우람하게 대치하고 있는데, 사자봉(獅子峯)이라고 한다. 사방이 활짝 트여 아무 걸림이 없어, 가깝고 먼 여러 산들이 모두 시야에 들어온다. 풍악산(楓嶽山)과 한계산(寒溪

山)도 볼 수 있고, 목멱산(木覓山)도 바라볼 수 있다. 마침 구름과 노을에 가려져서 삼각산(三角山)은 어두운 기운 속에 희미하다. 춘천의 소양강(昭陽江)과 철원의 보개산(寶蓋山)도 지척에 있는 듯하다. 양구의 저산(猪山)과 평강의 고암산(高巖山)도 뚜렷하게 눈높이에서 살필 수 있다. 영평의 국망산(國望山)은 만질 것처럼 가깝다. 이밖에 이름을 알 수 없는 많은 산들은 하나하나 헤아릴 수 없을 정도이다.

산의 서쪽 기슭은 이른바 도성협(道星峽)인데, 어깻죽지 아래에 있는 듯하다. 두 산이 마치 다발로 묶인 듯하여 넓고 평평한 땅이 한 조각도 없다. 산의 남쪽은 곧 가평과의 경계이다. 차츰 1리쯤 내려오자 벼랑에 있는 바위가 집의 처마 같아서 비바람을 피할 수 있다. 바위에 의지해서 작은 온돌을 만들고 땔나무로 덮어 집을 만들었다. 이것도 역시 가평의 매잡이가 만든 것인데, 10여명이 머물고 있다.

나는 솥을 설치해 저녁밥을 지었다. 이곳에서 하룻 밤을 지내는데, 구름과 안개가 컴컴하고 바람과 이슬이 온몸에 가득하여 심신이 모두 시려 잠을 이룰 수가 없다. 이번 여름에 한계산에서 유숙할 때와 같은 상황이다. 탁주 한 잔을 마시는데, 승려 홍눌이 곁에서 게송을 외운다. 매잡이가 나의 하인들에게 가만히 말하였다. "간밤 꿈에 사대부 서너 분이 여기 와서 노닐었는데, 지금 그 꿈이 들어맞았소. 정말 기이하오."

새벽에 일어나니 음울한 구름이 풀어져 흩어지고 해가 동쪽 봉우리에서 솟아오른다. 흰 구름은 동남쪽에 평평하게 깔려 있고, 산과 들은 하늘에 끝없이 이어져 넓디넓은 바다처럼 솟아오른다. 고개 서쪽에 위치한 경기지역은 모두 눈 아래 흐릿하게 들어오고, 용문산만 하늘가에 반쯤 드러나 보인다. 멀고 가까운 봉우리들의 뾰족한 모습이 점

강원의 산하, 선비와 걷다

점이 출몰하니, 섬이 별과 바둑알을 펼친 것 같다. 전에 풍악산을 찾아 아침에 수재[水岾]에 올랐을 때 흰 구름이 까마득한 비로봉을 삼켰다가 토해냈다. 그것도 대단히 기이하기는 하였지만, 웅장하고 광활한 형세는 이보다 못하였다. 주희(朱熹)가 운곡(雲谷)에서 본 것이 과연 어떠하였는지는 모르겠으나, 천하의 기이한 경관을 정말로 미리 제대로 표현한 것이다.

밥을 먹은 후 다시 봉우리 정상으로 올라갔다. 서풍이 살랑살랑 불어오고 기후는 청명하다. 사방의 구름은 아직 걷히지 않았기 때문에, 더 멀리까지 조망할 수 없다. 그러나 곡운정사의 소나무 숲과 마을의 집들은 또렷하게 식별할 수가 있다. 화음동이 앞 봉우리의 주름 접힌 곳 속에서 은은히 보인다.

마침내 어제 왔던 길을 버리고 곧바로 중봉으로 내려왔다. 산등성이를 넘고 벼랑 곁을 지나니, 나무숲은 성글고 풀은 무성하며 철쭉이 온 산에 가득하고 간간이 두견새가 운다. 꽃이 피었을 때 그 꽃들이 주변을 비추고 제 모습을 드러내는 광경을 상상해봤다. 높은 곳의 나무는 뻗지 않고 가지와 줄기가 구불구불한데, 주목·측백·잣나무들이다. 또 이름 모를 나무들이 있는데, 승려들은 그것을 비목이라고 부른다. 가지와 잎은 젓나무와 같고 몸통은 창백하며, 겨울이 다 가도록 시들지 않는다. 이전에 풍악산과 희령산(戱靈山)에서 본 적이 있는데, 대체로 멋진 나무이다.

반쯤 내려온 깊은 골짜기에 마조장(磨造匠) 서너 명이 나무를 찍으며 일을 하고 있다. 거기서 조금 쉬면서 밥을 먹고 떠났다. 골짜기는 어둡고 수풀은 컴컴하여 동서가 헷갈렸다. 언덕을 타고 넘으면서 한참을 내려오다가 평평한 언덕과 마주쳤다. 푸른 젓나무 천 그루가 주변에 즐비하게 늘어서 있다. 그 크기는 백 아름이나 된다. 간혹 잣나무와 박달나무가 섞여 하늘에 둥실 떠서 해를 가리고 있어서 그 꼭대기를 볼 수 없다. 한낮인데도 음침하고 기상이 엄숙하다. 아마도 개벽 이래로 도끼와 자귀를 들여온 일이 없었던 듯하다.

산의 정상에서 여기까지, 전체 산의 3분의 2나 된다. 서쪽을 등지고 동쪽을 마주해 있고, 윗부분은 서려있고 아래는 웅크리면서, 모두 여러 층을 이루고 있다. 그리고 수목의 그늘이 햇빛을 가리고 우거져 있어서, 숲의 길이와 너비가 얼마인지 전혀 할 수 없다. 떨어진 잎은 썩으면서 쌓이고 흙은 깊고 두터워서 인삼과 산나물이 여기서 많이 난다. 산의 승려와 마을사람들조차도 보지 못한 것이 있다고 한다. 남쪽에는 상암사(上菴寺)의 옛터가 있다고 하지만, 숲이 깊고 길이 끊어져서 그곳이 어디인지 알 수 없다고 한다.

이곳은 화음동에서 불과 10여리밖에 떨어져 있지 않으므로, 너와집을 하나 두고 때때로 왕래한다면, 회옹이 노봉에서 그랬듯이 세상의 분잡함과 완전히 거리를 둘 수 있을 것이다. 하지만 산이 높고 계곡이 끊어져 있으므로 큰 결단을 하지 않는다면 거처하기 어렵고, 품과 비용이 적으면 거처를 만들기 어렵다. 그러므로 다만 그 승경을 잠시 기록해 둘 따름이다. 또 계곡을 태초(泰初)라 이름 지었다. 봄날 화창하고 햇빛이 밝으면 다시 느긋하게 와서 노닐면서 세상 바깥의 무궁한 취미를 붙이고 싶다.

이곳에서부터 내려가는데 지세가 현격히 가팔라서 어찌할 수가 없을 정도이다. 산비탈에 조를 심은 곳이 있는데, 이곳을 지나 계곡과 골짝을 돌아 나왔다. 물은 남쪽 계곡에서 흘러나오는데 화음동의 상류이다.

강원의 산하, 선비와 걷다

바위 골짜기는 울퉁불퉁 큰 돌이 많은데, 가평의 읍성까지 이어진다고 한다. 여러 번 개울을 건너자 돌 길이 조금이나마 열렸다. 화음초당 가까이 이르자 이미 저녁이다. 드디어 남여를 타고 돌아왔다. 이내 한계산을 유람할 때 대승암(大乘菴)을 방문하고 폭포를 구경하고 싶었지만, 몇 리에 지나지 않는 험준한 바위 길에 겁을 먹고 쉽사리 오르지 못했던 일이 생각났다.

이번에는 산등성이를 오르내린 것이 거의 오륙십 리나 되었다. 험난하기는 한계산과 큰 차이가 없었지만 원근에 있어서는 현격한 차이가 있다. 그때 조금이나마 다리 힘을 시험해보지 못하고 험난함을 보고 포기한 것이 매우 한스러웠다. 다행히 오늘 우연히 이렇게 유람하게 되었으니 산꼭대기에서 바라본 구름과 노을, 깊은 골짜기의 무성한 숲은 평생토록 유람한 것 중에 제일 기이하고 장엄했다. 이에 한두 가지를 기록하여 스스로 보고자 한다. 이 해 중양일에 화음의 부지암에서 기록한다.

華嶽山, 在春川府北八十里. 自金化之大聖山, 轉而爲永平之白雲山, 自白雲東迤而爲華嶽. 余始卜居谷雲, 谷雲在華嶽之北. 余家正與玆山相對, 峯壑雲煙, 長入几席. 送目臥遊, 無所事乎攀崖陟巘. 亦嘗一至山門十餘里, 興盡而返矣. 又於昨年, 作草堂於洞口, 名之曰華陰洞. 此是山之麓而與山尤近.

辛未八月二十八日, 與申郞, 携伴睡菴僧弘訥南特 爲登絶頂計. 騎牛過伴睡菴, 由西岡而上, 捨牛乘籃輿, 登登而進. 勢漸高, 又捨輿, 短衣藁屨, 杖策而行. 林莽叢蔚, 落葉被逕.

到中峯之側, 村人捕鷹者作菱舍, 爲留宿之所. 傍有細泉, 少坐攤飯. 飯已,

轉上轉高. 所經山脊, 處處有鷹舍. 向夕到絕頂.

山之一支, 迤東而崖然對峙, 名曰獅子峯. 四望軒豁, 無所障礙, 遠近諸山, 皆歸眉睫. 楓嶽寒溪山可望, 木覓亦可見. 而適爲雲靄所蔽, 三角山熹微於氛陰中. 春川昭陽江, 鐵原寶蓋山, 如在咫尺. 楊口猪山, 平康高巖山, 歷歷平看. 永平國望山, 如撫卑幼. 此外衆山之不知名者, 皆不可數.

山之西麓, 卽所謂道星峽, 如在腋下. 兩山如束, 以無一片寬平之地也. 山之南, 卽加平境. 稍下一里許, 崖石如屋簷, 可庇風雨. 依作小埃, 覆之以薪. 是亦加平捕鷹者所爲, 方有十餘輩留住.

余遂撑鍋作夕炊. 經夜於此, 雲霧晦冥, 風露滿身, 心骨俱冷, 不能著睡. 此與今夏宿寒溪時, 同一景象也. 小飮濁酒一杯, 訥僧在傍誦偈. 捕鷹人與吾僕從輩私語曰, 夜夢, 士夫數人, 來遊於此, 今果驗矣. 實是異事云.

曉起, 雲陰解駁, 日上東峯. 白雲平鋪於東南, 山野接天無際, 洶若萬里溟渤. 嶺西圻甸境界, 皆入眼底杳冥中, 只見龍門山半露於天畔. 遠近峯尖, 點點出沒, 有似島嶼之星羅棋布. 曾訪楓嶽, 朝登水岾, 毗盧萬仞, 白雲呑吐. 此亦奇絕, 而壯闊之勢, 少遜於此. 不知晦翁, 雲谷所見果如何, 而所謂天下之奇觀, 眞先獲也.

食罷, 還上峯頭. 西風微吹, 天日淸明. 而四邊雲氣猶未收, 不得更遠望. 谷雲精舍松林墟落, 了了可辨. 華陰洞, 隱隱於前峯襞積中.

遂舍昨日來路, 直從中峯而下. 緣岡傍厓, 林薄蒙密, 躑躅滿山, 間以杜鵑. 想花時照映發揮. 高處樹木不長, 枝幹卷局, 有赤木側柏海松. 又有不知名之木, 僧輩呼爲枈木. 枝葉如杉, 其身蒼白, 經冬不凋. 曾見楓嶽戲靈山亦有之, 蓋佳木也.

至半塗深谷中, 有磨造匠數人, 斫木作役. 少憩攤飯而行. 谷暗林昏, 迷東眩西. 跨越岡阜, 良久而下, 得一平坂. 蒼杉千章, 周匝櫛比. 其大或百圍. 間雜海松檜樹, 浮天蔽日, 不見其巔. 白晝陰森, 氣象凜肅. 意其開闢以來, 斧斤

不入也.

　自嶽頂至此, 居三之二. 背西面東, 上盤下踞, 凡有數層. 而樹陰蔭翳, 延袤廣狹, 迷不可詳. 落葉朽積, 土地深厚, 人參山蔬, 多產於此. 而山僧鄉人, 亦有未見者. 聞其南有上菴寺故基, 而林深路絶, 不知其處.

　此去華陰, 不過十里, 若得作一板屋, 時時往來, 如蘆峯, 晦翁之爲, 則可以隔絶世紛. 而高山絶谷, 自非大力量, 未易居之, 瑣力又難開創. 姑記其勝. 且名其谷曰泰初. 春和景明, 庶復從容往遊, 以寄世外無窮之趣.

　由此而下, 地亦懸急, 亡何. 有山坂種粟處, 過此而轉出溪壑. 水自南谷中來, 此是華陰上流.

　巖洞犖确, 而可達加平邑居云. 屢渡一溪, 石路稍開. 華陰草堂已近而日已夕矣. 遂乘籃輿而還. 仍念遊寒溪時, 欲尋大乘菴觀瀑布, 巖逕峻窄, 不過數里而意怯, 不能輒登.

　今此上下岡巒, 幾五六十里. 其爲艱險, 視彼無甚異同, 而遠近則懸矣. 深恨伊時不能少試脚力, 見險而止. 幸於今日, 偶成茲遊, 而絶頂雲霞, 深谷穹林, 平生所歷覽, 惟此爲第一奇壯. 聊記一二, 以自觀焉. 是歲重陽日, 書于華陰之不知菴.

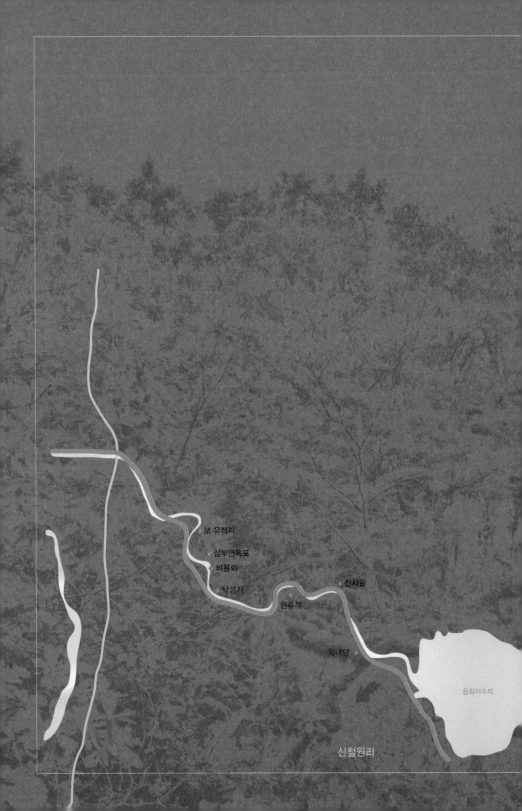

보 유적지

삼부연폭포

비룡뢰

낙성기

진사골

한류석

옥녀당

용화저수지

신철원리

김창흡과
철원의 태화오곡을 걷다

4

혹시 철원팔경을 아시는가? 철원군 홈페이지에 들어가니 고석정, 삼부연폭포, 직탕폭포, 도피안사, 매월대폭포, 토교저수지, 순담, 제2 땅굴이 순서대로 소개되어 있다. 무슨 기준으로 언제 팔경을 선정했는지 알 수 없지만, 팔경 안에 폭포가 세 개나 들어 있다는 것이 관심을 끈다. 그렇다면 철원을 폭포의 고장이라고 말해도 크게 틀린 말은 아닐 것 같다.

철원에 있는 폭포들은 각각 나름대로의 아름다움을 가지고 있다. 우열을 평가할 수 없는 것은 당연하다. 그 중 최근에 삼부연폭포 일대를 걸으며 켜켜이 쌓인 선인들의 발자취와 손길을 느끼게 되었다.

사실 나는 삼부연폭포를 90년대 중반에 처음 알게 되었다. 아내가 강원도에 근무하게 되면서 처음 발령 받은 곳이 신철원이었다. 그 덕분에 신철원에 매 주 오고가면서 폭포뿐만 아니라, 그 일대를 걷거나 드라이브하였다. 그러나 그때는 단순히 보이는 것만 바라보는 수준이었다. 이곳과 관련된 자료들을 찾아가면서 감상할 생각을 한 적이 없었다.

내가 신철원에 오가면서 삼부연폭포를 알게 되었듯이, 예전 사람들도 그러하였다. 지금의 군탄리 일대에 풍전역(豊田驛)이 있었다. 여기에 들른 사람들은 인근에 있는 삼부연폭포를 자연스럽게 찾게 되었고, 그러면서 삼부연폭포는 외지 사람들에게 알려지게 되었다. 널리 알려지기 시작한 것은 17세기 들어서면서부터다.

1631년에 김상헌(金尙憲)은 삼부연의 발원지에 있는 마을이 난리를 피할 만한 곳이라 들었다. 그러나 길이 험하여 갈 수가 없자 시를 지어 아쉬움을 달랬다.

| 제4부 김창흡과 철원의 태화오곡을 걷다 |

듣건대 신령스러운 연못 주변에 聞道靈湫上

세상 피한 마을 깊이 숨어 있다네 深藏避世村

평생토록 농사짓고 샘물 마시며 生涯自耕鑿

마을 깊어 별도로 천지 이루었다네 洞府別乾坤

황기(黃綺) 신선 높은 풍모 아득히 머나 黃綺高風遠

주진촌(朱陳村)의 예전 풍속 남아 있다네 朱陳舊俗存

집 한 채를 내주어서 날 살게 하면 一廛容我住

무릉도원 물을 필요 뭐가 있으랴 何必問桃源

황기(黃綺)는 진(秦) 말에 상산(商山)에 은거한 네 명 가운데 하황공(夏黃公)과 기리계(綺里季)를 말한다. 주진촌(朱陳村)은 중국 서주(徐州)에 있으며, 주씨와 진씨 두 성만이 살면서 세상과 통하지 않고 대대로 서로 혼인하며 살아가는데, 무릉도원처럼 깊숙하고 평화로운

삼부연폭포로 들어가는 계곡 입구

강원의 산하, 선비와 걷다

마을이라 알려진 곳이다. 김상헌은 용화동을 주진촌과 동일시한 것이다.

삼부연과 무릉도원으로 인식된 용화동에 대한 김상헌의 시는 이후 풍전역을 지나는 사람들이 삼부연을 찾게 하는 동인이 되었다. 수많은 시와 여행기가 이 시기부터 창작되면서 삼부연폭포와 용화동의 이야기는 풍성해졌다.

이제 수많은 답사객들의 기록을 나침반 삼아 삼부연폭포와 용화동 일대의 태화오곡을 걸으며 선인들의 자취를 느껴본다.

삼부연폭포로 가는 길목인 석문과 고개

시내 서쪽 가를 따라 가면서 1~2리를 갔다. 여기저기 흩어진 돌들이 뾰족하게 드러나고 오솔길은 기울어지고 험해서 말을 탈 수 없다. 말 타는 것을 포기하고 수십 보를 가서 북쪽으로 돌면서 조그만 고개를 넘었다. 고개 밑으로 여기저기 봉우리들은 깎아지른 듯한데, 만나면서 계곡을 이룬다. 천천히 굽어 돌면서 내려가니 용마루에서 허리를 굽히고 방안으로 들어가는 것 같다. 조그만 하늘이 동그랗게 머리 위에 있는 것만 보일 뿐이다. (이철보, 「동유록(東遊錄)」,『지암유고(止庵遺稿)』)

풍전역 마을에서 삼부연으로 향했다. 계곡 입구에 권씨(權氏) 집이 있어, 말에서 내려 사랑방에 앉았다. 짐을 맡겨놓고 저녁을 먹었다. 이웃집의 박치중(朴致中)군을 불러 함께 삼부락에 갔다. 몇 리를 가자 벌써 계곡 입구로 들어간다. 양쪽 기슭은 푸른 벽으로 기이하고도 옛스러우며 매우 가파르다. 계곡물이 콸콸 쏟아지니 들을 만하다. 석문(石門) 아래에 이르러 말에서 내려 걸었다. 석문은 좁아 나란히 갈 수 없다. 때는 가을인데 물이 많이 흐른다. (성해응, 「철성산수기(鐵城山水記)」,『연경재전집(研經齋全集)』)

삼부연폭포를 보려는 사람들은 누구나 차를 타고 곧바로 폭포 아래로 가서 구경한다. 신철원 읍내에서 몇 분 걸리지도 않기 때문에, 마음의 준비가 되기도 전에 폭포와 맞닥뜨리는 경우가 허다하다. 나도 지금까지 이렇게 폭포를 구경하였다. 그러다가 선인들의 글을 읽고 나의 앞선 발길에 대해 반성하게 되었다. 온전한 답사가 되기 위해선 읍내서부터 걸어가야 한다. 그렇지 않으면 최소한 계곡 입구부터 걸어야 한다. 걸어야만 주변의 경치를 제대로 볼 수 있다.

들판을 지나 계곡 입구로 접어들자 개울 건너 산들은 암벽을 드러낸다. 이러한 암벽은 계속 이어진다. 조금 더 가면 '용화교'가 나온다. 이곳이 '석문(石門)'이리라. 폭포를 찾아 행차를 하던 선인들은 모두 여기서부터 애를 먹곤 하였다. 이철보는 지금의 용화교 부근부터 걸어서 가야만 했다. 성해응도 말에서 내려서 걸을 수밖에 없었다. 덕분에 그들은 주변의 풍광을 제대로 감상할 수 있었다. 다리를 건너면서부터 밋밋한

용화교 주변

강원의 산하, 선비와 걷다

오르막길이다. 예전에는 말을 타고 갈 수 없던 고갯길이었다.

석문부터 갑자기 깊은 산 속에 들어온 것 같다. 무성한 나무와 암벽은 협곡을 만들었다. 그래서 나는 다리 근처부터 삼부연폭포의 승경이 시작된다고 생각한다. 좁아서 나란히 갈 수 없었던 고개는 뻥 뚫린 지 오래다. 고개 정상에는 운동 시설과 정자가 나란히 있다. 관광객들은 이러한 시설들이 있는 줄도 모르고 급하게 차를 몰고 씽씽 달린다.

풍전벌을 적시는 보(洑)

고개 정상에서 아스팔트길은 계곡을 옆으로 끼고 달리다가 슬며시 꼬리를 감춘다. 그 곳에 폭포가 있다. 고요한 한밤중에 고개 정상의 정자에 앉아 있으면 폭포 소리가 들릴 거리다. 자동차 네비게이션도 고개 정상 부근에서 몇 백 미터 전방에 목적지가 있음을 알려준다. 목표가 바로 코앞에 있기 때문에 모두 목표 지점을 향해 내달린다. 그러나 여기서 잠깐 걸음을 멈출 필요가 있다. 정자 뒤편 계곡에 100년 전에 축조된 농업용 보(洑)가 있기 때문이다. 계곡으로 내려가는 길은 없다. 그냥 나무를 헤치고 바윗돌을 밟아가며 조심스럽게 내려가야 한다. 물론 표지판도 없다.

계곡을 가로막아 만든 보는 1904년에 축조된 것으로 알려졌다. 일제의 자본과 기술력이 아닌 순수한 우리나라 사람의 자본과 기술로 축조되었다. 이 때문에, 근대적 농업기반시설의 효시로 볼 수 있어 농업발달사를 연구하는데 귀중한 자료로 평가받는다.

최근에 축조 내용을 기록한 비문이 발견되면서 보의 의미가 재평가되고 있다. 비문은 삼부연 폭포 하류 150m 지점으로 높이 3m 정도 크기의 자연석이다. 비문에는 보를 축조한 이유와 사용처, 조성연대와 경비를 제공한 사람의 이름이 새겨져 있다. 그리고 시도 한 수 있다.

오언절구를 새긴 비문은 흐릿하여 제대로 식별하기 힘들다.

신기하도다, 하늘의 조화여 奇哉天造化

절벽에 삼부연폭포를 걸어놓았구나 絶壁揭三淵

달콤한 샘물이 안전하게 저절로 흘러가니 甘泉安自棄

제방이 풍전벌로 보내주는구나 堤堰送豊田

삼부연폭포의 물을 수로를 통해 군탄리와 신철원리인 풍전벌로 보낸다는 내용을 담고 있다. 풍전벌까지 1km의 수로를 개설하기 위해 산허리에 자연석으로 쌓은 축대도 당시에 함께 조성된 것이라 한다. 이것은 성곽축조 방식을 연구하는 사료로써 보호대책 마련이 시급하

축조의 내용을 기록한 비문

강원의 산하, 선비와 걷다

다. 보와 비문은 근대사의 한 장면을 보여주는 중요한 자료다.

삼부연폭포 밑에 있는 보는 자연 속에서 살며 자연을 자연스럽게 이용하였던 백여 년 전의 모습을 보여준다. 자연의 속살까지 파헤쳐 가며 인간 위주로 자연을 파괴하는 우리들에게 자연과 공생하는 법을 말없이 보여준다.

삼부연과 삼부락

용연과 폭포를 감상하였다. 연못이 깊어 바닥을 볼 수 없다. 산의 좌우는 모두 큰 바위인데, 두루 쳐다보아도 틈이 없다. 높이는 수백 척이며, 형세는 병풍처럼 용연을 에워싸고 있다. 폭포는 그 위에 걸려 있다. 달아나는 용의 형세와 같이 굽어진 것이 서너 장이고, 곧바로 내려오는 것이 수십 장이다. 흐르는 물거품은 날아다니는 구슬의 모습과 같다. 이태백의 여산시(廬山詩)에서 이미 자세하게 묘사하였으니, 지금 다시 말하지 않는다. 폭포 위 몇 자 정도 되는 것은 중연(中淵)이다. 연못은 겨우 십여 아름이다. 사방이 매끄럽고 깨끗하다. 모양은 큰 단지를 가른 것 같으며, 물이 그 가운데 고여 있다. 지금까지 그 깊이를 잰 사람이 없다. 가운데 폭포가 여기에 떨어지는데, 두세 길 남짓하다. 또 가운데 폭포 위에 몇 길 쯤 되는 곳에 상연(上淵)이 있다. 연못의 크기는 7~8 아름이 채 되지 않는다. 깊이는 7~8 아름보다 더 깊다. 폭포는 4~5 길 정도이다. 두 물줄기가 교차하는 것이 새끼를 꼬는 것 같다. 양쪽에 이끼가 있어 매끄러워 사람이 발을 붙일 수 없고, 다만 짙은 검은색을 바라볼 뿐이다. 가까이 보지 못한 것도 있다. 종합해서 말하자면 상·중·하 세 개의 연못은 그 형세가 서로 이어져 있어서 매우 가깝다. 또 양쪽의 푸른 절벽을 아우르면 온전히 하나의 바위인데 구멍 뚫린 것이 세 개의 기이한 경관이 된다. 조물주의 뜻을 과연 헤아려 알기 어렵다. 가장 아래 연못의 바닥에서 점차 오른쪽으로 가까이 가서 옆으로 보면 구멍이 있는데, 큰 손톱자국이 있다. 민간에 전해지길 신룡(神龍)이 붙잡고 노닐던 곳이라고 한다. 또 말하길, 때때로 번개와 안개가 끼는 것은 매년 박연폭포의 용과 만나기 때문이라고 한다. 양쪽의 신령스런 동물이 아니면 누가 오고 갔겠는가? 아! 괴이하구나. 나는 두 종형(從兄)과 함께 벽에 이름을 쓰고, 시로 기록했다. (이하진, 「금강도로기(金剛途路記)」, 『육우당유고(六寓堂遺稿)』)

삼부연(三釜淵)은 세 개의 가마솥처럼 생긴 연못이란 뜻이다. 폭포의 여러 곳에 형성된 연못을 지칭할 때 쓰는 말이다. 그러면 폭포를 가리킬 때 쓰는 말은 무엇일까? 예전에 이 지역 사람들은 폭포를 '락(落)'이라 하였기 때문에 '삼부락(三釜落)'이라고 불렀다. 요즘말로 바꾼다면 '삼부폭포'가 정확한 표현이다. 지금 폭포의 공식 명칭은 '삼부연폭포'다.

삼부연에 매료되어 자신의 호를 삼연(三淵)이라 한 사람이 있었다. 바로 김창흡(金昌翕, 1653~1722)이다. 그는 숙종 5년인 1679년에 삼연(三淵)으로 자호(自號)하였다. 그러고 보니 삼부연은 김창흡의 집안과 깊은 인연을 갖고 있다. 할아버지인 김상헌은 1631년 삼부연의 발원지에 난리를 피할만한 마을이 있는데, 길이 험하여 갈 수가 없다면서 시를 남겼다. 이후 김창흡의 아버지인 김수항은 전라도 영암으로 귀양을 갔다가, 1678년 철원으로 유배지를 옮기며 인연을 맺었다. 김창흡은 이듬해 삼부연 상류 용화촌에 거처를 정하였다.

김창흡의 동생인 김창즙은 「동유기」속에 삼부연과 관련된 기록을 남긴다. 골짜기 안의 물을 건너고 높은 고개를 넘어 몇 리를 가서 폭포 아래 이르렀는데, 골짜기 입구부터 폭포까지 절벽이 깎아지른 듯 서 있다고 묘사했다. 우리가 놓치기 쉬운 대목을 김창즙은 일깨워 준

강원의 산하, 선비와 걷다

다. 절벽으로 이루어진 골짜기는 또 하나의 절경이지만, 바로 앞에 있는 폭포 때문에 눈길 한번 제대로 받지 못하였다. 이제야 바라보니 검붉은 벼랑과 주변의 소나무들이 한 폭의 동양화다.

폭포를 관망할 수 있는 제일 좋은 자리가 향로대(香爐臺)다. 김수항은 『문곡집(文谷集)』에서 삼부연 서쪽에 폭포와 마주한 끊어진 언덕을 향로대라고 하였다. 폭포를 감상할 수 있는 명당 자리였으나, 지금은 길이 뚫리면서 아스팔트로 뒤덮여졌다. 지금 유람객들은 길가에 설치된 난간에 기대 폭포를 감상한다.

삼부연에서 제일 먼저 눈에 들어오는 것은 누가 뭐라 해도 폭포다. 시원스럽게 직선으로 쏟아지는 물은 장쾌하다는 표현이 제일 적절하다. 이하진은 삼부연폭포를 보면서 바로 여산폭포를 떠올린다. 중국 당나라 때 이태백이 지은 「여산폭포를 바라보면서」란 시는 폭포를 읊은 최고의 시 중에 하나로 꼽힌다. "햇빛이 향로봉을 비추니 자주빛 안개가 일어나도다, 멀리서 폭포를 바라보니 긴 시냇물을 하늘에 걸쳐 놓은 듯 하네. 날아서 바로 떨어지는 물이 삼천척이나 되니, 혹시나 하늘에서 은하수가 쏟아지는 것이 아닐까"

처음엔 직선으로 쏟아지는 폭포만 보였다. 시간이 조금 지나자 그 위에 굽이치는 조그만 폭포가 보이기 시작한다. 조그만 폭포 밑에 조그만 솥 모양의 못이 있다. 그리고 폭포 위에 또 조그마한 폭포와 솥 모양의 못이 있다. 제일 위에 있는 폭포는 조금만 보여주기 때문에 신경을 써야 볼 수 있다. 여하튼 장쾌하게 낙하하는 폭포 위에 있는 두 개의 폭포와 못은 단조로울 것 같은 삼부연폭포에 변화를 주는 곳이다. 이곳이 없다면 얼마나 무미건조하였겠는가?

폭포에 조금씩 익숙해지면서 주변의 바위 절벽들이 눈에 들어온다. 폭포 좌우에 있는 바위는 산이라고 부르는 것이 적절하리라. 남성적인

| 제4부 김창흡과 철원의 태화오곡을 걷다 |

힘을 느낄 수 있는 커다란 바위는 주변을 압도할 만큼의 기를 발산한다. 울퉁불퉁한 근육질의 바위는 검은색과 붉은색이 거칠게 덧칠해져있다. 그런데 건장한 이미지뿐만 아니다. 폭포수가 떨어지는 곳에서 왼쪽으로 시선을 돌리면 매끄럽게 곡선으로 파여 있는 부분이 눈에 들어온다. 삼부연폭포가 언제부터 형성되었는지는 알 수 없지만, 예전의 물길이 지금과 같지 않았다는 것을 보여준다. 얼마일지 모르겠지만 후대의 물길도 지금의 물길과는 다를 것이다. 폭포 왼쪽에 매끄럽게 파여진 바위는 예전의 영화를 뒤로 한 채 편안한 휴식을 취하고 있다. 거친 이미지와 곡선의 느낌을 함께 보여주는 바위는 삼부연폭포의 또 다른 모습이다.

폭포 오른쪽의 바위는 더 많은 이야기를 전해준다. 이현익은 『정암집(正菴集)』의 「동유기(東遊記)」에서 오른쪽 벽 위에 조그만 굴이 있다고 알려준다. 오른쪽을 보니 전체적으로 둥그렇게 파인 바위의 윗부분에 짙은 그림자를 드리운 곳이 있다. 이하진은 손톱자국이 있다고 했는데, 바로 굴 주변의 주름진 바위를 묘사한 것이다.

전통적으로 농사를 주요한 업으로 삼았던 철원지역 사람들에게 풍부한 물을 제공해 주는 삼부연은 범상한 연못 그 이상의 존재였다. 세 개의 솥단지 모양의 연못 중에 아래에 있는 가장 큰 연못을 용연(龍淵)이라 하여 용이 사는 곳이라 여겼다. 가뭄이 들었을 때 이곳에서 기우제를 지내곤 했으며, 영험스런 감응이 있었다는 기록을 여기저기서 쉽게 찾아볼 수 있다. 폭포가 생긴 유래를 말해주는 전설에도 용이 등장한다. 전설에 따르면 이곳에서 도를 닦던 네 마리의 이무기가 있었는데, 세 마리가 폭포의 바위를 하나씩 뚫고 용으로 승천하였다고 한다. 그때 생긴 세 곳의 구멍에 물이 고인 것이 삼부연이며, 마을 이름도 이무기가 용으로 변했다는 의미로 용화동(龍華洞)이라 불리게 되었다고 한다.

강원의 산하, 선비와 걷다

삼부연 폭포

　수많은 시인과 묵객들은 이곳의 폭포와 암벽과 연못을 소재로 끊임없이 시를 읊조렸으며 그림으로도 남겼다. 특히 시는 한 권의 시집을 낼 정도로 넘친다. 그 사람들 속에 추사 김정희도 한 자리를 차지했다.

높고 낮은 산 속에 발 괴고 앉아 跌坐亂山裏
한가로이 폭포를 구경하누나 閑看瀑布流
세 웅덩이 나무 끝에 연이어 있고 三潭連木末
두 벼랑 구름 위에 솟아났구나 雙壁起雲頭
들이고 뱉는 것은 용의 기운인데 吐納惟龍氣
문득 비 내리니 시름에 젖네 尋常便雨愁
삼연 늙은이 정말 탁월도 하네 淵翁眞卓絶
이와 같이 그윽한 곳을 가려냈으니 能辨此居幽

　　　　　　　　| 제4부 김창흡과 철원의 태화오곡을 걷다 |

삼부연 폭포

강원의 산하, 선비와 걷다

지금은 폭포 옆에 터널이 생겼지만, 예전에는 터널 위의 좁은 오솔길을 통과해야만 용화동으로 갈 수 있었다. 용화동 뿐만 아니라 폭포 위를 구경하려는 호기심 많은 사람들은 위험하면서도 짜릿한 오솔길을 조마조마하며 통과하곤 했다. 성해응은 오솔길을 걷는 사람들이 줄지어 가는 것을 물고기에 비유했으며, 올라온 곳을 내려다보며 혼비백산하였다고 술회하고 있다.

신익성(申翊聖, 1588~1644)은 『낙전당집(樂全堂集)』에서 "삼부연폭포는 박연폭포에 비해 더욱 기이하고 장엄하다. 골짜기는 그윽하고 깊어 대낮에도 어둑어둑해 오래 앉아있을 수 없다."고 삼부연폭포에 대하여 평가를 내린다. 다른 선인들의 기록들은 늘 박연폭포와 비교하곤 했다. 양쪽에 있는 용들이 서로 어울려 놀았다는 이야기를 통해 삼부연폭포가 송도삼절(松都三絶)의 하나인 박연폭포와 어깨를 나란히 해왔음을 알 수 있다.

김창흡과 태화오곡을 거닐다

김창흡은 삼부연부터 시작하여 용화동까지 이어지는 계곡의 구비마다 뛰어난 승경을 찾아 이름을 붙였다. 이름하여 '태화오곡(太華五曲)'이다. 태화는 태화산(太華山)을 뜻한다. 용화동 마을 어르신께 물어보니 '각흘산'의 원래 이름이 태화산이라고 하지만 태화산이 명성산의 다른 이름인지, 아니면 각흘산을 가리키는 것인지 확실치 않다.

김창흡은 자신이 지은 시에서 "전에 소를 끌고 들어와, 태화산에서 숨어 지냈네. 오곡에서 거문고 타고, 돌밭에서 농사지었네……"라고 밝히고 있다. 그의 아버지인 김수항은 창흡이 철원의 태화산 아래에 집을 지었는데, 태화산은 백운산과 30리 거리라고 하였다. 여하튼 태화오곡은 태화산의 오곡을 의미한다기보다, 삼부연에서 용화동 사이에 있는 계곡의 승경을 읊은 것이기 때문에 차라리 용화(동)오곡이 더 현장감 있는 이름일 것 같다.

김창흡의 시를 나침반 삼아 태화오곡을 찾아 나설 시간이다.

1곡 | 기이하구나 삼부연이여

삼부연에 대해서는 더 이상 설명이 필요 없을 것이다. 김창흡은 자신의 호를 왜 삼연(三淵)이라 했는지 생각해봤다.

영의정 김수항은 아들 여섯 명을 두었다. 첫째는 창집이고, 둘째는 창협이다. 셋째가 창흡이다. 넷째는 창업이며, 다섯째는 창즙이다. 막내 창립은 1683년에 형들보다 먼저 이 세상을 떠났다. 삼연은 삼부연에서 연유한 것이지만, 여기서 삼(三)은 자신이 셋째라는 것도 의미할 수 있을 것이다.

자신의 시에도 등장하지만 연못은 신령스런 용이 사는 곳이다. 승천하지 못하고 물속에 있는 와룡(臥龍)은 뛰어난 능력을 갖고 있지만 때를 만나지 못해 유유자적하고 있는 자신을 비유한다고 볼 수도 있을 것이다. 용은 마음만 먹으면 하늘로 올라가 자신의 능력을 마음껏 펼칠수 있지만 삼부연이 마음에 들어 연못 속에서 길게 쉬고 있을 뿐이다. 아직 때를 만나지 못한 분들은 삼부연에서 때를 기다림에 대해 생각해보는 것도 괜찮을 것 같다.

대부분의 사람들은 폭포 아래서 장쾌하게 쏟아지는 폭포를 바라보며 감탄을 한다. 그러나 폭포를 감상하는 또 하나의 방법은 폭포 위에

강원의 산하, 선비와 걷다

위쪽에서 바라본 삼부연폭포

서 내려다보는 것이다. 컴컴한 오룡굴을 통과하면 왼쪽에 가건물이 있다. 뒤편으로 오솔길을 따라 가면 폭포 상류에 도착한다. 예전에 이곳에 상가가 있어서 많은 사람들이 찾았으나 지금은 모두 철거되고 흔적만이 남아있다. 개울을 건너지른 조그만 다리도 이 때 설치되었다. 이곳을 찾은 사람들은 유흥뿐만 아니라 피부병을 치료하기 위해서 찾곤 했는데, 이곳의 맑은 바람을 쐬고 효험을 본 사람들이 많았다고 한다. 주변의 나무들이 뿜어내는 피톤치드가 사람들을 치유해 주었으니 삼림욕을 하기에 적당한 곳이 삼부연폭포 바로 위이다.

폭포 위에서 내려다보니 솥 모양의 연못이 또렷하게 보인다. 맨 위에 있는 폭포는 두 갈래로 하얗게 떨어지는데, 이하진은 새끼를 꼬는 것 같다고 묘사한 바 있다. 폭포 주변은 오랜 세월 동안 물에 마모되어 반들반들하다. 멀리 폭포를 바라보는 사람들이 까만 점으로 보인다. 완전히 저 세상과 단절된 무릉도원에 있는 느낌이다. 누가 밀치는 듯한 느낌에 자꾸 뒷걸음질 쳤지만 눈길을 돌릴 수 없었다.

일곡이라 기이한 삼부연이여 一曲奇哉三釜淵
푸른 양쪽 절벽에서 물이 떨어지며 휘날리네 碧青雙壁墜飛泉
금가루 뿜어내며 만든 연못은 끝이 없고 金沙噴作潭無極
돌 문 열고 보니 계곡엔 하늘이 닿았네 石扃開看洞有天
흰 안개 자욱하게 늘 폭포 밑에 끼어 있고 素霧溶溶常在下
소나무 빽빽하여 산꼭대기 볼 수 없구나 寒松疊疊不知顚
신룡(神龍)아! 몇 년이나 쉬고 있느냐 神龍問爾何年臥
바람과 우레 마음에 들어 자연스레 산다 하네 快意風雷合自然

2곡 | 용비늘사이로 흐르는 비룡뢰

폭포가 시작되는 곳의 협소한 다리를 건너서 상류 쪽으로 조금 올라가면 왼쪽으로 바위가 늘어서 있고, 바위 사이로 물이 세차게 흐르며 만든 급한 구비가 있다. 바위들은 용의 비늘처럼 촘촘히 여기저기 박혀있다. 그 바위들이 비룡석이고 그 사이에 형성된 여울이 비룡뢰다. 차를 타고 편안하게 폭포를 구경하는 사람들은 폭포 위에 이러한 절경이 있다는 것을 상상도 하지 못할 것이다. 나도 수없이 지나치면서 차에서 내려 폭포 위쪽으로 가볼 생각을 해보지 못했었다.

이 곳을 흐르는 여울은 마치 북두칠성 별자리 모양으로 내달린다. 북두칠성을 둘러싼 산들은 온통 바위산이다. 이러한 경치 속에 있으면 시가 절로 지어질 것 같다. 이곳을 지나면 상류 쪽의 개울은 온통

강원의 산하, 선비와 걷다

비롤뢰

| 제4부 김창흡과 철원의 태화오곡을 걷다 |

갈대숲이다. 키보다 더 높이 자란 갈대는 앞으로 나가는 것을 어렵게
한다.

중국 초나라의 충신으로 유명한 굴원은 추방당해 강호를 떠돌아
다니다가 초나라 사람들의 제사 의식과 가무를 접하고 「구가(九歌)」
를 지었다. 중국 남방 지역의 무속적 분위기를 흠씬 느끼게 하는 구
가는 아홉 신을 불러내서 제사를 지내는 형식으로 되어 있다. 마치
남녀가 연애하는 듯한 모습으로 표현되어 있어 매우 낭만적이라 평
가된다. 김창흡은 삼부연의 용과 비룡뢰의 용을 생각하면서 굴원을
생각했을까?

삼연은 자신을 엄자릉(嚴子陵)에 빗대기도 한 것 같다. 중국 후한시
대의 엄자릉은 칠리탄(七里灘)에서 양가죽 옷을 입고 낚시질하며 왕
의 부름에도 응하지 않았다. 삼연은 비룡뢰를 엄자릉이 낚시하던 칠
리탄보다 더 낫다고 읊조린다.

이곡이라 비룡석(飛龍石)에 여울이 우는데 二曲飛龍石瀨鳴
용 비늘 같은 괴이한 돌 여기저기 늘어섰네 龍鱗恠石列縱橫
끝임 없이 내달리는 물결 협곡을 품고 있으니 馳波不息長懷勢
옆 언덕이 참으로 북두칠성처럼 흐르네 近岸眞成斗折行
굴원의 구가(九歌)처럼 문득 지어지니 楚老九歌聊有取
엄자릉의 칠리탄(七里灘)이 어찌 이름을 같이하랴 嚴陵七里豈同名
그대 함부로 물 따라 지나지 말라 勸君莫遣緣流過
머리 돌리니 기이한 봉우리가 또 만들어졌네 回首奇峯又削成

3곡 | 별이 떨어져 생긴 낙성기

하늘에 있던 별이 떨어져 생긴 것이 낙성기다. 김창흡은 낙성기를 매개로 엄자릉을 빗대 자신의 입장을 말한다. 엄자릉은 어릴적 후한의 광무제와 함께 뛰놀며 공부한 사이였다. 광무제가 왕망의 신나라를 제압하고 제위에 오르자 모습을 감췄다. 광무제는 세 번이나 사람을 보내 조정으로 불러들였다. 광무제를 알현하는 자리에서 예전 친구사이처럼 대하며 황제에 대한 예를 갖추지 않았다. 광무제와 함께 밤새 얘기를 나누다 임금의 침상에서 함께 잠이 들었는데, 예전의 버릇대로 광무제의 배 위에 다리를 걸친 채 잤다. 광무제가 간의대부의 벼슬을 내리자 엄자릉은 벼슬을 받지 않고 부춘산(富春山)으로 들어가 몸을 숨겼다. 엄자릉이 은둔한 곳의 지명을 엄릉산 또는 엄릉뢰라 하며 낚시질하던 곳을 엄릉조대라 부르기도 한다.

낙성기

삼연은 벼슬을 버리고 용화산에 숨은 자신의 처지를 엄자릉에 빗대고 있다. 1673년에 진사가 되었으며 1684년 장악원주부에 임명되었으나 취임하지 않았다. 이후 여기저기에 은거하며 시문을 남겼다.

삼곡이라 외론 별 물가에 바위 되니 　三曲孤呈水上磯
흰 느릅나무 빛나는데 찾는 사람 드물구나 　白榆光影見來稀
나무 빛이 신선의 손바닥 같은 돌 비추니 　可宜映發仙人掌
직녀의 베틀을 고였던 돌 같구나 　恐似撑支織女機
많은 물 흐를 때 잠겼다가 드러나고 　高浪藩時從出沒
엷은 안개 에워싸서 희미하기만 하네 　輕霞籠處與依俙
시내에 달 뜰 때 한밤에 나가 보면 　若携溪月中宵往
은하수에서 두우성(斗牛星) 범하고 가는 것과 어찌 다르리 　何異天河犯斗歸

삼연의 시는 한무제와 관련된 고사를 이해해야 한다. 선인장은 하늘에서 내려온다는 감로를 받기 위한 그릇으로, 선인이 손바닥으로 쟁반을 바치고 있는 모습을 하고 있다. 한나라 무제 때 건장궁에 높은 구리 기둥을 만들고, 그 위에 이를 두어서 감로를 받았다고 전해진다. 삼연은 물가의 바위를 감로수를 받는 그릇으로 형상화 한 것이다.

한무제 때 장건이 임금의 명을 받들고 서역에 나갔던 길에 뗏목을 타고 황하의 근원으로 거슬러 올라가고 있었다. 어느 성시에 이르러 보니 한 여인은 방 안에서 베를 짜고 한 남자는 소를 끌고 은하의 물을 먹고 있는 것이 아닌가. 그들에게 "여기가 어느 곳인가?"라고 묻자, 그 여인이 베틀을 괴던 돌 하나를 장건에게 주면서 말하길 "성도의 엄군평에게 가서 물어보라."고 하였다. 그가 돌아와서 엄군평을 찾아가

돌을 보이자, 엄군평이 말하기를 "이것은 직녀의 베틀을 괴던 돌이다.
예전에 객성이 견우·직녀를 범했는데, 지금 헤아려보니 그때가 바로
이 사람이 은하에 당도한 때였다."라고 했다는 전설이 있다.

삼연은 낙성기가 직녀의 베틀을 괴던 돌이라 보았으니, 계곡을 흐
르는 물은 은하수인 셈이다.

4곡 | 차가운 물 흐르는 한류서

속세의 욕망에 물들지 않고 고결한 삶을 살아가려는 의지를 보여
주는 것이 세이(洗耳)다. 허유의 성품을 높이 평가한 요 임금은 자신
의 자리를 그에게 물려주려고 사신을 보내 그가 은거하고 있는 곳으
로 찾아가게 했다. 그런데 허유는 제위에는 전혀 관심이 없었다. 더

한류석

| 제4부 김창흡과 철원의 태화오곡을 걷다 |

한류석

　　　　　　　　　　　강원의 산하, 선비와 걷다

욱이 임금이 그를 구주(九州)의 수장으로 삼으려 한다는 사신의 말을 들자, 그는 들으려 하지 않고 물 가에서 귀를 씻었다. 때마침 그의 친구 소부가 송아지를 끌고 와 물을 먹이려다가 허유가 귀 씻는 것을 보고 이상하게 여겨 그 까닭을 물었다. 소부는 허유의 대답을 듣고 허유에게 다음과 같이 말한다. "자네가 만일 높은 언덕과 깊은 계곡에만 거처한다면 사람 다니는 길과는 통하지 않았을 테니 누가 자네를 볼 수 있었겠는가. 자네가 일부러 떠돌며 그 명예를 듣기를 구한 것이니, 내 송아지의 입을 더럽혔네." 김창흡은 자신도 허유와 소부처럼 속세의 욕망에 물들지 않고 고결하게 살고 싶다는 의지를 시를 통해 보여준다.

중국 진나라의 손작은 「유천태산부(遊天台山賦)」를 지었다. 본문은 다음의 유명한 구절로 시작된다. "태허는 아득히 넓어 이름도 없으나, 자연의 오묘한 이치를 운행하게 하도다." 이 시기에 산수 유람의 부(賦)가 창작되었는데, 손작의 「유천태산부」가 대표적이다. 김창흡은 손작의 「유천태산부」를 읽다가 갑자기 산수에 대한 흥이 일어 금강산으로 떠났다는 일화가 있을 정도로 산수벽이 있었다.

한류석은 용화2교 바로 아래에 있다. 바위 암벽을 휘돌아 흐르면서 너럭바위를 내달리던 물은 조그만 폭포를 두 개 만들었다. 온통 바위 투성이인 이곳은 도로 옆에 주차할 공간이 있어 주변의 경관을 감상하기에 적절하다. 가드레일을 넘어 이곳저곳을 살피니 시멘트 옹벽이 낮은 곳에 돌을 쌓아서 개울로 내려가기 쉽게 만들어 놓은 곳이 보인다. 개울로 내려가니 한류석 주변은 오염된 물로 인해 뻘겋게 변하였다. 예전의 흥취를 불러일으키기엔 한참 부족하지만, 붓끝으로 점점이 찍은 듯한 바위와 개울 옆의 암벽, 그리고 그 위의 푸른 하늘은 삼연이 소요하던 시절로 이끌고 간다.

사곡이라 너럭바위 위로 차가운 물 흐르는데 四曲寒流盤石上

한 그루 소나무 절묘하게 짝 이루네 一株松樹巧相宜

텅 비어 맑은 그림자 맑은 그늘 드리우고 空心澄影涵淸樾

내키는대로 살랑 바람 따라 푸른 물결 일렁거리네 隨意輕風漾綠漪

소나무 그늘에 홀로 앉았기 좋으니 蔭映只須孤坐好

반드시 바깥사람 불러야만 하나 招呼何必外人期

모자 벗고 귀 씻으며 즐겁게 오고가니 脫巾洗耳逍遙樂

손공(孫公)만이 스스로 알 뿐이네 終是孫公只自知

5곡 | 선녀바위 아래의 옥녀담

옥녀담이 어디에 있는지 찾을 수 없었다. 혹시 용화저수지가 축조되면서 자취를 감춘 것은 아닐까? 용화저수지는 1960년도에 자연 소류지를 확장해서 사력으로 축조한 인공저수지다. 소류지는 조그마한 연못 정도라고 할 수 있는데, 이것이 옥녀담이었을 것이라고 추측하였다. 마을 어르신께 물어보았으나 시원스레 답을 주시는 분들이 없다. 몇 번의 방문 끝에 마을 근처의 물이 깊은 곳을 물어보니, '선녀바위' 밑에 깊은 못이 있어 물놀이를 했었다고 하신다. 저수지에서 가까운 곳에 '선녀바위'와 '선녀탕'이 있다고 가르쳐주신다. 십 년 체증이 내려가는 듯 했다. 곧바로 찾아가니 어르신이 말씀하신 선녀탕이 바로 옥녀담이다. 삼연의 시 속에 묘사된 외로운 봉우리는 '선녀바위'를 묘사한 것이었다.

옥녀담은 김창흡의 다른 시에도 등장한다. 「하산(下山)」이란 시에 "평생 산수에서 살고자 한 마음, 이에 자주 나그네로 찾게 되네. 옥녀

옥녀담

담과 낙성기는 훤하여 마음이 지겹지 않구나. 가엾다 삼부연아, 아쉽다 용화오곡이여, 한 해가 저물어 산조차 소슬한데, 용은 맑은 개울에 잠겨 있구나."란 부분이 있다. 「모입용화(暮入龍華)」란 시에서도 "부끄러이 옥녀담에게 묻네"라는 구절이 보인다.

　도로 옆 가드레일 밑으로 몸을 숙여 선녀바위 쪽으로 향하니 바위 밑의 제법 깊은 못이 반긴다. 바위 위에는 커다란 소나무 한 그루가 선녀바위를 지키고 서 있다. 어떻게 바위틈에서 자라났는지 신기하면서 경외감이 든다. 선녀바위는 물가에 우뚝 서 있다. 바위꼭대기에 돌출된 부분은 선녀의 얼굴처럼 보인다. 오랜 세월의 이야기를 들려주는듯하여 주변을 오르내리며 한참 동안 머물러 있었다.

옥녀담 위의 선녀바위

오곡이라 온화하고 화기 도는 옥녀담 五曲沖融玉女潭

푸르고 맑은 물동이에 머리를 씻네 洗頭盆水綠湛湛

외론 봉우리 물결 가운데서 절로 어른거리고 孤峯自動波心影

여러 봉우리 서로 서로 비온 후 안개 끼네 列峀交通雨後嵐

붉은 해 뜨자 피라미 붕어 헤엄치고 丹旭初光散僷鯉

가을날 단풍나무 녹나무가 비치니 아름답구나 素秋佳色雜楓楠

삼부연부터 여기까지 모두 영험한 경계이나 三淵竟此皆靈境

노니는 사람 한가히 찾지 못할까 두렵네 多恐遊人不暇探

삼연이 살던 진사골을 찾다

삼연의 은거지는 석문 안쪽 6~7리쯤에 있다. 세속에서 진사곡(進士谷)이라 부른다고 한다. 옛터는 잡초가 우거져 사라져버렸다. 지금은 산 속 사람들이 경작을 하여 상세하게 알 수 없다. 권상사(가 말하길, 삼연은 부인을 데리고 은거했는데 몸소 물을 긷고 나무를 했다고 한다. (성해응, 「철성산수기」, 『연경재전집』)

　삼연 김창흡이 용화동에서 살았다는 기록은 쉽게 찾을 수 있다. 그런데 문제는 장소다. 그의 동생 김창즙은 폭포 위에 형이 살던 집이 있는데 버려진 지 오래라고 「동유기」에서 말하고 있다. 성해응은 석문부터 6~7리쯤에 있는데 주민들은 진사곡이라 부른다고 적고 있다. 답사 때 용화동 어른께 물으니 진사곡은 용화저수지에서 삼부연폭포 쪽으로 내려가다가 오른쪽에 있는 골짜기라고 말씀하신 적이 있었다. 처음에는 아무런 의심 없이 믿었다. 그러다가 진사곡과 삼부연폭포 사이의 거리가 너무 가깝다는 생각이 들면서 의심이 들었다. 마을 어르신이 말한 진사곡과 성해응이 말한 진사곡은 다른 곳일 것 같다는 생각이 점점 커져갔다.
　다른 기록들도 정확한 거리를 밝히지 않았으나, 폭포와 은거지는 어느 정도 떨어져있음을 보여준다. 이현익(李顯益)은 「동유기(東遊記)」에서 "몇 리 올라가면 김삼연이 살던 집이 있으나 지금은 폐허가 되었다."고 알려준다. 오희상의 『노주집(老洲集)』은 "삼부연에서 몇 리를 가면 땅은 더욱 멀고 단절되었으나 십여 울타리가 은은하게 풀 속에 있으니, 용화촌이며 삼연옹이 일찍이 숨어살던 곳이다."라고 적고 있다.

최소한 김창흡의 은거지는 지금의 용화동 마을쯤에 위치해야만 할 것 같았다. 그러다가 이명환(李明煥)의 기록을 읽게 되었다. 이명환은 폭포를 거쳐 용화동으로 온 것이 아니었다. 강포리에서 증령을 넘어 용화촌으로 들어왔다. 증령은 진사골과 느치계곡을 연결해주는 고개로 마을 사람들은 아리랑고개라고 부른다. 그가 목격한 삼연의 은거지는 정자만 남아있었던 것 같다. 그 정자는 두 계곡이 만나는 지점의 산자락이었다.

날아가듯 가서 고개를 올라갔다. 증판(甑坂) 동쪽으로 용화동으로 넘어 들어갔다. 용화는 동주(東州)의 큰 산기슭이어서 큰 나무와 커다란 풀이 많아 낙야(樂野)이며, 사람이 기르는 것 중에 좋은 것들이 많아서 우는 서리가 들린다고 한다. 명성산은 용화동의 높은 산이다. 빽빽이 마주하는 것이 책상과 같다. 이곳은 연일(延日)씨가 주인으로 있어, 5세 동안 무덤을 지키고 있다. 절은 두 개인데, 오래되어 퇴락 것이 하나이고 터만 남은 것이 하나라고 한다. 들판으로 내려와 연일씨 있는 곳으로 다가섰다. 연일씨는 나와서 맞아들이며 기뻐하며 식사를 내왔다. 산이 많은지라 반찬은 푸른나물과 살아있는 꿩이다. 밤에 앉아 풍수에 관한 이야기를 들었다. 달이 뜨자 연일씨 세 아들이 인사를 했다.
3일. 연일씨는 음시(吟矢)를 찾았으니, 시는 용화 연일씨의 아들에게서 나온 것이다. 또 골짜기가 끝나며 두 계곡의 배에 해당되는 곳으로 가니 하나의 밭이 있다. 삼연 거사의 정자를 만났는데, 정자 터는 오성(五星)을 벌려놓은 듯 산에 서 있다. 정자 아래는 용연(龍淵)이 있는데 세 개가 뚫린 것이 가마솥 같아 삼부연이라고 한다. 아래 길게 늘어뜨린 물이 폭포가 된다. 엄숙한 것이 영험스런 분위기가 있다. (이명환, 「동음지행」, 『해악집』.)

강원의 산하, 선비와 걷다

진사골

　이명환은 용화동에서 출발하여 삼부연폭포 쪽으로 내려갔다. 용화
동이 끝나는 곳에 한뙈기 정도의 밭을 만났다고 했는데, 그 곳이 삼연
이 거처하던 진사골인 것이다. 다시 원점으로 돌아왔다.

　진사골 주변의 모습은 다음의 시에서 도움을 받을 수 있다. 김창흡
이 지은 「삼연신구(三淵新構)」이다.

　폭포 동쪽 닭 울음 개 짖는 소리 밥 짓는 연기　雞犬人煙瀑布東
　초라한 초가집이 높다란 곳에 솟아 있네　白茅爲屋據穹崇
　가을과 겨울 사이 천 겹 바위는 어른어른　千巖映發秋冬際
　운무 속으로 길 하나 얼기설기 얽혀 있다　一逕盤紆雲霧中
　옥을 깎은 듯한 연화봉이 빼어나게 솟았고　削玉蓮花峰秀出
　거문고 소리인 양 귀곡(鬼谷)의 물이 휘돌아 흐르네　彈琴鬼谷水回通
　이 속에서 약초 씻고 맑은 바람소리 들으리니　此中洗藥兼風珮
　신선이 사는 땅 갈홍(葛洪)에게 양보할 것 없다네　未必僊居讓葛翁

　　　　　　　　　| 제4부 김창흡과 철원의 태화오곡을 걷다 |

여기서 말하는 연화봉은 용화동 뒷산인 각흘봉을 말하는 것이 아닐까? 완만한 산능선과 가운데 솟은 봉우리는 연꽃을 연상시킨다. 마을 안에 형성된 골짜기들은 서너 개 쯤 된다. 골짜기 물이 합쳐지면서 진사골 앞으로 흘러간다. 삼연은 물이 흐르는 골짜기를 귀곡이라고 부른다. 마을 사람들에게 물어보았으나 아는 분은 없다.

삼연의 아버지는 아들의 은거지에 대해 다음의 시를 남겼다.

천 겹 만 겹 바위와 골짜기가 동서로 둘렀는데 千巖萬壑繞西東
연꽃봉우리가 우뚝 솟은 별천지가 있구나 別有蓮峯竦處崇
그저 푸른 시내 따라 골짜기 속으로 들어가니 但逐淸溪穿谷口
갑자기 정사가 언덕 위에 나타나네 忽看精舍在丘中
구름 사이 닭 울고 개 짖는 소리 가까워지는데 雲間鷄犬村非遠
저물녘 나무꾼의 산길이 절로 통해 있구나 日暮漁樵路自通
너와 내가 용화산을 나누어 차지하였으니 分占華山吾與爾
녹문산의 방덕공(龐德公)이 부럽지 않네 不應長羨鹿門翁

삼연의 은거지임을 알려주는 유물과 유적은 없고 추측만 할 뿐이다. 그러나 「석천곡기」에 중령을 넘어서 집으로 돌아왔다는 기록과, 이명환이 용화동을 지나 삼부연으로 향하다가 삼연의 정자를 보았다는 것, 그리고 마을 사람들이 이곳을 진사골이라 부르고, 성해응의 기록에도 '진사곡'이란 곳이 등장하는 것 등을 고려한다면 진사골은 바로 삼연이 은거하던 곳이다. 진사골은 4곡인 한류석과 5곡인 옥녀담 사이에 있다.

진사골의 주인들은 여러 번 바뀌었다. 그래서 이곳이 진사골이란 사실을 아는 이도 없다. 답사하던 날 진사골은 맞은 편에서 나는 포크레인 소리로 요란하다. 아마도 몇 달 쯤 뒤에 현대식 건물이 들어

강원의 산하, 선비와 걷다

설 것이다. 난리를 피할만한 곳이었을 만큼 속세와 절연되었던 태화오곡이 위치한 이곳은 개발 때문에 흙투성이가 되었다. 조만간에 오룡굴을 더 넓게 뚫는다고 하니 이러한 추세는 더 심해질 것이다. 삼연의 자취가 남아 있는 곳만이라도 보존되길 소망한다. 그리하여 지금 우리가 보고 느끼는 것을 조금 더 풍성하게 해준다면 더 바랄 것이 없다.

김상헌(金尙憲),『청음집(清陰集)』

김수항(金壽恒),『문곡집(文谷集)』

김창즙(金昌緝),『포음집(圃陰集)』

김창흡(金昌翕),『삼연집(三淵集)』

성해응(成海應),『연경재전집(研經齋全集)』

신익성(申翊聖)『낙전당집(樂全堂集)』

어유봉(魚有鳳),『기원집(杞園集)』

오원(吳瑗),『월곡집(月谷集)』

오재순(吳載純),『순암집(醇庵集)』

오희상(吳熙常),『노주집(老洲集)』

이명환(李明煥),『해악집(海嶽集)』

이철보(李喆輔),『지암유고(止庵遺稿)』

이하진(李夏鎭),『육우당유고(六寓堂遺稿)』

이현익李顯益,『정암집(正菴集)』

조병현(趙秉鉉),『성재집(成齋集)』

허목(許穆),『기언(記言)』

이종묵,『조선의 문화공간』4, 휴머니스트, 2006.

강원의 산하, 선비와 걷다

성해응(成海應), 「기동음산수(記洞陰山水)」, 『연경재전집(研經齋全集)』

삼부연은 영평(永平) 북쪽의 철원(鐵原) 땅 용화동(龍華洞)에 있다. 혹은 삼부락(三釜落)이라고 하는데, 맥(貊) 땅 북쪽의 방언으로 폭포를 '락(落)'이라 한다. 옛날에 삼연(三淵) 선생이 거처하던 곳이다. 고색창연한 바위는 수십 길이나 되는데, 세 개의 폭포가 쏟아져 내린다. 가장 아래의 폭포가 제일 장엄하며, 맑아서 머리카락을 볼 수 있을 정도이고, 산의 기운이 사방에서 합쳐져 그윽하고 짙다. 고을 사람들은 가물면 여기서 비내려줄 것을 기도하는데 효험이 많다고 한다. 내가 일찍이 달밤에 보았는데, 달이 폭포수에 비치자 빛나는 것이 한 필 명주와 같았고, 날아다니는 물방울은 더욱 아찔하게 하였다. 그 당시 경산(京山) 이공(李公)과 동음(洞陰) 수령 박재선(朴在先)이 폭포 아래서 놀았는데, 술을 권하며 시에 대해 이야기 했다. 용화촌(龍華村) 정씨(鄭氏) 집에 갔는데, 용화촌은 골짜기에 거처하는 곳 중에 뛰어난 곳이다.

三釜淵在永平北鐵原境龍華洞. 一稱三釜落, 貊北方言謂瀑爲落. 舊三淵先生所居也. 蒼巖可數十丈, 有三瀑注下. 最下瀑甚壯. 湛然澄澈, 可鑑絲髮. 山氣四合幽森. 縣人旱輒禱雨于此, 多驗云. 余嘗乘月而觀, 月臨瀑水, 光如匹練, 飛沫益眩. 時京山李公與洞陰令朴在先遊瀑下, 傳飮談詩. 遂入龍華村鄭氏家, 龍華亦峽居之勝也.

성해응, 「철성산수기(鐵城山水記)」, 『연경재전집(研經齋全集)』

되돌아와 다시 풍전역 마을에서 삼부연으로 향했다. 계곡 입구에
권씨(權氏) 집이 있어, 말에서 내려 사랑방에 앉았다. 짐을 맡겨놓고
저녁을 먹었다. 이웃집의 박치중(朴致中)군을 불러 함께 삼부락으로
갔다. 몇 리를 가자 벌써 계곡 입구로 들어간다. 양쪽 기슭은 푸른 벽
으로 기이하고도 고풍스러우며 매우 가파르고, 계곡 물이 콸콸 쏟아
지니 들을 만하다. 석문(石門) 아래에 이르러 말에서 내려 걷는데, 석
문은 좁아 나란히 갈 수 없다. 때는 가을인데 물이 많이 흐른다. 양쪽
벼랑에 매달려 쏟아지는데, 길이는 십여 길쯤 된다. 흘러들어왔던 물
이 사방으로 쏟아진다. 연못의 넓이는 6~7묘(畝)이며, 유리 같이 푸
르다. 절벽은 검은색을 띠며 굽어보고, 폭포를 받아들이는 곳은 한 필
명주처럼 매우 희니, 물이 마모시킨 것이다. 흰 비둘기가 바위 중간에
둥지를 틀고 있는데, 사람을 보고 놀라 날아가지만 꼭대기를 넘지 못
한다. 매번 가물었을 때 기우제를 지내는데 영험한 응답이 많다고 한
다. 마침 날이 저물려고 해서 근원까지 탐색하려고 산꼭대기에서 계
곡물로 내려갔다. 갈대를 헤치고 수백 보 가서 위 폭포에 이르렀다.
폭포는 모두 세 개의 웅덩이다. 위가 조금 작고, 가운데는 조금 넓어
서 깊이를 헤아릴 수 없다. 아래 것은 폭포가 쏟아지는 곳이다. 절벽
위에 있는 소나무에 올라가 바라보다가 끝난 후 물 가운데 쌓인 돌을
밟고 건넜다. 돌이 매끄러워 넘어질 뻔 했다. 절벽은 폭포 가까이로
기울어졌고 오솔길이 있어 무척 빠르게 왔다. 박군이 먼저 가고, 내가
따랐으며, 송교(宋校)가 제일 뒤처졌는데, 물고기를 꿴 것처럼 가면서
돌아보지 말라고 경계했다. 언덕에 올라 앉아 비로소 지나온 곳을 굽
어보니 나도 모르게 아찔하다. (중략)

13일. 밥을 재촉해서 먹고 다시 산 속의 뛰어난 곳을 탐방하는 것에 대해 논의했다. 석천암(石泉菴)은 명성산(鳴城山) 속에 있고, 용화(龍華)의 정씨촌(鄭氏村)은 삼부연(三釜淵)의 발원지에 있는데, 그 중 하나를 보고, 하나를 버린 뒤에 화적연(禾積淵)을 유람하고 철원(鐵原)에서 잘 수 있다고 했다. 많은 이들이 석천암(石泉菴)은 새로 지은 몇 칸의 선원(禪院)일 뿐이어서 볼 만한 것이 없으니, 용화(龍華)로 가서 유람하는 것만 못하다고 했다. 그래서 나는 허락했다.

　권상사(權上舍), 송교(宋校)와 말을 타고 앞서거니 뒤서거니 계곡으로 들어갔다. 박군(朴君) 또한 소를 타고　아왔다. 다시 삼부연 아래에 이르러 폭포를 잠깐 보고, 걸어서 고개 위를 지나 계곡 아래 덤불에 이르러 말을 탔다. 용화(龍華)는 청음(淸陰)이 노닐고자 했던 곳이다. 그 일을 시로 기록하였는데, 문집에 실려 있다.

　삼연의 은거지는 석문(石門) 안쪽 6~7리쯤에 있다. 세속에서 진사곡(進士谷)이라 부른다고 한다. 옛터는 잡초가 우거져 덮어버렸다. 지금은 산 속 사람들에 의해 경작되어 자세하게 알 수 없다. 권상사(權上舍)가 말하길, 삼연(三淵)은 부인을 데리고 은거했는데, 몸소 물을 긷고 나무를 했다. 마을 사람들은 부인이 서울의 귀부인이라 해서 다투어 와서 보았다. 부인은 줄 것이 없자 해주(海州) 산 먹을 꺼내 주자, 마을 사람들은 먹을 가지고 돌아갔으나 쓸 줄을 몰랐다. 삶아서 먹으려고 했으나, 애써도 익지 않으니 모두 귀한 사람의 입은 보통 사람과 매우 다르다 말했다고 한다. 또 이르길, 산 속의 백성들은 간혹 장정을 충원시키기 위해 관인(官人)에게 끌려가곤 했다. 삼연(三淵)은 번번이 데리고 와서 마주 앉아 내기를 했다. 관인을 돌아보고 말하길, 돌아가 관리 아무개에게 방금 김거사(金居士)와 대국을 했다고 말하라고 했다. 관리는 또한 감히 묻지 못하였다고 한다.

정씨촌(鄭氏村)에 이르러 말에서 내려서 쉬었다. 정씨(鄭氏)의 선조는 풍수(風水)로 유명했는데, 처음 개척하여 이어 살아온 것이 5대이다. 산은 처음에는 좁다가 점점 넓어진다. 좋은 밭과 맛있는 물, 뽕나무와 삼 등이 있고, 닭과 개 소리가 서로 들린다. 남쪽으론 영평(永平)의 백운사(白雲寺)와 통하고, 동쪽으론 춘천(春川)의 곡운(谷雲)으로 갈 수 있다. 북쪽은 김화의 땅이다. 주인이 벼랑에서 딴 꿀을 내어서 권했다. 나는 마침 배가 고파서, 산포도를 따서 주고, 돌배를 깎아서 먹었다. 주인이 시첩(詩帖)을 간직하고 있었는데, 모두 산 속으로 놀러 온 사람들이 지은 것이다. 나의 할아버지가 일찍이 서명부(徐命孚)와 이곳에서 하룻밤 주무시고, 벽에 시를 써서 놓았는데, 집에 화재가 나서 시첩에 시를 옮긴 것이다. 나는 공경스레 시를 읽고, 한 통을 써서 소매에 넣었다. 점심을 먹고 다시 말을 탔다.

남서쪽으로 증산(甑山)을 넘었다. 봉우리 정상에 이르러 조금 쉬었다. 몇 개의 고개를 넘자 길이 매우 험해 말을 탈 수 없다. 평평한 곳에 이르러 권상사와 박군과 헤어졌다. 홀로 송교(宋校)와 눌치촌(訥雉村)을 지났다. 바위골짝 가운데에 석천암(石泉菴)이 보이는데, 암자는 봉우리 허리 부분에 있다. 절의 스님이 바위 위에서 옷을 말리고 있다. 명성산(鳴城山) 개주봉(介冑峯) 아래로 지나갔다.

還復由豊田驛村中, 向三釜淵. 洞口有權氏家, 下馬坐其堂. 托具夕炊. 招隣家朴君致中, 同詣三釜瀑. 行數里已入洞口. 而兩岸蒼壁, 奇古峭絶. 溪流漱漱可聽. 至石門下下馬而步, 門狹不可耦行. 時秋水方壯. 懸兩崖而下, 長可十餘

강원의 산하, 선비와 걷다

丈. 濚流四射. 淵廣六七畝, 綠淨如玻瓈. 崖俯而黑, 獨受瀑處甚白如疋練然, 盖水所磨也. 有白鴿栖巖腰, 見人驚飛, 不能過其頂. 每歲旱禱雨, 多靈應云. 時日將沒, 而欲窮其源, 從山頂下澗. 穿蘆葦中可數百步, 至其上瀑. 瀑凡三盆. 上差小, 中稍濶而深不可測. 下則瀑所注也. 緣崖上一松臨觀訖, 躡澗中累石而渡. 石滑幾躓, 壁臨瀑而仄, 有小徑甚捷. 朴君先之, 余次之, 宋校最後. 若魚貫而進, 戒勿回顧. 旣登岸而坐, 始俯臨所歷處, 不覺動魄. (중략)

十三日, 方促飯, 更議探山中之勝. 以爲石泉菴在鳴城山中, 龍華鄭氏村在三釜淵之源, 觀其一捨其一而後, 可遊禾積淵而宿鐵原境. 衆言石泉卽新搆數間禪院而已, 無可玩者, 不如從龍華遊. 余諾之. 與權上舍, 宋校, 騎而後先入谷. 朴君亦騎牛從之. 復至三釜淵下, 仰看懸瀑者移時, 步過嶺上, 至澗底叢薄而騎. 龍華卽淸陰之所欲遊也. 有詩記其事, 具在集中,

淵老之隱, 在石門內六七里. 俗稱進士谷云. 故墟蕪沒, 今爲山氓所耕, 無得以詳. 權上舍爲言淵翁携其夫人而隱, 親自汲水採薪. 村氓妻爲京華之貴婦人也, 爭來觀之. 夫人無以爲遺, 出海州墨以贈之. 携歸而不知爲用. 烹將食之, 苦未熟, 皆言貴人之口, 殊與人異云. 又云山中民或充丁, 被官人攝去. 淵翁輒引與對坐而博. 顧謂官人曰歸語官某方與金居士對局. 官亦不敢問.

行至鄭氏村, 下馬而憩. 鄭氏之先, 以靑烏名, 始破荒, 相傳者五世. 山始狹而漸豁. 有良田美池桑麻之屬, 鷄犬相聞. 其南通永平之白雲寺, 其東走春川谷雲. 其北卽金化境也. 主人出崖蜜以相勸. 余適飢, 取山葡萄投之, 又削山梨, 和而食之. 主人又藏一詩帖, 皆山中遊人所賦也. 我先王考嘗與徐公命孚一宿于是, 有詩揭其壁間, 被室火移詩于帖. 余敬讀之. 具書一通而袖之. 旣午炊, 更騎馬.

西南踰甑山. 至峯頂少憩. 越數, 路甚險不可以騎. 至平陸, 與權朴二君分路. 獨與宋校過訥雉村. 從岩谷中望見石泉菴, 菴在峯腰. 寺僧曝衣巖上. 過鳴城山介胄峯下.

김창즙(金昌緝), 「동유기(東游記)」, 『포음집(圃陰集)』

점심을 먹고 다시 30여리를 갔다. 굽은 길로 들어가 삼부연 폭포를 보았다. 골짜기로 들어가 물을 건너고 높은 고개 하나를 넘어 몇 리를 가서 폭포 아래 이르렀다. 골짜기 입구에서 폭포까지 절벽이 깎아지른 듯 서 있어, 형세가 자못 웅장하다. 바위 빛깔을 붉거나 검지만 수려하거나 윤기가 적다. 폭포는 길이가 10여 장이다. 폭포 위에 또 두 개의 폭포가 있지만, 하나는 볼 수 없다. 세 개의 폭포 아래에 각각 못이 있다. 아래 연못이 가장 넓고 삼면이 절벽으로 둘러싸여 있다. 위쪽의 두 연못은 전부 바위로 되어 있는데 솥과 똑같이 생겼다. 예전에 보고 매우 기이하다 여겼는데, 오늘의 일정이 바빠서 올라가 보지는 못하였다. 폭포 위에 중형이 예전에 살았는데 버려진 지 오래다.

午飯, 又行三十餘里. 迂路入觀三釜落瀑布. 入谷渡水, 踰一峻峴數里, 至瀑下. 自谷口至瀑處, 崖巇削立, 勢頗雄壯. 而石色赤黑, 殊欠秀潤. 瀑長十餘丈. 瀑上又有兩瀑, 而其一不可見. 三瀑之下, 各有潭. 下潭最廣, 三面環以絶壁. 上二潭, 全石所成, 宛如釜形. 舊日觀之奇甚, 而今行忙遽, 未及登見. 叔氏舊嘗卜居于瀑上, 廢棄已久矣.

이하진(李夏鎭), 「금강도로기(金剛途路記)」, 『육우당유고(六寓堂遺稿)』

8월 11일 새벽이 되어 출발하였다. 성이 지(池)씨인 벼슬아치가 인솔하여 남쪽으로 갔다가 거꾸로 5리를 달려 삼부락에 이르러, 용연과 폭포를 감상하였다. 연못은 깊어 바닥을 볼 수 없다. 산의 좌우는 모두 큰 바위인데, 두루 처다보아도 틈이 없다. 높이는 수백 척이며, 형세는 병풍처럼 용연을 에워싸고 있다. 폭포는 그 위에 걸려 있다. 달아나는 용의 형세와 같이 굽어진 것이 서너 장이고, 곧바로 내려오는 것이 수십 장이다. 흐르는 물거품은 날아다니는 구슬의 모습과 같다. 이태백의 여산시(廬山詩)에서 이미 자세하게 묘사하였으니, 지금 다시 말하지 않는다. 폭포 위 몇 자 정도 되는 것은 중연(中淵)인데, 겨우 십여 아름이다. 사방이 매끄럽고 깨끗하다. 모양은 큰 단지를 가른 것 같으며, 물이 그 가운데 고여 있다. 지금까지 그 깊이를 잰 사람이 없다. 가운데 폭포가 여기에 떨어지는데, 두세 길 남짓하다. 또 가운데 폭포 위에 몇 길 쯤 되는 곳에 상연(上淵)이 있는데, 연못의 크기는 7~8 아름이 채 되지 않는다. 깊이는 7~8 아름보다 더 깊고, 폭포는 4~5 길 정도이다. 두 물줄기가 교차하는 것이 새끼를 꼬는 것 같다. 양쪽에 이끼가 있어 매끄러워 사람이 발을 붙일 수 없고, 다만 짙은 검은색을 바라볼 뿐이다. 가까이 보지 못한 것도 있다. 종합해서 말하자면 상·중·하 세 개의 연못은 그 형세가 서로 이어져 있어서 매우 가깝다. 또 양쪽의 푸른 절벽을 아우르면 온전히 하나의 바위인데 구멍 뚫린 것이 세 개의 기이한 경관이 된다. 조물주의 뜻을 과연 헤아려 알기 어렵다. 가장 아래 연못의 바닥에서 점차 오른쪽으로 가까이 가서 옆으로 보면 구멍이 있는데, 큰 손톱자국이 있다. 민간에 전해지길 신룡(神龍)이 붙잡고 노닐던 곳이라고 한다. 또 말하길, 때때로 번개와 안개가 끼는 것은 매년 박연폭포의 용과 만나기 때문이라고 한다. 양쪽의 신령스런 동물이 아니면 누가 오고 갔겠는가? 아! 괴이하구나. 나는 두 종형(從兄)과 함께 벽에 이름을 쓰고, 시로 기록했다.

十一日, 趁曉將發. 池吏引而南, 逆走五里, 至于三釜落, 賞龍淵及瀑川. 淵深無底. 山左右皆大石, 周視無罅隙. 而其高數百尺, 勢抱龍淵如屛焉. 瀑掛其上. 屈折如奔龍之勢者三四丈, 仍直下數十丈. 流沫飛珠之狀. 李謫仙廬山詩, 已言之詳, 今不復論. 其上數尋, 卽爲中淵, 淵僅十餘抱. 而四面滑淨. 其狀若剖大甕, 水渟其中. 古今未有測其深淺者. 中瀑落于此, 亦不下二三丈. 又其上數丈許, 上淵在焉, 淵之大不能七八抱. 而深又加焉, 瀑落四五丈. 而兩派相交如繩索焉. 兩邊苔滑, 人不敢着足, 但望其深黑之色而已. 未或近覲. 統而言之, 上中下三淵, 其勢相連, 不甚相遠. 且幷兩畔靑壁, 全是一石, 而孔竅之爲三奇觀. 造物者意果難測識也. 寂下淵之底稍近右而橫視, 有穴其傍, 有大爪痕. 俗傳神龍所着而游戱處云. 又言時有電霧, 每年接于朴淵. 無乃兩地神物, 或與之往來耶. 吁可恠也. 余同兩從兄書名于壁, 仍記以詩.

강원의 산하, 선비와 걷다

조병현(趙秉鉉), 「금강관서(金剛觀叙)」, 『성재집(成齋集)』

9일. 하늘은 맑은데 서리가 내려 춥다. ○ 이날은 중양일이다. 여행 중에 좋은 명절이다. 예부터 없는 형제를 한스러워하며 국화꽃을 술 잔에 띄우고 높은 곳에 올라 고향을 그리워하였으니, 스스로 복받쳐 생각을 더하게 한다. 아침에 지실포(枳實浦)에 이르렀다. 10리를 가서 왼쪽 길을 경유하여 삼부연으로 들어갔는데 철원땅이다. ○ 금성의 수령이 관리를 보내 찾아보게 했으니, 원영(原營)의 주선이 있음을 헤아려 알았다. 삼부연은 사방의 산이 빙 둘러 싸고 있는데, 위험하면서 높다. 한 줄기 돌길은 겨우 사람의 발길만 통하는데 대략 5리를 가야한다. 좌우의 검은 바위는 뾰족하게 이어지면서 매달려 있는데, 깎고 새긴 것이 신기하다. 바위 아래로 긴 폭포가 있는데, 달리는 구슬과 뿜어내는 눈이 절벽을 말며 쳐들어오듯 내려온다. 오른쪽으로 따라가 넝쿨을 헤치며 꼭대기에 올라갔다. 물의 근원을 바라보니 부딪치며 솟구치지 않고 흥건이 고여 있다. 세 개의 웅덩이는 조그만 가마솥 같다. 세 웅덩이의 물이 굽이쳐 꺾이면서 하나의 폭포가 된다. 바위를 말며 쳐들어오듯 함께 거꾸로 쏟아진다. 양쪽 절벽의 단풍나무가 동서에서 빛을 내니 정신을 유쾌하게 한다.

初九, 天晴霜寒. ○是日乃重陽. 途中佳節, 從古有懷, 恨無數枝黃花泛觴, 登高而望鄕之情. 自激倍思. 朝至枳實浦十里. 乃由左路入三釜淵, 鐵原地也. ○金城守遣吏探視. 意知有原營周旋也. 三釜淵四山環拱, 危巉崿. 一條石磴, 僅通人屩, 約可行五里. 左右黑巖隨地懸臨, 劉奇鏤神. 巖下有長瀑一抹. 跳珠噴雪, 卷崖而下. 循其右, 披藤而上頂. 頻瞰水源, 不至澎湃渟溜. 爲三坎如小釜焉. 三坎之水, 屈折爲一瀑. 卷一巖而並倒瀉. 兩崖楓林, 暉發東西, 亦足怡神.

오원(吳瑗), 「금성소기(金城小記)」, 『월곡집(月谷集)』

삼부락(三釜落)은 철원 용화(龍華)에 있다. 예전에 삼연(三淵) 선생이 살던 곳이다. 일찍이 폭포와 물이 기이하고 장엄하다는 것을 들어서, 돌아오는 길에 두루 살펴보려고 했으나 경유할 곳을 잘 몰랐다. 시험 삼아 동쪽 오솔길을 따라 산의 계곡 가운데로 들어갔다. 시내를 따라 가니, 산이 돌아갈수록 길은 점점 사라진다. 종종 어슴푸레한 바위가 백 길이나 되고 수많은 소나무가 화살촉처럼 둘러쌌다. 경계는 매우 그윽하고도 짙다. 5리쯤 가자 산의 북쪽 모퉁이에 커다란 바위가 울퉁불퉁한데, 층진 곳에 세 개의 폭포가 있다. 형세는 곧게 쏟아지니 자못 장엄하며, 길이는 수십 장이다. 층지며 꺾인 곳은 조그만 웅덩이를 만드는데, 제일 아래에 있는 것이 가장 크다. 때때로 물이 마르면 깊이는 겨우 한 길 정도 된다. 맑고 깨끗하여 머리터럭을 비쳐볼 수 있다. 돌은 희어서 마음을 편안하게 하지 못하나, 모양은 웅혼하며 이미지는 그윽하고 깊어 특이하게 뛰어나다. 발원지에 뛰어난 곳이 있으리라 생각하고 숲을 뚫고 시내를 건너며 몇 리를 갔지만 지쳐서 돌아왔다. 대개 절로 가는 길이다.

三釜落在鐵原龍華. 舊三淵先生之居也. 嘗聞瀑泉奇壯, 歸路欲歷觀而迷所由. 試從東邊小徑入山谷中. 沿溪行, 山益回路益微. 往往蒼巖百仞, 萬松簇擁. 境界極幽森. 行五里許山北隈, 有巨巖盤陀, 其層有三瀑. 勢直射頗壯. 長數十丈. 層折處輒成小泓. 其最下者最大. 時則水盡深才一丈. 湛然澄淨, 鑑毛髮. 石白不及安心, 而面勢雄渾, 意象幽奧, 殊勝之也. 意其源必復有勝處, 穿林揭澗行數里, 力倦而歸. 盖入寺路也.

어유봉(魚有鳳), 「재유금강내외산기(再遊金剛內外山記)」, 『기원집(杞園集)』

28일. 맑음. 일찍 식사했다. 김만영(金萬英)과 삼부연을 찾았다. 계곡으로 들어가 걸어가니 점차 깊숙해진다. 북쪽 절벽 아래에 이르러, 바위 절벽을 올려다보니 높고 웅장하며 뛰어나다. 폭포는 흐르며 삼층을 만드는데, 형세가 매우 기이하며 뛰어나다. 물이 떨어져 연못을 이루는데, 길이와 넓이는 거의 4~5 길이다. 이것은 아래의 연못이다. 여기부터 곧바로 삼부연의 근원을 찾아보려고 했으나, 길은 끊어져 올라갈 수 없다. 드디어 동쪽 언덕으로 넘어가서 산 뒤로 비스듬히 가서 위의 연못에 이르러 구경하였다. 가운데 연못을 굽어보니 매우 위험하다. 그 아래는 몇 백 자인지 알 수 없다. 두려워 볼 수 없다. 김만영(金萬英)이 말하길 당시엔 온 계곡의 위와 아래로 소나무와 전나무가 빽빽했고, 물은 더욱 검어서 곁에 있을 수 없었고, 전하는 말에 신룡(神龍)이 가운데 살고 있어서 관청에서 기우제를 지내면 응한다고 한다. 이곳은 선생이 제일 처음 은둔한 곳이다. 큰 안목으로 동쪽 골짜기의 여러 뛰어난 곳을 다니며 고르다가 여기서 살기를 정하였으니, 그 기이함을 알 수 있다. 하물며 백세 동안 도와 호의 높은 것이 마침내 여기에 있으니 사물과 사람이 서로 전해진 것이 어찌 우연이겠는가? 또 옛날 집이 있는 곳을 찾으려했으나 길이 자못 멀고, 김만영(金萬英)이 말하길 다만 황폐해지고 여기저기 돌만 있어 볼 만한 것이 없다고 하고, 나도 힘이 없어져서 억지로 갈 수 없었다. 이에 계곡에서 나와 시냇가에서 쉬었다.

二十八日. 晴. 早食. 同金萬英訪三釜淵. 入洞行稍深. 到北厓下, 仰見岩壁, 高壯碓傑. 瀑流成三層, 勢極奇偉. 水落成漱. 長廣幾四五丈. 此其下淵

也. 自此欲直窮三釜之源, 而路絶不可上. 遂越東厓, 從山後迤行. 到上淵臨玩. 俯瞰中淵, 則已危甚. 又其下不知其幾百尺. 凜然不可窺矣. 萬英言當時一洞上下, 松杉參天, 水益沈黛不可側, 傳言神龍宅其中, 自官禱雨輒應云. 此盖先生㝡初栖遁處也. 以其大眼目, 歷選東峽諸勝, 而定居於此, 其奇可知也. 况百歲道號之尊, 竟在是焉, 則物與人相傳, 夫豈偶然也哉, 又欲轉尋舊宅所在, 而路頗遠, 萬英言只是荒墟亂石無可觀, 余亦力瘦不可强. 仍出洞憩溪上.

이현익(李顯益), 「동유기(東遊記)」, 『정암집(正菴集)』

저녁에 정자 북쪽의 조그만 여울을 건너고 십 리를 가 풍전역(豊田驛)에서 잤다. 정축(丁丑)일, 풍전역의 동쪽으로 삼부연을 찾아갔다. 계곡은 입을 벌리듯이 서쪽으로 열려있어, 바라보니 기이하다. 폭포는 거의 이십 길인데 매우 기이하고 장엄하다. 폭포 위에 두 개의 연못이 있다. 모양은 가마솥 같은데, 함께 아래의 웅덩이로 쏟아져 내려 세 개의 가마솥이 된다. 위의 가마솥모양은 비교적 작고, 폭포의 좌우 벽의 형세는 매우 높다. 오른쪽 벽의 위에 조그만 굴이 있다. 폭포 위에 있는 두 개의 가마솥모양을 가까이 가서 내려다보면 더욱 기이하다. 몇 리 올라가면 김삼연(金三淵)이 살던 집이 있었으나, 지금은 폐허가 되었다.

夕渡亭北小灘, 行十里, 宿豊田驛. 丁丑, 由驛東, 訪三釜淵. 有谷呀然西開. 望之可異. 有瀑幾二十丈, 甚奇壯. 瀑上有二淵. 其形如釜, 並瀑下之淵爲三釜. 上釜較小, 瀑左右壁, 勢甚峻. 右壁之上, 爲小峀. 臨其上二釜, 俯瞰尤異. 上數里, 有金三淵所居室, 今廢.

이철보(李喆輔), 「동유록(東遊錄)」, 『지암유고(止庵遺稿)』

또 동쪽으로 7~8리를 가서, 또 남쪽으로 벼랑을 따라 가다가 수십 보 가자 비로소 시내다. 시내 서쪽 가를 따라 1~2리를 갔다. 여기저기 흩어진 돌들이 뾰족하게 드러나고 오솔길은 기울어지고 험해서 말을 탈 수가 없다. 말 타는 것을 포기하고 수십 보를 가서 북쪽으로 돌면서 조그만 고개를 넘었다. 고개 밑으로 여기저기 봉우리들은 깎아지른 듯한데, 만나면서 계곡을 이룬다. 천천히 굽어 돌면서 내려가니 용마루에서 허리를 굽히고 방안으로 들어가는 것 같다. 조그만 하늘이 동그랗게 머리 위에 있는 것만 보일 뿐이다. 서쪽으로 수십 보 굽어 들어가자 차츰 엷게 뿜어내어 부딪치며 솟구치는 물소리를 들었다. 깊은 곳에서 소리가 나서 소리를 찾아 또 수십 보 갔다. 비로소 커다란 바위가 구부린 모습으로 서로 마주하는 것을 보았다. 모두 몇 십 길이다. 폭포는 두 바위 사이에서 거꾸로 드리우고 있는데, 공중에 매달려 곧게 쏟아 붓고 있다. 걸려 있는 것은 명주와 무지개가 되고, 흩어지는 것은 안개와 비가 되고, 구슬과 옥이 된다. 소리는 우레 같고, 색깔은 눈과 같다. 내달리며 빛이 나니 형세를 감당할 수 없다. 폭포 아래에 못이 만들어졌다. 넓게 흐르며 물결이 일렁이다가 넘쳐서 시내가 되고, 구불구불 동쪽으로 굽이치면서 계곡을 나와 흘러간다. 못을 가마솥으로 부른 것은 폭포가 가마솥 모양을 거쳐서 내려가기 때문이다. 나는 와서 하나만 보았고 나머지 둘을 보지 못했으니 의심스럽다. 이 폭포는 진실로 기이하나, 폭포 이외에 볼만한 것이 없다. 폭포를 둘러싸고 있는 것은 바위들뿐인데, 모두 결이 곱지 않고 검은색이며 험하고 기이하나, 빼어난 뜻이 조금도 없다. 깊숙한 곳은 움푹 파인 것이 깊은 우물 같아, 그늘지고 빽빽하며 누추하고 막혔다. 참으로 도깨비가 살 곳이고, 원숭이가 노닐 곳이다. 삼연은 대개 산수(山水) 중의 영웅이다. 다닌 곳은 많으며 품제(品題)한 것은 고상하여 보통사람보다 특이한 까닭이 있어서 여기서 홀로 즐거워하였다. 그런데 집을 짓고 살며, 또 취하여 호를 삼은 것은 무슨 까닭인가? 나의 안목이 좁고 감식안이 낮아 진실로 즐길만한 것이 있는데 모르는 것일까? 저녁에 풍전역에 닿았다.

又東轉七八里. 又南轉緣崖而行數十步, 始得溪. 沿溪西上又一二里. 亂石槎牙, 逕仄而險, 不可騎. 遂舍騎而行數十步, 北轉踰小嶺. 嶺底亂峰巉峭, 回合成谷. 徐轉而下, 如從屋脊. 僂而入房中行. 但見小天團團在頭上. 西轉數十步, 漸聞水聲噴薄澎湃. 自深處來, 尋聲而行又數十步. 始見巨巖僂然對峙, 皆屢十丈. 有瀑倒垂於兩巖之間, 而懸空直射. 掛之爲練爲虹, 散之爲霧爲雨, 爲珠爲玉. 其聲如雷, 其色如雪. 崩騰蓬勃, 勢不可當. 瀑下成潭. 渟涵演漾, 溢爲川. 逶迤東轉出洞去. 淵之以釜稱, 蓋以瀑之由釜下. 而余之來, 但見其一, 不見其二, 可訝也. 抑斯瀑也固奇矣, 而瀑外了無可觀. 環瀑而巖巖者, 皆粗黑險絶, 無一點奇秀之意. 洞府坎陷如深窄, 陰森陋阨. 眞魑魅之所處, 猿猱之所遊. 彼三淵者, 槩山水之雄耳. 其經歷之多, 品題之高, 必有以異乎人而獨樂于此. 至於築室而居之, 又取以爲號, 抑何故也. 豈余之眼目窄鑑識卑, 眞有可樂而乃不知耶. 夕抵豊田驛.

오재순(吳載純), 「해산일기(海山日記)」, 『순암집(醇庵集)』

6일 무자(戊子)일. 서리가 조금 내리다. 일찍 출발하여 탄검(炭黔)에 도착했다. 길에서 집안의 소식을 들었다. 김화에서 점심을 먹고 삼부연으로 들어갔다. 석벽은 둥글며 텅 빈 것이 문(門)과 같으며, 푸른 색이다. 바위 주름은 도끼로 가른 듯 뒤섞여 있고, 폭포는 그 사이로 쏟아진다. 높이는 몇 길이나 되고, 아래 물이 모인 곳은 못이 되었다.

六日戊子微霜. 早發到炭黔. 路得家信. 午炊金化, 歷入三釜淵. 石壁圓空如門, 色蒼白. 石皺錯落如斧劈. 瀑瀉其間. 高數仞, 下滙爲潭.

이명환(李明煥)., 「동음지행(洞陰之行)」, 『해악집(海嶽集)』

날아가듯 가서 고개를 올라가, 증판(甑坂) 동쪽으로 용화(龍化)로
넘어 들어갔다. 용화는 동주(東州)의 큰 산기슭인데, 큰 나무와 커다
란 풀이 많아 낙야(樂野)이며, 사람이 기르는 것 중에 좋은 것들이 많
아서 우는 소리가 들린다고 한다. 명성(鳴聲)은 용화(龍化)의 높은 산
이다. 책상과 같이 빽빽이 마주하고 있다. 이곳은 연일(延日)씨가 주
인으로 있어, 5세 동안 무덤을 지키고 있다. 절은 두 개인데, 오래되어
퇴락 것이 하나이고, 터만 남은 것이 하나라고 한다. 들판으로 내려와
연일(延日)씨 있는 곳으로 다가섰다. 연일(延日)씨는 나와서 맞아들
이며 기뻐하며 식사를 내왔다. 산이 많은지라 반찬은 푸른나물과 살
아있는 꿩이다. 밤에 앉아 풍수(風水)에 관한 이야기를 들었다. 달이
뜨자 연일(延日)씨 세 아들이 인사를 했다.

3일. 연일(延日)씨는 음시(吟矢)를 찾았으니, 시는 용화 연일(延日)
씨의 아들에게서 나온 것이다. 또 골짜기가 끝나며 두 계곡의 배에 해
당되는 곳으로 가니 밭이 하나 있다. 삼연 거사의 정자를 만났는데,
정자 터는 오성(五星)을 벌려놓은 듯 산에 서 있다. 정자 아래는 용연
(龍淵)이 있는데 세 개가 뚫린 것이 가마솥 같아 삼부연이라고 한다.
아래 길게 늘어뜨린 물이 폭포가 된다. 엄숙한 것이 영험한 분위기가
있다. 용에 대한 제사가 있다고 방전(邦典)에 기록되어 있다. 이시(二
時)에 삼부연에서 쉬다가 팥배나무 열매를 따서 먹었다. 서리를 맞아
맛이 달고 시원하다. 또 돌배를 꺾어서 먹으니 입이 신맛이 나고 시
원하다. 계곡을 나와서 습포(濕浦)로 나왔다. 이곳은 동주(東州) 부곡
(富谷)의 구역이다.

翔行登嶺. 甄坂東逾入龍化. 曰, 龍化東州之大麓, 多大木碩草, 爰有樂野, 人畜之所好無彊, 爰有鳴聲. 鳴聲龍化之崇峰. 森對若案. 曰是維延日氏主之, 五世守塚. 爰有佛宮二, 古頹一墟一. 降野抵延日氏. 延日氏出迎道歡進飯. 多山出佐飯靑菜生翟. 夜坐聽風水譚. 月出見延日氏三子.

三日, 延日氏索吟矢, 詩出龍化延日氏子. 又行洞終二峽之腹方一頃. 逢淵居士亭, 亭墟羅五星立巒. 亭下爰有龍淵三穿若釜曰三釜淵. 其下長垂水爲瀑. 肅穆有靈風. 爰有龍祀載邦典. 二時息三釜, 摘山棠嚼. 霜味甘寒. 又折石梨口酸冷. 盡谷出濕浦. 維東洲富谷之區.

허목(許穆), 「유삼부락서(遊三釜落序)」, 『기언(記言)』

삼부락은 철원 관아에서 남쪽으로 30리 용화산 아래에 있다. 골짜기 입구에 돌길이 몇 리에 뻗어 있고, 바위봉우리가 우뚝 절벽을 마주한다. 바위는 깎아놓은 듯한데, 그 위에 세 바위가 솥처럼 우묵하여 개울물이 그곳으로 모인다. 물이 깊고 길이 끊어져 있어 아래를 내려다볼 수 없다. 물이 세 번 넘쳐 삼단 폭포가 되어 흰 물길이 열 길 높이에서 바위 아래 못으로 떨어진다. 못에는 모두 흰 자갈이 깔려 있는데 군데군데 반석이 있어 앉을 만하다. 영북(嶺北)의 사투리로 폭포를 '락(落)'이라 하므로 삼부락이라 한다.

초여름 초목이 막 무성해지면 개울과 바위 사이에 철쭉이 피어 비추니 매우 곱다. 용주(龍州) 조공(趙公)이 4월 상순 계묘일에 나와 함께 산수를 유람하기로 약속하였다. 전 고령감무(古寧監務) 허계진(許季鎭)과 그의 아들 찰방과 더불어 삼부락을 보았다. 나는 연천에서 왔고 안찰사(按察使) 이모(李某)가 북방으로 가다가 고을에 이르러 이사또와 함께 왔다. 고석정의 개울과 못도 빼어나다 하기에 함께 가서 놀았다. 용주공이 나에게 서문을 쓰라 하였다.

三釜落, 在東州治南三十里龍華下. 從谷口石磴數里. 石巒巆岏, 當絶壑. 石如削, 上有三石圩如釜, 溪水積焉. 水深路絶, 不可俯而窺. 水三溢爲三瀑, 白波十丈, 石下潭水. 潭渚皆白礫, 往往有盤石可坐. 貊北方言, 謂瀑爲落, 號曰三釜落云.

孟夏, 草木始敷, 溪石間躑躅相映, 甚佳. 龍洲公與我爲山水之約, 以四月上旬癸卯. 與古寧舊監務許季鎭及胤子督郵君, 觀於三釜. 余從漣上來, 關東李按察巡北境, 行至府, 偕李使君來. 亦言孤石溪潭之勝, 因相與娛樂. 龍洲公屬余爲序.

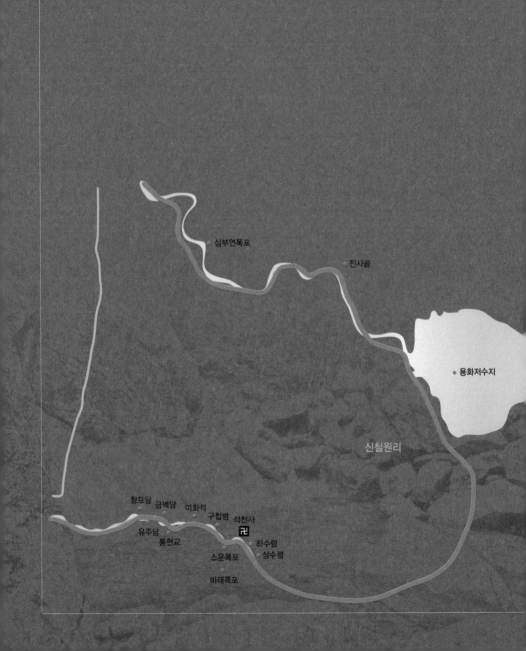

삼부연폭포

진사골

용화저수지

신철원리

창포담 금벽담 미화석
유주담 구첩병 석천사
봉현교 卍
소운폭포 하수렴
상수렴
비래폭포

김창흡과
석천계곡을 걷다

5

철원과 삼부연폭포, 그리고 삼연 김창흡

삼부연폭포(三釜淵瀑布)는 철원을 소개할 때 빠지지 않고 등장하는, 철원 지역의 대표적인 폭포 중의 하나이다. 행정구역상으로 갈말읍 신철원리에 속한다. 철원군청에서 동쪽으로 약 2.5km 떨어져 있어서 접근하기가 용이하다.

삼연(三淵)이 삼부연(三釜淵)과 관련 있다는 것을 아는 사람은 많지 않을 것이다. 더욱이 삼연(三淵)이 김창흡(金昌翕, 1653~1722)의 호라는 것을 맞추는 것은 우리나라의 역사와 한문학에 관심 있는 사람이 아니라면 풀기 어려운 퀴즈이리라.

지금이야 해박하게 알고 있는 것처럼 행세를 하지만, 불과 몇 년 전까지만 해도 삼부연폭포는 나에게 멋진 관광지였을 뿐이었다. 주말부부는 휴일에 주변의 명소를 찾곤 했다. 그 중의 하나가 삼부연폭포였

삼부연 폭포

폭포 옆 오룡터널

다. 폭포가 있으리라고 생각지도 않은 곳에 갑자기 폭포가 나타나 깜짝 놀랐던 기억이 아직도 생생하다. 그뿐 아니라 오룡터널도 신선한 충격이었다. 자연적인 굴처럼 보였던 오룡터널은 날 것 그대로의 모습 때문에 지날 때마다 오싹한 느낌이 들곤 했다. 지금은 보수공사를 해서 예전의 모습을 많이 잃어버렸지만, 아직도 그 분위기가 남아 있다.

폭포를 지나 터널을 통과해 계속 가면 용화저수지가 나온다. 그때 저수지 근처에서 갓난아기였던 첫째를 목마 태우고 찍은 사진이 아직도 옛날 앨범 한 구석에 있다. 나의 명소 여행은 여기까지였다. 월세방 가까운 곳에 명소가 있어서 편하다고 생각만 했었다. 삼연(三淵) 김창흡(金昌翕)을 만나기 전까지.

김창흡의 연보를 보니 숙종 5년인 1679년에 삼연(三淵)으로 자호(自號)했다는 기록이 있다. 삼연의 집안은 대단하다는 말로 밖에 설명할 수 없다. 큰아버지는 화천 사창리에 은거한 김수증(金壽增)이다. 그의 동생인 영의정 김수항(金壽恒)은 아들 여섯 명을 두었다. 첫째는 『몽와집(夢窩集)』을 남긴 창집(昌集)이고, 둘째는 『농암집(農巖集)』을 저술한 창협(昌協)이다. 삼연은 셋째다. 넷째는 『노가재집(老稼齋集)』의 저자인 창업(昌業)이며, 다섯째는 『포음집(圃陰集)』의 주인공인 창즙(昌緝)이다. 막내 창립(昌立)은 문집을 남기기도 전인 1683년 겨울에 형들을 곡(哭)하게 했다.

삼연은 1673년에 진사가 되었으며, 1684년 장악원주부(掌樂院主簿)에 임명되었으나 취임하지 않았다. 이후 여기저기에 은거하며 시문을 남겼는데, 대표적인 은거지 중의 하나가 삼부연폭포 위에 있는 마을인 용화동이다. 지금 행정구역상으로 신철원3리이다. 삼연이 용화동에 은거했다는 기록은 여기저기서 볼 수 있다.

성해응(成海應, 1760~1839)의 『연경재전집(研經齋全集)』에 「철성산수기(鐵城山水記)」가 있다. 철원지역의 유명한 산수(山水)를 유람한 후 자신의 답사 과정을 기록한 기문(記文)이다. 그 중 삼연과 관련된 부분은 흥미롭다.

삼연의 은거지는 석문(石門) 안쪽 6~7리쯤에 있다. 세속에서 진사곡(進士谷)이라 부른다고 한다. 옛터는 잡초가 우거져 사라져버렸다. 지금은 산 속 사람들이 경작을 하여 상세하게 알 수 없다. 권상사(權上舍)가 말하길, 삼연(三淵)은 부인을 데리고 은거했는데 몸소 물을 긷고 나무를 했다. 마을의 부인들이 서울의 귀부인을 위해 다투어 와서 보았다. 부인은 줄 것이 없자 해주(海州)산(産) 먹을 꺼내 주니, 부인들은 먹을 가지고 돌아갔으나 사용할 줄 몰라, 삶아서 먹으려고 했다. 그러나 애를 써도 익지 않으니 모두 귀한 사람의 입은 보통 사람과 매우 다르다고 말했다 한다. 또 이르길, 산 속의 백성들이 간혹 장정을 충원하기 위해 관인(官人)에게 끌려가곤 했다. 삼연(三淵)은 번번이 데리고 와서 관인과 마주 앉아 내기를 했다. 관인을 돌아보고 말하길, 돌아가 관리 아무개에게 방금 김거사(金居士)와 대국을 했다 말하라고 했다. 관리는 또한 감히 묻지 못하였다고 한다.

연보에 의하면 삼연이 용화동으로 들어와 살기 시작했을 때가 27살이다. 그가 살았던 진사곡(進士谷)은 현재 용화저수지 밑에 위치한 마을을 가리킨다. 지금도 마을 사람들은 '진사골'이라 부른다. 이름만이 옛 일을 말하여줄 뿐 여러 채의 농가와 정돈된 논밭은 전형적인 농촌의 모습만을 보여준다. 성해응의 기록은 삼연이 몸소 농사일을 하며 주변 사람들과 격의 없이 생활했을 뿐만 아니라, 이웃 사람들의 억울함을 해소하는데 적극적이었음을 알려준다. 홀로 고상하게 산속에서 은둔했던 것이 아니라 지역민들과 함께 동고동락했던 것이다. 그러는 한편 틈틈이 주변의 산수(山水)를 유람하였다.

진사골

강원의 산하, 선비와 걷다

석천곡기를 쓰다

삼연은 용화동 근처의 석천계곡을 유람하고 「석천곡기(石泉谷記)」를
남겼다. 철원과 관련된 여러 기록을 남겼는데 그 중 대표적인 기문이다.
『삼연집』에 실려 있는 「석천곡기」를 따라 여행을 떠날 시간이다.

용화산(龍華山)을 넘어 서쪽으로 향하면 산세가 막혀 깊숙하게 골짜기를 이
룬다. 그 가운데에 작은 절인 석천사(石泉寺)가 있다. 절의 위아래를 둘러싸
고 유람할 수 있는 바위로 이루어진 골짜기와 시내와 못이 6~7리에 펼쳐져 있
다. 그 사이에 절이 있는데, 계곡의 1/4은 절 위쪽에 있다. (「석천곡기」)

용화산은 어디에 있는가? 김창흡은 용화산과 명성산을 구별하여 인
식했던 것으로 보인다. 용화산을 넘어 서쪽으로 향하면 석천사가 있
다는 기록이 석천곡기 앞부분에 있고, 뒷부분에 비래폭포의 발원지
윗부분에 명성이 있다고 말하고 있다. 성해응도 「석천곡(石泉谷)」에
서 같은 견해를 보인다. 그 기록의 일부분을 보면

"석천(石泉)계곡은 영평(永平) 용화산(龍華山) 서쪽에 있다. 그윽하고 깊은
곳에 석천사(石泉寺)가 있다.(중략) 절의 남쪽 산등성마루가 남쪽으로 향하
여 날면서 내려온다. 올라가면 멀리 볼 수 있는데, 자운대(紫雲臺)라고 한다.
모두 삼연(三淵) 김창흡 선생이 이름 붙였다. 산은 명성산(鳴城山)이라 부르
는데, 고려시대에 쌓은 성벽 흔적이 있다고 한다."

성해응의 경우도 용화산과 명성산을 구분하고 있다. 그가 말한 명
성산은 석천사에서 봤을 때 남쪽에 위치한 산이다. 아무튼 용화산의
정확한 위치는 앞으로 더 연구가 뒤따라야 한다. 용화산은 태화산(太

| 제5부 김창흡과 석천계곡을 걷다 |

華山)으로 불리기도 했다.

석천사(石泉寺)에 대해 알려주는 곳은 없다. 문화원에 들어가 봐도 시원하게 답을 주지 않는다. 성해응의「철성산수기」에 "석천암(石泉菴)은 새로 지은 몇 칸의 선원(禪院)일 뿐이어서 볼 만한 것이 없다"는 표현이 있는 것으로 보아 유서가 깊지 않고 규모도 크지 않은 것 같다.

용화저수지 입구에서 마을 사람들에게 물어보지만 아는 사람이 없다. 알 만한 사람을 소개시켜준다고 하면서 정씨(鄭氏) 집안의 어르신네 집을 약도로 그려주었다. 마을로 찾아가니 진사곡의 위치를 알려주신다. 그뿐만 아니라 예전에 앞산 너머에 석천사가 있었다는 정보까지 알려주셨다. 드디어 삼연의「석천곡기」속에서 잠자고 있던 석천사를 만나게 된 것이다.

세 번의 석천계곡 유람

나는 계곡을 세 번 유람하면서 뛰어난 경치를 다 구경하였다. 그 중 한 번은 작년 여름이다. 용화사(龍華寺)의 스님 일행과 폭포가 있는 곳으로 곧바로 갔기 때문에, 위와 아래를 다보지 못하고 돌아왔다. 올 여름에 또 동생 경명(敬明)과 걸어서 서재곡(西齋谷)으로 와서 시내를 거슬러서 올라갔다. 그러나 폭포에 이르러서 멈췄기 때문에, 그 근원을 다하지 못하였다. 이틀 뒤에 혼자 다시 앞의 길을 따라가서, 깊숙한 곳까지 도달했다. 그래서 대체적인 것을 모두 기록할 수 있게 되었다. (「석천곡기」)

삼연집 해제에 의하면, 김창흡은 숙종 6년인 1680년 3월에 석천사를 유람하였다. 동생인 김창즙의 연보에도 이 해에 석천사를 유람했다는 기록이 있다. 따라서 삼연은 동생과 유람하기 한 해 전인 1679년, 곧 용화촌(龍華村)에 복거하기 시작한 해에 처음 석천계곡과 상견례를 하였던 셈이다. 그리고 이듬해에 두 번 계곡을 유람한 후 「석천곡기」를 지은 것으로 보인다.

처음 유람했을 때 동행한 사람은 용화사 스님이다. 용화사의 위치에 대해서는 두 가지 견해가 있다. 『신증동국여지승람』은 철원도호부를 설명하는 글에서 용화사는 지금 포천에 위치한 보개산에 있다고 적고 있다. 그런데 허목(許穆, 1595~1682)은 「증정군산수지로기(贈鄭君山水指路記)」에서 용화사는 삼부연폭포 위에 있다고 밝힌다. 삼연과 함께 유람한 스님이 어느 용화사에 있었는지 알 수 없지만, 은거지에서 가까운 곳의 스님과 동행하지 않았을까?

여섯 형제 중 김창즙(金昌緝, 1662~1713)은 다섯째이다. 그의 자는 경명(敬明)이다. 20세의 나이에 『징회록(澄懷錄)』을 편집하였고, 1684년 생원시에 합격하여 교관에 임명되었으나 나가지 않았다. 1689년 기사환국으로 아버지 김수항이 사사되자 벼슬을 그만두고 학문에 전념하였다. 문장과 훈고에 능하고 성리학에도 조예가 깊었다는 평가를 받는다. 20대 후반의 형과 10대 후반의 동생이 1680년에 석천계곡을 유람하였고, 이틀 뒤 삼연은 홀로 다시 계곡을 샅샅이 유람한 후 「석천곡기」를 남기게 된다.

석천계곡은 느치계곡으로 알려져 있다. 그런데 각종 지도와 명성산 등산로를 알려주는 자료에는 간혹 표시되어 있지만, 위치를 정확하게 알고 있는 사람들을 만나기 어려웠다. 철원지역의 사람들에게조차 잘 알려지지 않은 채 석천계곡은 침묵의 시간을 보내고 있었다. 도무지 이해하기 힘들었다. 석천계곡을 답사하기 위해 철원을 방문했을 때 그 이유를 알 수 있었다.

여름 방학을 이용하여 평일날 무작정 지도와 「석천곡기」 번역문을 들고 철원을 찾았다. 지도 위에 표시된 길을 따라 가다보니 군부대 정문이 보였다. 조금 더 접근하자 근무자가 손 신호를 보내며 멈추라고 한다. 군대 특유의 어투로 무슨 용무로 오셨냐고 묻는다. 자초지종을 이야기하며 군부대를 통과해야만 석천계곡을 갈 수 있다고 말했으나 단호하게 진입할 수 없다고 한다. 너무나 황당하여 잠시 멍하니 서 있었다. 설레는 마음으로 2시간을 달려왔는데 이대로 물러설 수 없어 재차 애원을 하니 전차사격훈련장이기 때문에 안전을 위해서 통제를 할 수밖에 없다고 건조하게 말한다.

그냥 귀가할 수 없어 자료도 얻을 겸 철원군청을 찾았다. 마침 점심시간이다. 창문 남쪽으로 명성산이 보이고, 석천계곡 입구인 듯한 골짜기도 보인다. 석천계곡을 지척에 두고 의자에 앉아 석천곡기를 읽으며 업무가 시작되길 기다렸다.

식사를 마친 직원들이 들어오기 시작한다. 물어물어 관광자료도 얻고 철원지역에 대해 상세히 알고 있는 분을 만날 수 있었다. 또한 철원지역의 역사문화를 연구하는 연구소장님을 소개받고 한참 동안 철원지역의 문화재와 경승에 대해 이야기를 나눌 수 있었다. 군훈련 때문에 평일날 석천계곡을 찾는 것은 불가능하니 추후 휴일날 함께 답사하기로 약속을 하고 돌아왔다. 이것이 첫 번째 방문이었다.

사실 첫 번째 답사 전에 아내와 찾은 적이 있었다. 그때는 석천계곡의 위치를 잘못 알고 용화저수지 상류 계곡을 한참 동안 거닐었다. 나중에 석천계곡이 아니라는 것을 알았을 때의 황당함이란. 김창흡이 기록한 장소와 계곡의 굽이굽이가 일치하지 않았음에도 억지로 꿰맞추며 흥분에 휩싸였던 몇 시간이었다. 첫 번째 답사는 계곡 근처에도 가보지 못하고 끝났다.

강원의 산하, 선비와 걷다

두 번째 답사는 한 달 후쯤에 있었다. 연락이 오지 않아, 어느 토요일에 철원으로 차를 달렸다. 이번에는 나름대로 용의주도하게 계획을 짰다. 1차 계획은 포천과 철원의 경계인 강포리를 경유하여 계곡으로 진입하는 것이었다. 금강산까지 몇 키로 남아있음을 새진 큰 돌을 보면서 우회전하여 들어갔다. 마을을 통과하자마자 군부대임을 알리는 표지석이 있고 경고문도 잇달아 서 있다. 트럭 바퀴 자욱 선명한 비포장도로를 따라 동쪽으로 달리니 조그마한 고개가 나타난다. 차 바닥이 도로와 부딪히는 소리를 몇 번 내고나서야 고개를 넘었다. 정상에 오르자 바로 명성산이 보인다. 내려가면서 바로 좌회전하여 100여 미터를 가니 굳게 잠긴 철문이 절망에 빠뜨린다. 하염없이 석천계곡 입구 쪽을 바라볼 수밖에 없었다. 예기치 않은 곳에서 분단의 현실을 온몸으로 느껴야만 했다.

곧바로 2차 계획을 실행하기 위해 신철원으로 향했다. 삼부연폭포 계곡 입구에서 오른쪽으로 진입하는 길을 찾아 나섰다. 콘크리트로 포장된 일직선 도로를 따라 직진했다. 말이 포장도로이지 경운기만 다닐 수 있는 좁은 길이다. 그나마 얼마가지 않아 비포장도로가 시작되었고, 움푹 파인 바퀴 자국엔 며칠 전에 내린 빗물이 그대로 있었다. 오른쪽 철망을 끼고 얼마를 달리다가 또 절망하지 않을 수 없었다. 굳게 잠긴 철문이 앞을 가로 막았고 옆에 CCTV도 설치되어 있었다. 더군다나 차를 돌릴만한 공간도 없었다! 후진과 전진을 십여 차례 한 다음에 차를 겨우 돌릴 수 있었다. 차는 흙탕물로 위장을 하였고 아무 성과도 없이 후퇴할 수밖에 없었다.

여기서 단념할 예비역이 아니었다. 입구로 나오자마자 삼부연폭포를 거쳐 용화저수지를 통과한 후 명성산 등산로 입구에 도착했다. 비록 김창흡의 여행길과는 반대이지만 명성산 등산로를 따라 가다가 중간에서 느치계곡으로 내려갈 수 있을 것이라고 생각하고 바로 실행에 옮겼다.

정비된 등산로를 따라 오르기 시작했다. 길옆에 간벌한 나무 중 쓸 만한 것을 꺾어 지팡이를 만들었다. 두 번의 실패로 인하여 시간을 허 비했다는 조바심 때문에 쉬지도 못하고 가파른 길을 씩씩하게 올랐 다. 조금 오르자마자 바로 땀이 떨어진다. 숨도 차고 흐르는 땀 때문 에 눈이 따가워지고서도 한참 후에야 고개 마루에 도착했다. 의자 몇 개와 이정표가 서 있었고, 이정표 뒤로 군사지역임을 알리는 경고판 이 버티고 있었다. 마을사람들은 이 고개를 깔딱고개라고 불렀다. 진 짜 숨이 '깔딱'하고 넘어가는 줄 알았다.

이정표엔 계곡으로 향하는 표시가 없다. 등산로인 명성산과 하산로 인 용화저수지만을 가리킬 뿐이다. 이정표에 없는 오솔길을 따라 계 곡 쪽으로 내려가면서 답사를 하였다. 다시 되돌아왔을 땐 어둑어둑 해지는 기운이 농도를 더해갔다. 고개 마루에서 지포리에 사는 등산 객 세 분을 만나 지포리까지 태워다주고 두 번째 답사를 마쳤다.

며칠 뒤 철원에서 연락이 왔다. 여러 사람의 일정을 조정하여 답사 팀이 꾸려졌으며, 철원군청에서 출발한다는 메시지도 함께 날아왔다. 일행 중에 석천계곡을 답사했던 분이 있어 수월하게 세 번째 답사를 마칠 수 있었다. 우여곡절 끝에 세 번에 걸쳐 답사가 이루어졌다.

이후의 글은 두 번째와 세 번째의 답사를 종합하여 김창흡의 발길 을 따르는 순서대로 진행한다. 결과적으로 석천계곡을 온전히 답사 하기 위해서 나는 세 번의 발걸음을 한 셈이다. 그리고 보니 김창흡이 석천계곡을 세 번 찾은 것과 일치한다. 우연이겠지만 보이지 않는 인 연의 끈이 나를 인도한 것 같다.

　　　　　　　　　　　　　　　　강원의 산하, 선비와 걷다

검붉은 바위 옆 창포담

계곡 입구로 들어갔다. 동쪽으로 수십 보 가지 않아 점차 맑고 깨끗한 시내물이 보인다. 가운데 흰 조약돌이 나란히 있고, 언덕 위엔 소나무가 십여 그루 있다. 모두 곧고 수려하여 매우 맑은 그늘을 만든다. 북쪽 가까이에 모래언덕이 깨끗하게 솟아 있는데, 물을 만나면서 그친다. 바닥이 굽어 들어간 곳은 주사(朱砂)처럼 붉다. 계곡물이 그곳으로 흐르며, 맑은 물이 모여 못을 이룬다. 못 좌우로 석창포(石菖蒲)가 덮고 있는데, 푸르게 우거져서 사랑스럽다. 그래서 나는 창포담(菖蒲潭)이라고 이름 붙이려 한다. (「석천곡기」)

멀리 계곡 입구가 보인다. 억새 너머로 보이는 계곡은 가을의 푸른 하늘 아래서 빨리 오라고 부르는 듯하다. 흥분된 상태에서 발걸음을 재촉했다. 그러나 입구에 도착하자 너무나 막연했다. 첫 단추의 역할을 하는 것이 창포담인데 도저히 찾을 수 없다. 하류부터 유심히 보았

창포담

| 제5부 김창흡과 석천계곡을 걷다 |

창포담

으나 김창흡이 묘사한 곳은 보이지 않는다. 콘크리트 다리 밑을 통과
하여 계속 위로 걸었다. 평범한 개울의 모습이 지속되었다. 불안한 마
음에 두리번거리며 돌을 밟고 물을 건너 맞은편으로 갔다가 다시 건
넜다. 평지와 산이 만나며 계곡이 시작되는 곳에 다다르자 모래 사이
에 성글게 풀이 난 언덕이 보인다. 이곳이 김창흡이 말하던 모래언덕
이다. 언덕 아래 물가의 바위들은 검붉은 색을 띠고 있다. 석창포를
볼 수 없으나 돌단풍과 이끼들이 바위 위에 수를 놓고 있다. 물에 잠
긴 바위의 색도 붉은 기운을 머금고 있어서 주변과 확연히 다른 모습
이다. 다만 못이라고 부를 정도는 아니어서 잠시 망설이지 않을 수 없
었다. 그러나 김창흡이 다녀간 이후 몇 번의 큰물이 지나가면서 돌로

강원의 산하, 선비와 걷다

메워질 수도 있다는 생각이 들었다. 이제는 검붉은 바위와 모래 언덕만이 창포담임을 알려주고 있다. 동행한 많은 사람들도 이곳이 창포담일 것 같다고 입을 모았다.

구슬이 쏟아져 내리는 유주담

못의 동쪽으로 향하여 가다가 거의 네다섯 구비를 돌아가면 물길은 점점 높아지고 계곡은 차츰 좁아져 많은 물이 흐른다. 비스듬히 쏟아져 흐르며 아래위로 돌에 부딪친다. 그러다가 물길이 바뀌면서 내맡겨져 점점 완만히 흐르고 나중에 길쭉한 못이 된다. 못의 모양은 큰 구유통 같다. 옆의 늙은 나무가 늘어뜨린 넝쿨은 돌 위로 내려와 똬리를 틀고, 물결의 움직임을 따라 움직인다. 나는 벌써 마음속으로 기뻐하며 유주담(流珠潭)이라고 이름 붙였다.(「석천곡기」)

유주담

| 제5부 김창흡과 석천계곡을 걷다 |

창포담의 진면목을 보지 못한 아쉬움을 뒤로 하고 물길을 따라 걷기 시작했다. 커다란 돌 사이를 통과하기도 하고, 돌과 돌을 건너뛰기도 했다. 계곡 왼쪽에는 토끼길이 계곡을 계속 따라 온다. 군인들이 작전 수행을 위해 다니는 길인가. 아니면 진짜 토끼가 다니는 길인가. 바로 옆에 검은색의 군용 전화선이 늘어져있는 것으로 보아 군인들이 다니면서 생긴 길인 것 같다. 좀 지루하다싶을 때 울창한 나무 때문에 컴컴해진 곳에서 하얗게 쏟아지는 물줄기와 제법 깊은 못이 나타났다. 오른쪽 바위는 검은색을 띠고 있고, 그 위에 푸른 이끼가 뒤덮고 있다. 반면 왼쪽은 근래의 홍수 때문인지 밝은 회색을 띠며 뒤엉켜 있다. 못의 대부분은 돌로 메워졌다. 가운데만 깊게 파여 투명한 푸른색을 띤다. 옥색이 저런 색일까. 갈증을 느끼자 아무 거리낌 없이 사슴처럼 엎드려서 물을 마셨다. 땀으로 부족해진 몸의 수분이 석천계곡의 물로 깨끗하게 채워지는 느낌이다. 아마 김창흡은 구유통 같은 못의 형태보다 구유통으로 하얗게 쏟아져 내리는 물을 하얀 구슬이라 생각하고 유주담이라고 이름붙였으리라. 유주담이라 생각한 곳 바로 위에 유주담과 비슷한 형태의 못이 다시 나타났다. 논쟁이 분분하였으나 아래쪽이 유주담일 것 같다는 의견이 조금 더 많았다.

금벽담을 만나다

여기서부터 시작하여 자주 못과 여울을 만났다. 대부분 거울 같이 맑고 깨끗한데, 대개 돌의 색깔 때문이다. 물이 멈춘 곳은 깊으니 어떤 것은 감청(紺靑)색을 띠기도 하고 옥색을 띠기도 한다. 모두 감상할 만하고 씻을 만하며, 움켜쥘 만하고 손으로 떠서 마실 만하다. 그러나 모두 이름을 지을 수 없다.

금벽담

제일 마지막에 커다란 못이 있는데, 길이가 50보이고, 너비는 길이의 절반이다. 이 못은 가운데서부터 가장자리까지 물빛이 푸르며 맑은데, 동쪽으로 급한 여울을 받아들인다. 북 같은 돌이 있어 돌을 밟고 바라보니, 돌 하나가 북쪽 언덕에 있다. 산 짐승이 물을 마시는 것 같아서 가까이 가니 바로 못 가운데로 숙이고 있다. 나는 못 색깔을 취해서 금벽담(金碧潭)이라고 이름 붙였다.(「석천곡기」)

유주담을 출발하여 계곡 옆 오솔길을 따라 올라가자마자 경고문과 위험을 알리는 입간판, 그리고 이곳부터 아래쪽은 사격구역임을 알려주는 표시가 나란히 서 있다. 산짐승에게 알리는 것은 아닐 터. 그렇

| 제5부 김창흡과 석천계곡을 걷다 |

다면 꾸준히 이곳을 다니는 사람들이 있다는 말인가. 명성산을 등산한 하산객일 수도 있고 지역주민일 수도 있겠다. 휴일을 이용해 계곡을 탐방하는 사람들 모두를 위하여 하루 빨리 통제가 풀리기를 바랄 뿐이다. 김창흡이 지금 이러한 현실을 안다면 얼마나 가슴 아파할 것인가.

유주담과 금벽담 사이는 변화무쌍한 바위와 여울들, 그리고 주변의 울창한 나무들로 정신이 없을 정도이다. 오른편은 너럭바위들로 이루어져있고 왼편은 책상만한 것부터 집채만 한 바위들이 자연스럽게 여기저기 자리 잡고 있다. 흑백사진기로 찍으면 바로 동양화한 폭이다.

동양화 같은 곳을 여러 차례 지나자 금벽담이 나타난다. 금벽담도 이전의 창포담과 유주담처럼 규모에 차이가 있다. 이것 때문에 답사자들 사이에 논란이 오고갔다. 오르내리며 다른 곳을 찾았으나 이곳이 제일 적합하다고 잠정적으로 의견의 일치를 보았다. 다시 살펴보니 너럭바위는 금빛을 띠고 있고 물은 푸른색을 머금고 있다.

도의 세계로 통하는 통현교

얼마 안 가서 바위를 돌아가자 길이 끊어졌다. 비스듬한 돌 하나가 인접해 있는데, 칼등처럼 날카롭다. 오가는 스님들이 가로 누운 나무 하나를 덧대었다. 허공교(虛空橋)라 불렀으나, 나는 통현교(通玄橋)라 바꾼다.(「석천곡기」)

금벽담부터 고난의 행군이다. 연이은 커다란 바위와 양옆의 가파른 절벽은 뛰어난 풍경을 연출하여 감탄사를 연발하게 하였으나, 바위

강원의 산하, 선비와 걷다

하나를 통과할 때마다 신음소리도 자연스럽게 나왔다. 아이나 노약자와 함께 걷는다는 것은 무모한 시도일 것이다. 왼쪽 산은 바위로 이루어져있고 오른쪽은 나무 그늘로 컴컴하다. 스님들은 왜 이렇게 험한 곳을 지나 석천사를 지었을까? 스스로 자신을 험한 곳에 유폐시키고 용맹정진하기 위해서였을까. 기암절벽으로 이루어진 난코스인지라 몇 번이나 미끄러지며 물에 빠지곤 했다. 계곡을 따라가다가 더 이상 앞으로 나갈 수 없게 되었다. 갑자기 길이 없어졌다. 왼쪽 언덕으로 올라가서 오른쪽 언덕으로 건너가는 방법밖에 없을 것 같다. 스님들도 여기서 곤란함을 겪었을 것이다. 갈수기인지라 나무다리가 없어도 껑충 뛰어 건널 수 있다. 그러나 큰물이 지나가는 여름에 나무다리가 없으면 건너편으로 갈 방법이 없었을 것이다.

속세와 멀어지는 첫 번째 관문 역할을 한 것이 통현교였을 것이다. 속세의 인연을 끊고 이곳을 통과하면 도(道)를 구할 수 있을까. 그러

통현교

제5부 김창흡과 석천계곡을 걷다

한 구도(求道)의 염원을 반영한 것이 통현교(通玄橋)인 것 같다. 현(玄)은 모든 색을 버무려 만든 검은색이다. 그렇기 때문에 도(道)를 상징한다. 그렇다면 통현(通玄)은 도를 꿰뚫은 상태를 의미하는 것이 아닐까.

미화석에 취하다

다리를 건너 조금 북쪽으로 가면 넓은 돌이 비탈져 있다. 뒤는 높고 앞은 낮은데, 앞쪽이 맑게 흐르는 물에 닿아있다. 자리를 펼쳐놓고 앉을 만하다. 사방을 둘러보니 산이 둘러싸고 있고, 온갖 풀과 나무가 구불구불하다. 그 사이에 기이한 꽃이 섞여 있고 울창한 숲이 어지러이 펼쳐져 있어, 이상한 향기가 나는 것 같다. 마음을 취하게 만들기 때문에, 그 돌을 미화석(迷花石)이라 부른다. (「석천곡기」)

미화석

강원의 산하, 선비와 걷다

속인인지라 다리를 건너고도 도(道)에 대한 깨달음이 없다. 단지 풍경에 취하고 험한 길에 놀라며 지명에 해당되는 곳만 눈을 밝히며 찾을 뿐이다. 김창흡이 봤을 때 얼마나 안쓰러웠을까? 다리를 건너서 위로 몇 발자국 옮기자 푸른 못이 왼편으로 보인다. 못과 맞닿은 것은 커다란 바위이다. 비스듬히 서 있는 바위가 김창흡이 말한 미화석이다. 김창흡은 기이한 꽃의 향기에 취해 어질어질했으나, 숨 가쁘게 걸어온 나는 아름다움도 아름다움이지만 힘이 들어 어질어질할 뿐이다. 눈으로만 경치를 감상해왔던 나는, 코로도 경치를 감상하는 경지가 있다는 것을 여기에 와서야 알았다. 눈을 감았다. 청량한 기운은 느껴지지만 코는 땀 냄새만을 맡을 뿐이다. 얼마나 공력을 쌓아야 김창흡의 경지에 이를 것인가.

까마득한 구첩병을 마주하다

북쪽으로 바라보자 큰 돌병풍이 막힘없이 벽처럼 서 있다. 색깔은 푸른색이고 형세는 매우 장엄하다. 아래 부분이 땅에 들어가 있어 몇 백 길인지 알 수 없다. 그 윗면은 깎아 만든 듯하며 옥같이 기이한 것이 수 십 길 정도쯤 된다. 그 사이엔 많은 나무가 있다. 기세를 믿고 다투어 자라니, 바라볼 때 공중에 나무가 있는 것 같다. 그래서 구첩병(九疊屛)이라 이름 붙인다. 구첩병은 다하면서 남쪽부분이 꺾어져 들어간다. (「석천곡기」)

계곡 입구에서 바라볼 때 구름 밑으로 산이 허옇게 보인다. 처음엔 산사태가 난 곳인 줄 알았다. 계곡으로 들어와서도 하늘이 보이는 곳마다 이곳을 볼 수 있었다. 점점 가까워지자 그곳이 바위란 것을 알았고 바로 앞에 와서야 구첩병임을 알았다.

| 제5부 김창흡과 석천계곡을 걷다 |

구첩병 아래 못

　지금 구첩병 밑에 서 있다. 목이 아파서 제대로 볼 수 없다. 누워야만 온전히 구첩병을 감상할 수 있다. 바로 앞의 미화석은 코로 감상해야하는 곳이라면, 구첩병은 바위에 누워 감상해야하는 곳이다. 푸른 하늘을 배경으로 까마득히 솟은 바위벽은 두려움마저 들게 할 정도다. 전혀 틈이라곤 없을 것 같은 바위에 뿌리를 내리고 사는 나무들을 김창흡은 공중에 있는 것 같다고 표현하였다. 밋밋할 것 같은 거대한 바위는 나무가 있음으로 인해 살아있는 바위가 되었고, 생기 있는 바위는 100폭 병풍이 되어 석천계곡의 바람막이가 되었다.

　구첩병 아래로 깊은 못이 휘감아 돌고 있다.

구첩병

| 제5부 김창흡과 석천계곡을 걷다 |

흰 구름이 뒤엉킨 소운폭포

돌길이 여러 번 꺾이자 폭포가 나온다. 하나의 큰 바위로 이루어졌으며, 거의 40~50길이나 서 있는데, 그 위 가파르게 깎인 부분이 3분의 1이나 된다. 폭포는 위로부터 곧바로 떨어져서 가파르게 깎인 곳을 지나게 되면 넓게 퍼지면서 꾸불꾸불 흘러 내려 못으로 천천히 흘러 들어간다. 가랑비가 내리는 것은 어느 곳에 부딪혀 물줄기가 쏟아지기 때문이다. 폭포의 위와 아래에 함께 한 그루 울창한 소나무가 특이하게 자라고 있는데, 엄숙한 기풍이 있다. 그 사이로 흩어지는 물거품이 바뀌어 회오리바람처럼 뿌린다. 바람이 지나면 흰 구름이 뒤엉킨 것 같아, 소운폭포 〔素雲瀑〕 라고 부른다. 돌 비탈길을 따라 올라가다 굽어 돌며 폭포를 내려다보면 더욱 더 특별하고 기이하다. 햇살이 폭포에 내리 비쳐 빛이 나면서 서로 빛을 발하니 표현하기가 어렵다. 나는 이곳에 세 번 이르렀는데 매번 또렷하게 보았다. (「석천곡기」)

일명 깔딱고개 정상에서 계곡으로 내려오다가 마지막으로 만나는 폭포가 소운폭포이다. 계곡은 갑자기 요란한 소리를 내며 꺼져버렸다. 계곡 왼편엔 커다란 플래카드가 걸려있다. 사격구역이므로 민간인의 출입을 금한다고 붉은 글씨로 경고한다. 주변은 원형 철조망이 등산로를 가로막고 있다. 바로 이 지점에 소운폭포가 자리 잡고 있다.
소운폭포는 직각으로 이루어진 폭포가 아니다. 위는 직폭(直瀑)이고, 아래는 와폭(臥瀑) 형태이다. 규모는 삼부연폭포와 맞먹을 정도이다. 물줄기 주변은 홍건이 젖어있다. 바람이 불지 않았기 때문에 흰 구름이 엉킨 것과 같은 황홀한 모습을 볼 수 없다. 그러나 높은 곳에서 하얀 천처럼 펼쳐진 물보라는 답사객의 고단한 몸을 잊게 해준다. 폭포의 규모가 크기 때문에 카메라 앵글에 모두 담기 어려워 갖은 포즈를 취해야만 했다. 숨 가쁘게 정신없이 온 일행은 폭포 바로 아래서

강원의 산하, 선비와 걷다

소운폭포

| 제5부 김창흡과 석천계곡을 걷다 |

위에서 내려다 본 폭로

준비한 점심을 먹으며 휴식을 취했다.

폭포 오른쪽의 조그만 계곡으로 오르면 비래폭포가 나온다. 글의 뒷부분에 언급이 되기 때문에 나중에 언급하기로 한다. 그러나 답사를 하는 분들은 소운폭포를 지나 위로 가기 전에 먼저 이 계곡을 따라가서 비래폭포를 보아야 한다.

계곡 입구에서 커다란 바위 위를 기어오르자마자 왼쪽 산비탈로 오르면 소운폭포 위이다. 김창흡은 위에서 내려다본 폭포가 기이하다고 표현한 바 있다. 고소공포증이 있는지라 내려다보는 폭포는 더 짜릿하다. 떨어지는 물줄기에 나도 함께 떨어지는 듯한 느낌이 들어 자꾸 뒷걸음질 쳤다.

강원의 산하, 선비와 걷다

하수렴에서 그림처럼 노닐다

폭포 위에서 바라보니 붉은 누대가 솟아있다. 바로 석천사(石泉寺)이다. 절을 왼쪽으로 두고 동쪽으로 가다가 깊은 곳으로 꺾어 들어가면 입을 벌릴 정도로 두 계곡이 갈라진다. 남쪽에 있는 것은 소회곡(小檜谷)이고 북쪽에 있는 것은 대회곡(大檜谷)이다. 계곡은 시내물이 합쳐져 쏟아지며 두 길 높이의 폭포를 만들고 맑은 못이 이어져 있다. 뛰어난 경치가 더욱 단정하며 좋다. 양 옆에 서 있는 돌이 마주하여 우뚝 서 있는데 계곡의 문을 만든 것 같다. 물은 그 사이를 뚫고 흐르며, 사람은 그림처럼 그 가운데서 노닌다.(「석천곡기」)

폭포 위 좌측에 석천사가 있었다. 김창흡은 절에 들르지 않고 계곡을 따라 계속 올라간다. 그는 상수렴까지 갔다가 내려오는 길에 절에

소회곡

하수렴

들렸다. 김창흡을 따라 발길을 재촉했다.

　소운폭포까지의 길이 우락부락한 청년의 길이라면, 소운폭포부터 상류의 길은 연륜이 있어 부드러운 장년의 길이다. 여기서부터 산길은 다시 계곡의 좌측으로 계속 이어진다. 조금 지루하다 싶을 때 문득 폭포가 나타난다. 소운폭포가 경외감과 장엄함을 불러일으킨다면, 이 폭포는 예뻐서 어루만지고 싶을 정도의 아담한 폭포다. 김창흡은 단정하다고 표현했다. 곱게 머리를 빗고 비녀를 꽂고 앉아 있는 여인의 모습과 같다고 할까. 폭포수는 밑에 깊고 넓은 연못을 만들어 놓았다.

　편안함을 느끼게 해 주는 폭포 때문인지, 김창흡은 이곳에서 그림처럼 노닐었다. 그림처럼 노니는 것은 어떤 경지인가. 한 폭 그림 속의 등장인물이 되어도 전혀 이질적으로 보이지 않는 자연스런 모습일 것이다. 이러한 상황이 물아일체(物我一體)이리라. 김창흡은 노닐다가 잠시 앉았다. 참을 수 없는 흥취를 다음과 같이 읊조렸다.

새벽 서리 남아 있는 듯 돌은 하얗고 　晩霜留白石
맑은 바람에 씻긴 옷엔 먼지 하나 없구나 　袖拂清無塵
여전히 시내에서 바람 불어와 　猶有溪風颸
빈번히 단풍잎 나부끼누나 　飄來紅葉頻

속세의 티끌이 완전히 사라져버려 신선이 된 삼연은 바람에 나부끼는 단풍 속에서 자연의 일부가 되었다. 폭포를 지나자마자 바로 두 개의 계곡이 나타난다. 오른쪽 계곡은 왼쪽에 비해 수량도 적고 규모도 작다. 오른쪽은 소회곡(小檜谷)이고 왼쪽은 대회곡(大檜谷)이다. 그리고 김창흡이 노닐었던 폭포의 이름은 하수렴(下水簾)이다.

활연히 막힘없는 상수렴

발걸음 내키는 대로 대회곡(大檜谷)으로 갔다. 잡목이 무성하고 담쟁이 넝쿨이 있어 앞에 길이 없는 것 같았으나, 홀연히 폭포와 입석(立石)을 만났다. 크기는 하수렴과 비슷했다. 폭포 위에 두 개의 얕은 못이 더 있다. 맑으면서 빠르게 흘러 즐길 만하다. 입석(立石) 중 오른쪽에 있는 것은 겹쳐진 옥처럼 쌓여있어 아래에서 위로 올라갈 수 있다. 또 깎아 만든 것 같아 모서리가 있다. 옆에 아름다운 나무가 자라고 꽃은 활짝 폈다. 앞서 본 것에 비해 더욱 기이하고도 아름답다. 폭포 아래쪽으로 가서 앉았다. 계곡의 형세는 깨달음을 얻어

상수렴

강원의 산하, 선비와 걷다

막힘없이 트인 것 같다. 좌우의 여러 봉우리들은 아름답고 험준하며 수려하고도 곱다. 비록 빙 둘러싸고 있지만 사람을 압박하지 않는다. 나는 둘러보며 즐거워서 떠나려고 하지 않았다. 앞으로 더 가려고 했지만 수원(水源)은 점점 얕아져서 위쪽에 더 이상 아름다운 곳이 없다고 생각했다. 두 폭포를 상수렴(上水簾)과 하수렴(下水簾)으로 부르고, 또 입석(立石)을 문암(門巖)이라고 이름 붙였다. 위와 아래로써 차례지은 것이다. (「석천곡기」)

하수렴에서 얼마 올라가지 않아 상수렴에 도착하였다. 김창흡은 하수렴보다 상수렴에 더 높은 점수를 준다. 무엇 때문일까? 먼저 하수렴에 비해 넓은 공간 때문인 것 같다. 김창흡은 깨달음을 얻어 얽매임이 없는 경지로 상수렴 주변을 비유했다. 또 하나는 주변의 경치 때문이다. 폭포 위의 입석은 얇게 켜낸 널빤지를 수 십 장 쌓아놓은 것 같다. 겹쳐진 옥과 같다고 표현한 문암은 붉은 기운을 머금고 있다. 또한 문암 주변의 단풍나무와 다래 넝쿨은 고즈넉한 분위기를 연출한다. 마지막으로 주변의 봉우리들을 들고 있다. 구첩병 주변의 산들과 달리 상수렴 주변의 산들은 사람의 마음을 편안히 감싸주는 듯한 편안함이 있다. 이러한 이유 때문에 김창흡은 한참 동안 머무르며 떠나지 않았던 것이다.

폭포의 나라로 들어서다

김창흡의 석천계곡 여행은 상수렴까지이다. 그는 여기서 석천사로 내려갔다. 그는 당시 계곡물이 얕아서 더 이상 아름다운 곳이 없으리라고 짐작했기 때문이었다. 그런데 더 위로 올라가니 폭포의 계곡이라 불러도 좋을 만큼 많은 폭포를 품고 있었다.

폭포는 숨 돌릴 틈도 주지 않고 제각각의 아름다움을 뽐낸다. 마주한 폭포의 여운이 채 가시기도 전에 다른 폭포가 나타나곤 한다. 폭포들은 제각각의 못과 짝을 이루며 경연을 펼친다. 사람마다 취향이 다르고 심미안이 다르듯 답사객들은 이것이 좋다 저것이 좋다며 자신의 심미안에 따라 품평이 끊이질 않는다.

맨 위에 위치한 것은 규모가 가장 큰 와폭이다. 너럭바위 위를 뽀얗게 내달리는 물은 하얀 비단이다. 나뭇가지는 물을 두려워하지 않고 최대한으로 가지를 드리우고 있다. 내려오다가 한번 굽이친 물은 이내 사뿐히 얕은 못에 소리 없이 스며든다. 맨 위에 위치한 폭포지만, 깔딱고개에서 내려올 때 제일 처음 만나게 되는 이곳은 폭포에 입문하는 초보자에게 기초부터 가르쳐주는 듯하다.

상수렴 위에 있는 폭포들

강원의 산하, 선비와 걷다

석천사와 감로수 석천

절에 도착했다. 석천(石泉)은 바위틈에서 흘러나와 졸졸 흐르며 끊이지 않는
것이 마치 뽑아 당기는 것 같다. 스님이 말하길 이 물은 홍수와 가뭄 때에도
넘치거나 준 적이 없어서, 예로부터 감로(甘露)라 불렀다고 한다. 시험 삼아
따라 마셔보니 무척 차가우면서도 맑다. 비록 제대(帝臺)라는 신선의 음료라
고 하더라도 이것보다 낫지 않을 것이다. (「석천곡기」)

내려오다가 김창흡은 석천사에 들렀다. 석천사는 석천암(石泉庵)으
로도 불리기도 했다. 문화유적총람에 석천사에 대한 자료가 정리되어

석천사터

있다. 언제 창건했는지는 알 수 없으나, 고려시대에 인근 용화사(龍華寺)의 승려가 창건했다고 한다. 조선시대에 이르기까지 유명한 수도처의 하나로서 많은 수도승들이 거처했고, 효험이 많은 약수가 있어서 요양객들도 즐겨 찾았으나 조선시대 후기에 폐사가 되었다고 한다. 현재 절터에는 돌담의 흔적이 있으며 석재와 기와, 식기류의 파편 등이 출토된다고 알려준다.

석천사터를 찾아 나섰다. 절터에 대한 정보는 소운폭포 위쪽이라는 것과 김창흡이 절을 왼쪽으로 두고 하수렴으로 향했다는 것이다. 절을 왼쪽으로 두었다는 것은 계곡 상류를 보고 섰을 경우 왼편이기 때

강원의 산하, 선비와 걷다

문에 계곡과 왼쪽 산 사이의 공간에 절이 있었다는 것을 의미한다. 또 하나의 정보는 바위틈에서 흘러나오는 샘물이 있다는 것이다.

계곡 왼쪽은 온통 나무와 넝쿨, 그리고 돌들 뿐 이다. 폭포 옆에 위치한 자운대에서부터 절이 있을만한 곳을 샅샅이 뒤졌다. 반경 20여 미터를 꼼꼼하게 조사하였으나 별 소득이 없었다. 다시 동쪽으로 이동하여 살피니 건물이 있었을 법한 평평한 터가 몇 군데 보이고, 석축의 흔적도 나무 사이로 보인다. 와편(瓦片)은 수풀 여기저기에 흩어져 있다. 절터를 찾았다는 기쁨과 폐허로 변해버린 무상함에 만감이 교차할 때, 샘물을 찾았다는 소리가 들려 절터 오른쪽으로 뛰어갔다.

석천(石泉)은 그곳에 있었다. 풍부한 수량은 아니지만 바위틈에서 이끼 위로 졸졸 흘러내리고 있다. 바위 아래는 낙엽이 수북이 쌓여 있고, 최근까지 누가 정성을 드렸는지 샘터 주변에 제구(祭具)가 있다.

절터에 흩어져 있는 와편

주변의 넓적한 나뭇잎을 반으로 포개어 잔을 만든 후 답사팀 모두가 한 모금씩 마셨다. 시원함이 뱃속까지 전해진다.

한편 문화유적총람은 폐사와 관련된 가슴 아픈 전설을 전해준다. 절의 바위틈에서 매일 1인분의 쌀이 나왔다고 한다. 어느 날 욕심 많은 수도승이 쌀을 많이 얻으려고 바위틈을 크게 뚫었으나, 쌀은 나오지 않고 샘이 터지면서 뱀이 몰려 나왔다고 한다. 그 뒤 샘물이 흐려지게 됨에 따라 승려들이 모두 떠나게 되었고, 절은 자연히 폐사가 되었다고 한다.

이 전설은 무엇을 이야기하는 것일까? 절이 폐사된 것을 합리화하기 위해서 후대의 사람들이 인위적으로 만든 것이리라. 그러면 왜 폐사가 되었을까? 구체적인 이유를 알 수 없다. 그러나 누구인지는 몰라도 인간의 탐욕이 빚어낸 결말이라는 것은 분명해 보인다. 숲속의 절터는 폐사의 모습으로 지나는 답사객들에게 탐욕을 경계하라고 일깨워준다.

석천 샘물

강원의 산하, 선비와 걷다

김창흡은 「석천사감회(石泉寺感懷)」란 시와 「석천 샘물」에 대한 시를 남겼다.

내 석천(石泉)에 왔다가 　吾人到石泉
다시 그대 데리고 남쪽으로 왔네 　復携南來子
삼 년 동안 지금까지 여러 번 오니 　數往今三霜
단풍나무는 나를 향해 붉은 빛을 띠네 　楓樹向我紫
자운대(紫雲臺)에 높이 오르자 　高登紫雲臺
샘물 소리 희미하게 들리고 　細聆玉乳水
산천(山川)은 늘 그대로 있어 　山川每在而
태초적 생각하며 감회에 젖네 　我懷感太始
느긋하게 우러르고 굽어보며 　悠悠勞俯仰
외로이 기대다가 저물녘에 떠나려다 　孤倚暮將徙
연못 바라보며 백발을 부끄러워하고 　窺淵怛二毛
소나무 어루만지며 진수를 찬미하네 　撫松美眞髓
천 길이나 되는 칡은 막막(漠漠)하고 　千尋葛漠漠
언제나 돌은 줄지어 있네 　牢歲石齒齒
계곡 깊으니 배가 어찌 있으랴마는 　壑深舟豈存
계곡은 비어있어도 신은 영원하네 　谷虛神不死
신선인 왕교(王喬) 날 부르지 않고 　王喬不我速
짙은 노을 그윽한 곳까지 자욱하지만 　荒靄淸幽履
신령스런 시내 거슬러 오를 수 있다면 　靈溪倘可溯
가을 국화 꽃술로 미숫가루 만들리라 　槾此晩菊蕋

석천사에서 주변을 조망하기에 가장 적합한 곳은 소운폭포 위에 있는 자운대이다. 집으로 돌아가기 전에 자운대에 오른 김창흡은 시를

석천사에서 바라본 남쪽 봉우리

한 수 남기고 집으로 향한다. 그는 늘 우주의 시원에 대해 고민을 하였던 것 같다. 영원한 자연과 그 속에서 스쳐지나가는 나. 늘 영원을 꿈꾸던 그가 자연을 찾는 것은 당연한 일이었는지 모른다.

세상의 샘물 맛보았지만　天下嘗泉水
명성산(鳴城山)엔 이르지 못했는데　未至鳴城山
제대(帝臺)라는 신인(神人)의 물이　誰謂帝臺漿
멀지 않은 이곳에 있다고 하네　不遠在此間
여러 사람들 보는 일 드물어　衆夫所希見
산승(山僧) 홀로 맛에 감탄하는구나　山僧獨嗟嘆

강원의 산하, 선비와 걷다

높다란 물통 영험한 물 받으니 高槽承靈液
맑은 물 부딪치며 가늘게 흘러 淸澌激細湍
멈추지 않고 졸졸 흘러내려 涓涓來不息
오랜 세월 동안 마른 적 없네 千載未始乾
손으로 떠서 창자 씻으니 把彼漱我腸
시원스레 마음을 차갑게 하네 冷冷徹心寒
만일 신선이 되고자 한다면 人倘欲神僊
이 샘물 마시면 날개 생기리라 因此生羽翰

석천사 샘물은 근처 주민들 사이에 유명했던 것 같다. 영험하다고
소문난 샘물은 제대(帝臺)라는 신인(神人)의 물에 비유된다. 이 물을
마시면 신선이 될 수 있다고 샘물을 칭송한다. 신선이 되지 못하더라
도 정신이 번쩍 들 정도로 시원한 것은 사실이다.

비래폭포

남쪽 봉우리에 석벽(石壁)이 기울어진 곳이 있는데 멀리 절의 누대와 마주
하고 있고, 폭포는 중간에서 떨어진다. 떨어지는 것은 가볍게 화살이 날아
가듯 빠르다. 떨어진 물은 깊숙하고도 컴컴하여 끝없는 곳으로 들어간다.
아래로 가서 보려고 했으나 하지 못했다. 그래서 비래(飛來)폭포라 이름
붙이고 떠났다. (「석천곡기」)

고개에서 계곡을 따라 내려올 때는 소운폭포에 정신이 팔려서 미처
가 볼 생각을 하지 못했다. 답사가 끝난 다음에야 비래폭포를 빠뜨렸
다는 생각에 아차 싶었다. 드디어 세 번째 답사 만에 찾아갈 수 있게
되었다.

비래폭포

강원의 산하, 선비와 걷다

소운폭포에서 비래폭포로 가려면 폭포 오른쪽 계곡으로 가야한다. 계곡 입구에서 20여 미터를 가니 조그만 폭포 형태를 한 절벽이 나타났다. 양 손으로 바위를 지탱하며 오르다 한번 미끄러지며 추락했으나 멈출 수 없었다. 돌출된 부위를 간신히 잡고 기어가다시피 하여 난 코스를 통과했다. 물 없는 계곡의 바위를 건너뛰며 계속 따라 올라갔다. 계곡에 물은 없어 제대로 된 폭포를 볼 수 없을 것 같아 걱정이 앞섰다. 5분 정도 앞으로 가니 폭포가 왼편으로 보인다. 갈수기인지라 폭포의 형태가 아닌 암벽의 모습이다. 구첩병보다 규모가 작지만 그에 필적할 정도의 높이에 입이 절로 벌어졌다. 김창흡이 말한 것처럼 약간 기울어진 암벽은 폭포라는 것을 알려주듯 자신의 몸을 땀으로 흠뻑 적시고 있다. 아마 김창흡이 바라보았을 때는 물이 하얗게 떨어졌을 것이다.

물이 제대로 떨어질 때 다시 찾으리라 다짐하며 소운폭포 쪽으로 향했다. 하산길이 더 위험하다고 했던가. 산비탈에서 미끄러지길 몇 번, 나중엔 다래넝쿨을 타고 절벽을 내려올 수 있었다.

계곡 최고의 전망대 자운대

절의 서쪽에 산등성마루가 남쪽으로 향하여 날면서 내려오다가 소운폭포(素雲瀑) 위에 이르러서 멈춘다. 올라가니 멀고 가까운 곳을 볼 수 있으나, 때마침 구름과 노을이 끼어 있어서 멀리 볼 수 없다. 오직 구름 낀 나무 사이로 흐릿하게 계곡 가운데를 볼 수 있어 풍성한 물과 돌을 분별할 수 있을 뿐이다. 그래서 올라간 곳을 자운대(紫雲臺)라고 이름 붙였다. (「석천곡기」)

폭포 옆 자운대

　소운폭포 옆에 있는 바위가 자운대이다. 석천사에서 봤을 때 서쪽에 위치한다. 처음에는 폭포 건너편 산에 있는 바위가 자운대라고 생각을 했으나, 가만히 생각해보니 폭포 옆의 바위임에 틀림이 없다. 자운대를 떠나 북쪽으로 향해 귀가 길로 올랐다는 것으로 볼 때 처음 생각했던 곳은 자운대가 아니었다. 김창흡은 그곳에 올라가서 계곡 전체의 경치를 감상하였다. 자운대에 오르니 서쪽 계곡 입구로 철원이 보인다. 비래폭포도 바로 코앞에 다가선다.

　이제 귀가길이다. 김창흡의 발길을 따라 갈 것인가, 아니면 왔던 길로 되돌아 갈 것인가, 깔딱고개를 넘어 용화저수지 쪽으로 갈 것인가. 여러 사람들은 의견을 모으지 못하고 우왕좌왕하다가 깔딱고개로 향하였다.

강원의 산하, 선비와 걷다

명성산을 바라보다

자운대를 떠나 북쪽으로 향했다. 얼마 안 되는 길이 더욱 높아졌다. 절벽을 오르는데 다른 방도가 없으니 구첩병(九疊屛)이기 때문이다. 남쪽 봉우리의 폭포를 돌아보니 저 멀리서 사람을 쫓아오는 것 같으며, 은하수가 하늘에 이어진 것 같다. 스님이 말하길 물이 시작하는 곳에 옛날에 절이 있었고, 또 그 위에 고려시대에 쌓은 성벽 흔적이 있는데 명성(鳴城)이라 부른다고 한다. (「석천곡기」)

자운대에서 귀가하는 길은 험난한 길의 연속이었을 것이다. 가파른 산세 때문에 진행이 더뎠을 것이다. 쉴 때마다 머리를 돌려도 비래폭포는 바로 눈앞에 보였을 터. 큰 비가 내릴 때 이 산길을 걷는다면 웅장한 폭포의 진면목을 볼 수 있으리라. 폭포 위로 명성산이 보인다. 궁예의 한이 서려있는 명성산. 산에 절이 있었고 또 그 뒤쪽 명성산 정상 쪽에 성벽이 있노라고 동행하던 스님이 삼연에게 전해 주었다. 지금도 절터와 성터가 남아 있어 답사객에게 궁예의 한에 대해 이야기해 주고 있을까? 궁예의 자취를 따라 명성산을 답사할 날이 있으리라.

김창흡은 석천사에서 용화동으로 돌아오다가 구첩병 위에서 두 수의 시를 남긴다.

봄날에 새는 무리지어 나무에서 날아오르고 春鳥聯羣出樹飛
산승(山僧)은 손님 보내고 꽃을 들고 돌아가네 山僧送客拈花歸
돌아보니 남쪽 봉우리의 폭포 아득히 멀리 보이는데 南峰瀑布歸逍遙
아직도 잔물결 내 옷 털어낼 것 같네 猶恐餘波拂我衣

10일 만에 돌아가니 봄날은 모두 지나가고 十日回鞭春盡運
그대와 여기 소나무 사이에서 쉬고 있네 與君申憩此松間

앙상한 늙은 가지 매만지며 오랜 옛날 생각하니 *摩挲老幹心千古*

온 산에 봄날의 꽃 가득하구나 *非不煙花滿四山*

봄날이 저만치 가고 있다. 그러나 꽃은 아직 주위에 남이 있다. 스님도 봄날을 잠시나마 붙잡고 싶어서 꽃을 손에 든다. 자연인인 나는 어떠하였겠는가? 봄날을 보내는 김창흡의 심정을 조금이나마 이해할 수 있다. 그의 시에는 짙은 아쉬움이 배어있다.

증령을 넘어 돌아오다

구첩병이 다하자 산세는 차츰 평탄해지면서 고개에 이르렀다. 이 고개는 용화산의 서쪽 갈래이다. 계곡에 사는 사람들은 증령(甑嶺)이라고 부른다. 대체로 여기에 이르러서 보는 것이 끝났다. (「석천곡기」)

아리랑고개 입구

강원의 산하, 선비와 걷다

험한 절벽을 오르자 이내 평탄한 길이 나타난다. 이곳이 증령이다. 이 고개를 현재 지역 주민들은 아리랑고개라 부른다고 동행하던 분이 덧붙인다. 조금 더 가니 조그만 분지가 보인다. 예전에 화전을 하던 사람들이 살았다고 한다. 아리랑고개와 분지는 김창흡이 거처하던 진사골과 연결이 된다. 계곡을 빠져나오니 바로 아스팔트 위를 달리는 차들이 보인다. 신선의 세계에 노닐다 속세로 다시 돌아가는 기분이 이럴까?

에필로그

1680년, 삼연 김창흡은 세 번 석천계곡을 다녀간 후 「석천곡기」를 남기고, 나는 지금 인연에 끌려 세 번 삼연의 발자취를 따라 답사를 하였다. 삼연에게 석천계곡은 어떤 의미로 다가섰던가? 자신의 주관적인 의견을 절제하고 담담하게 계곡입구부터 걸어가는 삼연은 그 중 승경을 찾아 이름을 불러주었다. 도의 세계로 진입하는 통로인 통현교와 코로 감상하는 곳인 미화석은 삼연의 독특한 심미안이 드러나는 곳이다. 그리고 소운폭포보다 상수렴과 하수렴에 더 애정을 보이는 것도 삼연의 미적 취향을 보여준다. 이전에도 존재하였지만 삼연의 심미안에 포착되면서 의미를 갖게 된 석천계곡의 구석구석들. 석천계곡은 의미를 갖게 되었고 삼연은 그 속에서 물아일체가 되어 시간가는 줄 모르고 그림처럼 즐겼다.

한동안 잊고 있었던 석천계곡을 제대로 답사했는지 의구심이 들기도 한다. 그러나 미흡한 부분이 앞으로의 답사와 연구를 통해 수정된다면 몇 번의 답사와 그 결과를 엮은 글은 나름의 역할을 다한 것이리라. 부디 석천계곡을 찾는 사람들은 상수렴에서 바라본 계곡처럼 깨달음을 얻기를. 그리하여 막힘없이 트인 형세처럼 활연히 트이기를.

김창즙, 『포음집(圃陰集)』

김창흡, 『삼연집(三淵集)』

성해응, 『연경재전집(研經齋全集)』

이현익, 『정암집(正菴集)』

정약용, 『대동수경(大東水經)』

『신증동국여지승람』

철원군, 『스토리텔링, 철원』, 도서출판 산책, 2011.

김창흡, 「석천곡기(石泉谷記)」, 『삼연집(三淵集)』

용화산(龍華山)을 넘어 서쪽으로 향하면 산세가 막혀 깊숙하게 골짜기를 이룬다. 그 가운데에 작은 절인 석천사(石泉寺)가 있다. 절의 위아래를 둘러싸고 유람할 수 있는 바위로 이루어진 골짜기와 시내와 못이 6~7리에 펼쳐져 있다. 그 사이에 절이 있는데, 계곡의 1/4은 절 위쪽에 있다.

나는 계곡을 세 번 유람하면서 뛰어난 경치를 다 구경하였다. 그 중 한 번은 작년 여름이다. 용화사(龍華寺)의 스님 일행과 폭포가 있는 곳으로 곧바로 갔기 때문에, 위와 아래를 다보지 못하고 돌아왔다. 올 여름에 또 동생 경명(敬明)과 걸어서 서재곡(西齋谷)으로 와서 시내를 거슬러서 올라갔다. 그러나 폭포에 이르러서 멈췄기 때문에, 그 근원을 다하지 못하였다. 이틀 뒤에 혼자 다시 앞의 길을 따라가서, 깊숙한 곳까지 도달했다. 그래서 대체적인 것을 모두 기록할 수 있게 되었다.

계곡 입구로 들어갔다. 동쪽으로 수십 보 가지 않아 점차 맑고 깨끗한 시내물이 보인다. 가운데 흰 조약돌이 나란히 있고, 언덕 위엔 소나무가 십여 그루 있다. 모두 곧고 수려하여 매우 맑은 그늘을 만든다. 북쪽 가까이에 모래언덕이 깨끗하게 솟아 있는데, 물을 만나면서 그친다. 바닥이 굽어 들어간 곳은 주사(朱砂)처럼 붉다. 계곡물이 그곳으로 흐르며, 맑은 물이 모여 못을 이룬다. 못 좌우로 석창포(石菖蒲)가 덮고 있는데, 푸르게 우거져서 사랑스럽다. 그래서 나는 창포담(菖蒲潭)이라고 이름 붙이려 한다.

못의 동쪽으로 향하여 가다가 거의 네다섯 구비를 돌아가면 물길은 점점 높아지고 계곡은 차츰 좁아져 많은 물이 흐른다. 비스듬히 쏟아져 흐르며 아래위로 돌에 부딪친다. 그러다가 물길이 바뀌면서 내 맡겨져 점점 완만히 흐르고 나중에 길쭉한 못이 된다. 못의 모양은 큰 구유통 같다. 옆의 늙은 나무가 늘어뜨린 넝쿨은 돌 위로 내려와 똬리를 틀고, 물결의 움직임을 따라 움직인다. 나는 벌써 마음속으로 기뻐하며 유주담(流珠潭)이라고 이름 붙였다.

여기서부터 시작하여 자주 못과 여울을 만났다. 대부분 거울 같이 맑고 깨끗한데, 대개 돌의 색깔 때문이다. 물이 멈춘 곳은 깊으니 어떤 것은 감청(紺靑)색을 띠기도 하고 옥색을 띠기도 한다. 모두 감상할 만하고 씻을 만하며, 움켜쥘 만하고 손으로 떠서 마실 만하다. 그러나 모두 이름을 지을 수 없다. 제일 마지막에 커다란 못이 있는데, 길이가 50보이고, 너비는 길이의 절반이다. 이 못은 가운데서부터 가장자리까지 물빛이 푸르며 맑은데, 동쪽으로 급한 여울을 받아들인다. 북 같은 돌이 있어 돌을 밟고 바라보니, 돌 하나가 북쪽 언덕에 있다. 산 짐승이 물을 마시는 것 같아서 가까이 가니 바로 못 가운데로 숙이고 있다. 나는 못 색깔을 취해서 금벽담(金碧潭)이라고 이름 붙였다.

얼마 안 가서 바위를 돌아가자 길이 끊어졌다. 비스듬한 돌 하나가 인접해 있는데, 칼등처럼 날카롭다. 오가는 스님들이 가로 누운 나무 하나를 덧대었다. 허공교(虛空橋)라 불렀으나, 나는 통현교(通玄橋)라 바꾼다.

다리를 건너 조금 북쪽으로 가면 넓은 돌이 평평하다. 뒤는 높고 앞은 낮은데, 앞쪽이 맑게 흐르는 물에 닿아있다. 자리를 펼쳐놓고 앉을 만하다. 사방을 둘러보니 산이 둘러싸고 있고, 온갖 풀과 나무가 구불구불하다. 그 사이에 기이한 꽃이 섞여 있고 울창한 숲이 어지러이 펼

강원의 산하, 선비와 걷다

쳐져 있어, 이상한 향기가 나는 것 같다. 마음을 취하게 만들기 때문에, 그 돌을 미화석(迷花石)이라 부른다.

북쪽으로 바라보자 큰 돌병풍이 막힘없이 벽처럼 서 있다. 색깔은 푸른색이고 형세는 매우 장엄하다. 아래 부분이 땅에 들어가 있어 몇 백 길인지 알 수 없다. 그 윗면은 깎아 만든 듯하며 옥같이 기이한 것이 수십 길 정도쯤 된다. 그 사이엔 많은 나무가 있다. 기세를 믿고 다투어 자라니, 바라볼 때 공중에 나무가 있는 것 같다. 그래서 구첩병(九疊屛)이라 이름 붙인다. 구첩병은 다하면서 남쪽부분이 꺾어져 들어간다.

돌길이 여러 번 꺾이자 폭포가 나온다. 하나의 큰 바위로 이루어졌으며, 거의 40~50길이나 서 있는데, 그 위 가파르게 깎인 부분이 3분의 1이나 된다. 폭포는 위로부터 곧바로 떨어져서 가파르게 깎인 곳을 지나게 되면 넓게 퍼지면서 꾸불꾸불 흘러 내려 못으로 천천히 흘러 들어간다. 가랑비가 내리는 것은 어느 곳에 부딪혀 물줄기가 쏟아지기 때문이다. 폭포의 위와 아래에 함께 한 그루 울창한 소나무가 특이하게 자라고 있는데, 엄숙한 기풍이 있다. 그 사이로 흩어지는 물거품이 바뀌어 회오리바람처럼 뿌린다. 바람이 지나면 흰 구름이 뒤엉킨 것 같아, 소운폭포〔素雲瀑〕라고 부른다. 돌 비탈길을 따라 올라가다 굽어 돌며 폭포를 내려다보면 더욱 더 특별하고 기이하다. 햇살이 폭포에 내리 비쳐 빛이 나면서 서로 빛을 발하니 표현하기가 어렵다. 나는 이곳에 세 번 이르렀는데 매번 또렷하게 보았다.

폭포 위에서 바라보니 붉은 누대가 솟아있다. 바로 석천사(石泉寺)이다. 절을 왼쪽으로 두고 동쪽으로 가다가 깊은 곳으로 꺾어 들어가면 입을 벌린 것처럼 두 계곡이 갈라진다. 남쪽에 있는 것은 소회곡(小檜谷)이고 북쪽에 있는 것은 대회곡(大檜谷)이다. 계곡은 시내물이 합쳐져 쏟아지며 두 길 높이의 폭포를 만들고 맑은 못이 이어져 있다. 뛰어난 경치가 더욱 단정하며 좋다. 양 옆에 서 있는 돌이 마주하여 우뚝 서 있는데 계곡의 문을 만든 것 같다. 물은 그 사이를 뚫고 흐르며, 사람은 그림처럼 그 가운데서 노닌다.

발걸음 내키는 대로 대회곡(大檜谷)으로 갔다. 잡목이 무성하고 담쟁이 넝쿨이 있어 앞에 길이 없는 것 같았으나, 홀연히 폭포와 입석(立石)을 만났다. 크기는 하수렴과 비슷했다. 폭포 위에 두 개의 얕은 못이 더 있다. 맑으면서 빠르게 흘러 즐길 만하다. 입석(立石) 중 오른쪽에 있는 것은 겹쳐진 옥처럼 쌓여있어 아래에서 위로 올라갈 수 있다. 또 깎아 만든 것 같아 모서리가 있다. 옆에 아름다운 나무가 자라고 꽃은 활짝 폈다. 앞서 본 것에 비해 더욱 기이하고도 아름답다. 폭포 아래쪽으로 가서 앉았다. 계곡의 형세는 깨달음을 얻어 막힘없이 트인 것 같다. 좌우의 여러 봉우리들은 아름답고 험준하며 수려하고도 곱다. 비록 빙 둘러싸고 있지만 사람을 압박하지 않는다. 나는 둘러보며 즐거워서 떠나려고 하지 않았다. 앞으로 더 가려고 했지만 수원(水源)은 점점 얕아져서 위쪽에 더 이상 아름다운 곳이 없다고 생각했다. 두 폭포를 상수렴(上水簾)과 하수렴(下水簾)으로 부르고, 또 입석(立石)을 문암(門巖)이라고 이름 붙였다. 위와 아래로써 차례지은 것이다.

절에 도착했다. 석천(石泉)은 바위틈에서 흘러나와 졸졸 흐르며 끊이지 않는 것이 마치 뽑아 당기는 것 같다. 스님이 말하길 이 물은 홍수와 가뭄 때에도 넘치거나 준 적이 없어서, 예로부터 감로(甘露)라 불렀다고 한다. 시험 삼아 따라 마셔보니 무척 차가우면서도 맑다. 비록 제대(帝臺)라는 신선의 음료라고 하더라도 이것보다 낫지 않을 것이다.

남쪽 봉우리에 석벽(石壁)이 기울어진 곳이 있는데 멀리 절의 누대와 마주하고 있고, 폭포는 중간에서 떨어진다. 떨어지는 것은 가볍게 화살이 날아가듯 빠르다. 떨어진 물은 깊숙하고도 컴컴하여 끝없는 곳으로 들어간다. 아래로 가서 보려고 했으나 하지 못했다. 그래서 비래(飛來)폭포라 이름 붙이고 떠났다.

절의 서쪽에 산등성마루가 남쪽으로 향하여 날면서 내려오다가 소운폭포(素雲瀑) 위에 이르러서 멈춘다. 올라가니 멀고 가까운 곳을 볼 수 있으나, 때마침 구름과 노을이 끼어 있어서 멀리 볼 수 없다. 오직 구름 낀 나무 사이로 흐릿하게 계곡 가운데를 볼 수 있어 풍성한 물과 돌을 분별할 수 있을 뿐이다. 그래서 올라간 곳을 자운대(紫雲臺)라고 이름 붙였다.

자운대를 떠나 북쪽으로 향했다. 얼마 안 되는 길이 더욱 높아졌다. 절벽을 오르는데 다른 방도가 없으니 구첩병(九疊屏)이기 때문이다. 남쪽 봉우리의 폭포를 돌아보니 저 멀리서 사람을 쫓아오는 것 같으며, 은하수가 하늘에 이어진 것 같다. 스님이 말하길 물이 시작하는 곳에 옛날에 절이 있었고, 또 그 위에 고려시대에 쌓은 성벽 흔적이 있는데 명성(鳴城)이라 부른다고 한다.

구첩병이 다하자 산세는 차츰 평탄해지면서 고개에 이르렀다. 이 고개는 용화산의 서쪽 갈래이다. 계곡에 사는 사람들은 증령(甑嶺)이라고 부른다. 대체로 여기에 이르러서 보는 것이 끝났다.

踰龍華而西, 山勢擁阻, 有窈然爲谷而中藏小寺, 曰石泉. 環寺上下而巖壑溪潭之可遊者六七里. 寺居其間, 可四分之一而在上焉.

余凡三遊谷中而得究其勝. 其一去歲夏. 與龍華寺僧一行, 徑造瀑布所, 未竟其上下而返. 今夏, 又與家弟敬明, 步自西齋谷而來, 溯而上之. 至瀑布而止, 其源則蓋未始窮也. 越二日, 復從前路而入, 獨造深處. 其槩乃可得以悉記焉.

蓋自谷口而入. 東行不數十步, 漸見溪水淸潔. 中含白礫齒齒, 岸上松可十計株. 皆竦直森秀, 甚有淸樾. 近北有沙壁淸峙, 遇水而止. 其底卷入處, 色若朱砂. 溪水卽焉, 積淸而成潭. 潭左右, 有石菖蒲被之, 蔥蒨可愛. 余欲名之曰菖蒲潭.

潭東而行幾四五轉, 水道漸高, 谷稍逼, 水之來也多. 側寫斜注, 上下擊石. 其轉委稍緩而後爲一脩潭. 狀類大槽. 旁有老木垂藤, 下盤於石上, 隨波動搖, 與之推移. 余旣心悅之, 名其潭曰流珠.

自此以往, 屢得潭湍. 率皎鏡潔白, 蓋從石之爲色也. 而其停也深, 則或紺靑縹碧. 皆可鑑可濯, 可掬而飮也. 然不可得以盡名焉. 最後得一巨潭, 長可五十步, 廣半之. 由中達外, 皆綠淨色, 東受峻湍. 有石之如鼓者, 壓之相望, 有一石北峙. 如山獸之飮者, 臨之正俯潭心. 余取其潭色, 名曰金碧.

無何巖轉路絶. 而有一欹石以接之, 廉利若劍脊. 僧之來往者, 補之以一條橫木. 名曰虛空橋, 余改之曰通玄.

越而稍北, 有廣石盤陁. 後高前下, 而前臨于淸流. 可肆筵席而坐. 四顧峰勢環之, 而百草木成囷. 間雜奇花翕翳紛披, 如有異香焉, 令人心醉. 乃名其石曰迷花.

北望有大石屏便便壁立. 其色碧靑, 其勢甚壯. 其下根之入地, 不知其幾百仞. 而其上面削成而瓌奇者, 可數十仞. 其隙有千章之木. 負勢競上, 望之如空中物焉. 乃名以九疊屏. 屏盡而南折.

石磴屢轉而瀑布出焉. 其略乃一大巖石, 却立幾四五十丈, 其上陡折者, 可三之一焉. 瀑從上直瀉而過陡折, 則布曳逶迤而下, 徐注于潭中. 稍雨則當一勢溹射矣. 瀑上下, 俱有一茂松挺生, 肅然有風氣. 流沫之散於其間者, 化而飄洒. 風過如素雲之紛綸焉, 遂名之以素雲瀑. 緣磴而轉, 下睨瀑布, 益奇殊. 日影下布, 光耀自相映發, 有難以名狀者. 余凡三造乎此, 而每見未嘗不鮮也.

從瀑上而望, 丹樓出焉. 是惟石泉寺也. 左寺而東轉入幽夐, 呀然而兩谷拆焉. 南曰小檜谷, 北曰大檜谷. 谷有溪流合注而爲二丈水簾, 承以澄潭. 爲勝甚端好. 兩旁有立石對峙, 若作洞門者. 而水貫以流, 人遊於其中如畫.

信步而前入, 所謂大檜谷者. 榛翳絡石, 若無前路, 而忽得水簾及立石. 大類前狀. 而水簾之上, 加有二淺潭. 淸駛可弄. 立石之在右者, 纍若重璧而自下達上. 又削成而方. 側生嘉木, 花方盛開. 比前所見, 益奇麗. 就其底而坐. 洞勢若覺通豁. 而左右羣峰多麗崎秀媚, 雖環繞而不迫人. 余顧而樂之, 不欲捨去. 然欲更前則水源漸淺, 意其上更無佳處. 乃擧兩水簾而名之曰上水簾下水簾, 又名立石曰門巖. 以上下次之.

到寺觀. 所謂石泉, 其出於巖罅, 涓涓不絶, 如有抽引者. 僧言此未嘗以水旱爲盈減, 自古而稱甘露云. 試酌而飲之, 甚寒而淸. 雖帝臺之漿, 不是過也.

南峰有石壁斜倚, 遠與寺樓相當, 有瀑當中而下. 其來飄飄然迅若箭馳. 而其末則入於窈冥而無窮焉. 意欲就其下, 仰觀而不可得. 乃名以飛來而去也.

寺西有峰脊南向翔下, 至所謂素雲瀑之上而止. 登之可覽遠近, 會雲靄, 不可以極望. 惟於雲木間, 隱見谷中泉石離離可辨. 乃名所登曰紫雲臺.

捨臺而北. 步武轉高. 緣絶崖無外, 蓋乃九疊屛也. 回見南峰之瀑, 猶遠遠趁人, 若雲漢之竟天也. 僧言此水之端, 舊有蘭若, 又其上, 蓋有高麗所築遺堞, 號爲鳴城云.

屛窮而山勢漸夷, 乃抵一嶺. 是惟龍華之西支. 峽人所謂甄嶺者也. 蓋至此而觀止矣.

성해응,「석천곡(石泉谷)」,『연경재전집(研經齋全集)』

석천(石泉)계곡은 영평(永平) 용화산(龍華山) 서쪽에 있다. 그윽하고 깊은 곳에 석천사(石泉寺)가 있다. 서재곡(西齋谷)을 경유하여 들어가다가 동쪽으로 수 십 보 가서 건너면 물은 맑은 깨끗하며 조약돌이 줄지어 있다. 북쪽으로 가까이 가면 모래언덕과 돌바닥이 단사(丹砂) 같다. 물은 바로 못을 이룬다. 못의 좌우로 석창포(石菖蒲)가 덮고 있어 창포담(菖蒲潭)이라 이름 붙인다.

거의 네 다섯 정도 돌아들면 기다란 못이 있다. 모양이 커다란 구유통과 비슷하다. 옆에는 오래된 나무가 있다. 돌 위에 자리 잡고 있는데 물결을 따라 움직인다. 유주담(流珠潭)이라고 이름 붙인다.

여기부터 시작해서 여러 번 못과 폭포를 만난다. 감상할 만하고 씻을 만하다. 제일 마지막에 하나의 커다란 못이 있다. 길이가 50보요, 너비는 길이의 절반이다. 푸른색이며 차갑다. 동쪽으로 험한 여울을 받아들이는데, 돌 가운데 북 같은 것이 누르고 있다. 하나의 돌이 북쪽 높은 곳에 있는데, 산 짐승이 물을 마시는 것 같은데 바로 못 가운데로 숙이고 있다. 금벽담(金碧潭)이라고 부른다.

바위를 돌아가니 길이 끊어졌다. 큰 돌이 물 건너편에 마주 대하고 있고, 가로 누운 나무로 보수하였다. 통현교(通玄橋)라 한다.

점차 북쪽으로 가면 큰 돌이 있다. 우뚝 서서 맑게 흐르는 물에 임하고 있다. 봉우리의 형세가 둘러싸고, 기이한 꽃이 섞여 있고 울창한 숲이 어지러이 펼쳐져 있어, 이상한 향기가 나는 것 같다. 미화석(迷花石)이라 부른다.

북쪽으로 바라보면 큰 돌이 벽처럼 서 있는데 수십 길이다. 돌 사이엔 천장(千章)이나 되는 나무가 있다. 형세를 지고 오르기를 다투니,

바라볼 때 공중에 물건이 있는 것 같다. 그래서 구첩병(九疊屛)이라 부른다.

구첩병이 다하면서 남쪽으로 꺾인다. 돌길이 여러 번 꺾이자 폭포가 나온다. 돌 위로 떨어져 천천히 흘러간다. 솔바람이 숙연하다. 물거품을 만들며 흘러가고 회오리바람처럼 뿌린다. 소운폭포(素雲瀑)라고 부른다.

폭포 위로 올라가면 석천사(石泉寺)에 이른다. 절 왼쪽에 계곡이 있다. 남쪽에 있는 것은 소회곡(小檜谷)이고, 북쪽에 있는 것은 대회곡(大檜谷)이다. 대회곡(大檜谷)으로 들어가면 잡목이 드리워져 있고 담쟁이 넝쿨이 있어 앞의 길이 없는 것 같았다. 홀연히 폭포를 만나니 하수렴(下水簾)이라 한다. 그 옆의 입석(立石)을 문암(門巖)이라 한다.

폭포 위에 두 개의 얕은 못이 있다. 맑고 빠르게 흘러 즐길 만하다. 상수렴(上水簾)이라 부른다. 절 가운데 있는 석천(石泉)은 무척 차갑다. 감로천(甘露泉)이라 불린다.

절의 남쪽 산등성마루가 남쪽으로 향하여 날면서 내려온다. 올라가면 멀리 볼 수 있다. 자운대(紫雲臺)라고 한다. 모두 삼연(三淵) 김창흡 선생이 이름 붙였다. 산은 명성산(鳴城山)이라 부르는데, 고려시대에 쌓은 성벽 흔적이 있다고 한다.

石泉谷, 在永平龍華之西. 窈然而深, 有寺曰石泉. 由西齋谷而入, 東行數十步, 涉水淸潔, 白礫齒齒. 近北沙壁石底如丹砂. 水卽而成潭. 潭左右石菖蒲被之, 名曰菖蒲潭.

行幾四五轉, 又一脩潭. 狀類大槽. 旁有老木. 盤于石上, 隨波動搖. 名曰流珠潭.

自是以往, 屢得潭瀑. 可鑑可濯. 最後得一巨潭. 長五十步, 廣半之. 色綠淨. 東受峻湍, 有石如鼓者壓之. 一石北峙如山獸之飲者正俯潭心曰金碧潭.

巖轉路絕. 有一欹石接之, 補以橫木曰通玄橋.

稍北有大石. 盤陁臨淸流. 而峯勢環之, 奇花間雜, 蓊翳紛披, 有異香焉. 曰迷花石.

北望大石壁立數十仞. 石罅有千章之木. 負勢競上, 望之如棲空曰九疊屛.

屛盡而南折. 石磴屢轉. 瀑布出焉. 從石上布曳逶迤. 松風肅然. 流沫飄灑曰素雲瀑.

從瀑上而至所謂石泉寺. 寺左有谷. 南曰小檜, 北曰大檜. 從大檜谷榛翳絡石, 若無前路. 忽得一水簾曰下水簾. 其傍立石曰門菴.

又上有二淺潭. 淸駛可弄曰上水簾.

寺中石泉甚洌. 稱甘露泉.

寺南峯脊南向翔下. 登之可以遠望曰紫雲臺. 皆三淵金先生所名. 其山蓋稱鳴城, 有高麗所築遺堞云.

이현익, 「동유기(東遊記)」, 『정암집(正菴集)』

골짜기에서 나와 남쪽으로 5리를 가서 석천동(石泉洞)을 찾았다. 자못 그윽하며 깊다. 시내를 따라 들어가니 흩어져 있는 조약돌과 많지 않은 돌 뿐이다. 암자 아래에 이르러 일 층의 여울과 폭포를 만났다. 매우 아름다우나 무척 기이하진 않다.

出洞南行五里. 訪石泉洞. 頗幽深. 沿溪而入, 只是亂礫零石. 到菴下, 始得一層湍瀑. 殊佳而不甚奇.

성해응, 「철성산수기(鐵城山水記)」, 『연경재전집(硏經齋全集)』

삼연의 은거지는 석문(石門) 안쪽 6~7리쯤에 있다. 세속에서 진사 곡(進士谷)이라 부른다고 한다. 옛터는 잡초가 우거져 사라져버렸다. 지금은 산 속 사람들이 경작을 하여 상세하게 알 수 없다. 권상사(權上舍)가 말하길, 삼연(三淵)은 부인을 데리고 은거했는데 몸소 물을 긷고 나무를 했다. 마을의 부인들이 서울의 귀부인을 위해 다투어 와서 보았다. 부인은 줄 것이 없자 해주(海州) 산(産) 먹을 꺼내 주었다. 부인들은 먹을 가지고 돌아갔으나 사용할 줄 몰랐다. 삶아서 먹으려고 했으나 애를 써도 익지 않으니 모두 귀한 사람의 입은 보통 사람과 매우 다르다고 말했다고 한다. 또 이르길, 산 속의 백성들이 간혹 장정을 충원하기 위해 관인(官人)에게 끌려가곤 했다. 삼연(三淵)은 번번이 데리고 와서 관인과 마주 앉아 내기를 했다. 관인을 돌아보고 말하길, 돌아가 관리 아무개에게 방금 김거사(金居士)와 대국을 했다고 말하라고 했다. 관리는 또한 감히 묻지 못하였다고 한다.(중략)

점심을 먹고 다시 말을 탔다. 서남쪽으로 증산(甑山)을 넘었다. 봉우리 정상에 이르러 잠시 쉬었다. 몇 개의 고개를 넘자 길이 매우 험해서 말을 탈 수가 없다. 평평한 곳에 이르러 권(權)·박(朴) 두 사람과 헤어졌다. 홀로 송교(宋校)와 눌치촌(訥雉村)을 지났다. 바위로 이루어진 계곡 속에 석천암(石泉菴)이 바라다 보인다. 암자는 산허리쯤에 있다. 절의 스님은 바위 위에서 옷을 말리고 있다. 명성산(鳴城山) 개주봉(介胄峯) 아래로 지나갔다.

淵老之隱, 在石門內六七里. 俗稱進士谷云. 故墟蕪沒. 今爲山氓所耕, 無得以詳. 權上舍爲言淵翁携其夫人而隱, 親自汲水採薪. 村氓妻爲京華之貴婦人也, 爭來觀之. 夫人無以爲遺, 出海州墨以贈之. 携歸而不知爲用, 烹將食之, 苦未熟, 皆言貴人之口, 殊與人異云. 又云山中民或充丁, 被官人攝去. 淵翁輒引與對坐而博. 顧謂官人曰歸語官某方與金居士對局. 官亦不敢問. (중략)

旣午炊, 更騎馬. 西南踰甑山. 至峯頂少憇. 越數, 路甚險不可以騎. 至平陸, 與權朴二君分路. 獨與宋校過訥雉村. 從岩谷中望見石泉菴. 菴在峯腰. 寺僧曝衣巖上. 過鳴城山介胄峯下.

정약용, 「패수(浿水)」, 『대동수경(大東水經)』

비고(備考)에 이르길, 삼부연은 용화산 속에 있는데, 폭포는 석벽으로 흐르며 3층으로 솥모양을 만든다. 철원 항목에 옛날에 거사 김창흡이 이곳에서 은거하며 스스로 호하기를 삼연(三淵)이라고 했다고 한다. 그의 석천곡기(石泉谷記)는 이러하다.

"용화산을 넘어 서쪽으로 향하면 산세가 막히고 깊숙하게 골짜기를 이룬다. 골짜기 가운데에 석천사라고 부르는 작은 절이 있다. 골짜기 입구로 들어가다가 동쪽으로 수십 보 가지 않아 점차 맑은 시냇물이 보인다. 한 곳에 모여서 못을 이루고, 좌우에 창포가 무성히 덮혀 있어 창포담이라 부른다.

이 못의 동쪽으로 거의 네다섯 구비를 돌아가면 물길은 점점 높아지다가 옆으로 기울어져 비스듬히 흐른 뒤에 못이 되니 유주담이라 부른다.

여기로부터 시작하여 그 뒤로 여러 개의 못과 급한 물살이 흐른다. 대체로 거울 같이 맑고 깨끗하다. 제일 마지막에 하나의 못이 있다. 길이가 50보요, 너비는 길이의 절반이다. 이 못은 가운데로부터 주위까지 모두 푸르며 맑다. 금벽담이라 부른다.

얼마 안 가서 바위를 돌아가면 길이 끊어졌다. 비스듬한 돌이 인접해 있는데, 가로 누운 나무로 덧대었다. 이것을 허공교라 하나, 이름을 바꾸어 통현교라고 한다.

북쪽으로 바라보면 큰 돌 병풍이 있다. 병풍바위가 다하자 돌비탈 길이다. 여러 굽이를 돌아가면 폭포가 나타난다. 폭포는 하나의 커다란 바윗돌이다. 대략 높이가 40~50길이나 되고, 그 위의 떨어져 나간 부분이 3분의 1이나 된다.

폭포는 그 위로부터 수직으로 떨어져 가파르게 깎인 곳을 지나면

넓게 퍼지고 천천히 흘러 내려 그 아래의 못으로 흘러간다. 이름하여
소운폭포라 한다.

　폭포를 따라 위로 올라 바라보면 석천사가 있다. 절을 왼쪽으로 끼
고 동쪽으로 가면 두 개의 골짜기가 갈라진다. 두 골짜기에서 내려오
는 물이 합류하여 떨어지면서 두 길 높이 정도의 수렴폭포를 만들고,
그 물은 아래의 맑은 못으로 떨어진다."

　글은 여기서 끝난다. 기록한 시내와 못, 샘물과 폭포는 모두 삼부연
과 가까운 곳이다.

　備考云, 三釜淵, 在龍華山中, 瀑流石壁, 三層成釜. 鐵原條, 昔居士金昌翕,
棲息於此, 自號曰三淵.

　其石泉谷記曰, 踰龍華山而西, 山勢擁阻, 窈然爲谷. 而中藏小寺曰石泉.
自谷口而入, 東行不數十步, 漸見溪水淸潔. 積而成潭, 左右有菖蒲被之, 名
曰菖蒲潭.

　潭東而行幾四五轉, 水道漸高, 多側瀉斜注而後爲一潭, 名曰流珠.

　自此以後, 屢得潭湍, 率皎鏡潔白. 最後得一潭. 長可五十步, 廣半之. 由中
達外, 皆綠淨色. 名曰金碧.

　無何, 巖轉路絶而有一欹石以接之, 補以橫木. 名曰虛空橋, 改之曰通玄.

　北望有大石屛. 屛盡石磴. 屢轉而瀑布出焉. 乃一大巖石. 却立四五十丈,
其上陡折者, 可三之一焉.

　瀑從上直瀉, 而過陡折處, 則布曳逶迤而下, 注于潭中, 名之以素雲瀑.

　從瀑上而望, 有石泉寺. 左寺而東, 兩谷坼焉, 有溪流合注, 而爲二丈水簾,
承以澄潭.

　文止此. 所記溪潭泉瀑, 皆三釜淵之近地也.

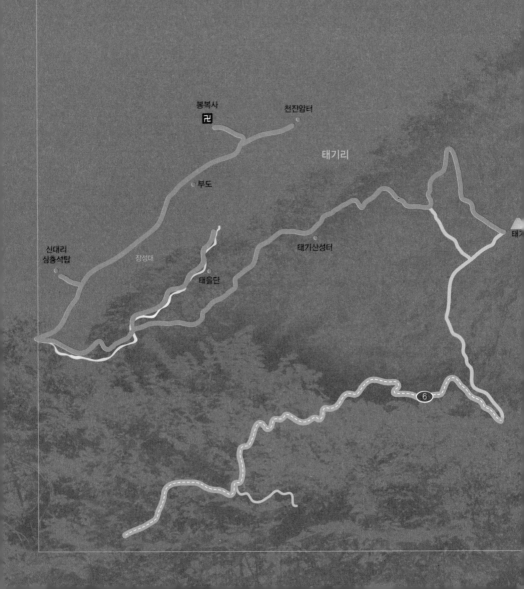

봉복사
천진암터
권
부도
태기리
신대리
삼층석탑
장성대
태기산성터
태을단
태기
6

안석경과 군자의 덕을 지닌 태기산을 오르다

6

횡성으로 달리다

내일부터 긴 장마가 시작된다고 흘러나온다. 잠깐 고민하다가 차를 횡성으로 돌렸다. 톨게이트를 지나면서 산을 보니 검은 구름이 나지막이 걸려있다. 은근히 걱정이 앞선다. 혹시 도중에 비를 만나 답사를 그르치는 것은 아닐까? 걱정도 잠시, 고속도로를 달리자 주변의 신록은 도시의 답답함을 씻어준다.

횡성톨게이트를 빠져나와 국도를 달리기 시작하자 주변의 풍경들이 자세히 들어온다. 옥수수의 수염은 제법 갈색을 띤다. 조금 있으면 달콤한 맛을 맛볼 수 있을 것이다. 엊그제 모내기 한 것 같은데 무릎까지 자란 벼들이 계속 이어진다. 한우의 고장임을 알리듯 여기저기에 횡성 한우를 파는 식당들이 길가에 즐비하다. 한우 모형물은 엄지손가락을 내밀며 제일이라고 손짓한다. 이쪽 길은 처음이다. 초등학교 때 소풍가는 기분이다. 새로운 경치를 흘낏흘낏 보며 계속 달리니 멀리 보이던 산들이 점점 가까이 다가선다. 길은 고개로 이어지더니 둔내로 향한다. 횡성에는 높은 산이 없는 줄 알았다. 이러한 나의 예상이 보기 좋게 빗나가며 바로 깊숙한 산 속으로 들어간다.

둔내를 통과한 후 마암리에서 청일면으로 향하다 오른쪽을 보니 멀리 태기산이 보인다. 완만하게 솟아오른 산은 구름을 바로 머리에 이고 있다. 내가 갈 곳은 태기산 자락에 있는 봉복사이다. 사실 봉복사에 대해서 아는 것이 없었다. 최근에 안석경의 『삽교집』을 읽다가 「덕고산천진사구유기(德高山天眞寺舊遊記)」를 접하면서 비로소 봉복사를 알게 되었다.

안석경(安錫儆)은 조선 후기의 문인으로 1718년(숙종 44)에 태어나 1774년(영조 50)에 세상을 등졌다. 그는 아버지 안중관의 근무처를 따

| 제6부 안석경과 군자의 덕을 지닌 태기산을 오르다 |

라 홍천·제천·원주 등지에서 청년기를 보낸다. 그는 현실과 이상 사이에서 갈등을 겪다가 과거에 3차례 낙방한 뒤, 1765년에 횡성 삽교 에서 은거생활을 시작한다. 「덕고산천진사구유기」는 그가 1748년에 봉복사에 들렀다가 남긴 글이다.

개망초 속의 신대리 3층 석탑

고개를 넘어 길을 따라가다 보니 봉덕보건진료소가 나오고, 바로 사거리가 나온다. 우회전하여 계속 가니 신대리가 나온다. 신대리 버스 종점에 도착하면 길이 두 갈래로 나뉜다. 왼쪽 길로 들어서면 신대교가 나온다. 다리를 건너면 왼쪽에 우리마을쉼터가 있다. 여기서 건물 뒤쪽으로 가면 밭 가운데에 석탑이 자리 잡고 있다. 탑의 공식 명칭은 '신대리 3층 석탑'이다. 이 탑은 강원도 유형문화재 제60호로 1984년에 복원하였다. 횡성문화원의 소개에 의하면 이 탑은 자장율사(慈藏律師)가 봉복사를 창건하면서 건립하였다고 하는데 그때는 선덕여왕 16년이다. 봉복사의 원래 위치는 이곳이었으며 이 일대가 절터로 추정되고 있다. 인근에는 기와 파편이 흩어져 있고, 석탑 남쪽에는 높이 3m의 언덕이 약 400m의 길이로 되어 있어 과거의 석축으로 짐작된다고 한다.

처음에는 이정표가 없어서 그냥 지나쳤다. 주의를 기울였으나 찾을 수 없었다. 쉼터 뒤로 가니 개가 먼저 반긴다. 아니 경계의 목소리다. 비닐하우스를 지나자마자 아래로 밭이 펼쳐져있고, 그 가운데에 석탑이 우뚝 서있다. 힘차게 서있는 탑보다 먼저 눈에 띄는 것은 주변의 황량한 밭이다. 곡식을 수확한 뒤 제초제를 뿌렸는지 말라비틀어진 풀들이 앙상하다. 한여름 속의 늦가을 풍경이다. 진입로가 달리 없

신대리 3층석탑

어 염치불구하고 밭으로 들어가자 탑 주변이 보이기 시작한다. 누렇게 마른 밭의 풀과는 달리 검은색 철제 격자 틀 안은 한여름이다. 개망초와 쑥이 무성하다. 관리가 제대로 되지 않았다는 생각보다 탑이 주변의 풀들과 사이좋게 지내는 것으로 보이는 까닭은 제초제로 누렇게 부황이 들린 풀들 때문일까? 탑 주변에 풀마저 없다면 탑은 허허로운 밭 가운데서 지루한 시간을 보내야할 것이다(나중에 들렸을 때는 전혀 다른 풍경이었다).

가까이 다가서니 탑의 규모가 점점 커진다. 5m 높이라고 한다. 일설에 의하면 5층탑이었으나 현재는 3층만 남아 있다고 하니 본래의 모습은 더 장대하였을 것이다. 불국사에 있는 석가탑의 높이가 8.2m이니까, 5층탑이었으면 석가탑 정도의 크기일 것이다. 탑신을 자세히 보니 두 곳이 움푹 파여 있다. 아마도 전쟁의 상흔일 것이다. 탑 앞에 있는 알림판은 전문적인 용어로 석탑을 자세하게 설명하고 있다. 탑을 보는 전문적인 눈을 갖고 있지 못한 나로서는 신대리 3층 석탑을 미학적인 시각으로 평할 수 없다. 다만 화려하지 않으나 힘을 느낄 수 있다. 주위에 있는 봉복산과 덕고산, 그리고 태기산을 배경으로 하여 석탑은 개망초와 쑥 속에서 우뚝 솟았다.

소나무 숲 속의 부도

석탑을 뒤로 하고 봉복사로 향한다. 그리 넓지 않은 길은 주위의 나무가 그늘을 드리워 한여름에도 시원하다. 봉복사 입구임을 알려주는 돌 표지석을 지나니 수령이 오래된 소나무들이 즐비하다. 그 사이에 부도들이 일렬횡대로 서 있다. 세어보니 최근에 세운 부도를 포함해서 모두 7기의 부도와 비석 한 기다. 무성한 풀숲에 오랜 세월 동안 자리를 지키고 있다는 것을 보여주듯 검은 회색을 띠고 있다. 부도들이 처음부터 이곳에 있지 않았다고 한다. 3층 석탑에서 봉복사쪽으로 조금 떨어진 곳에 3기가 있었고, 봉복사에서 덕고산 쪽으로 한참 들어간 곳에 3기가 있었다고 한다. 두 곳에 있던 부도들을 이전해 모아놓은 곳이 지금 이 자리다.

부도는 두 가지 형태이다. 간략한 원당형 부도가 3기고, 석종형 부도가 5기다. 부도들은 3층 석탑처럼 화려한 기교를 보여주진 않는다. 강원도 사람처럼 투박하면서도 진솔함을 보여주는 부도는 그래서 더 정겹다. 석종형부도도 조금씩 모양을 달리하지만 유별나게 치장하지 않았다. 또 하나 눈길을 끄는 것은 위압감을 주지 않을 정도로 아담하다는 것이다. 그래서인지 주변의 소나무들은 더 커 보인다. 자신을 최대한 낮춤으로써 주변을 더 돋보이게 하는 겸양의 미덕을 부도들은 지니고 있다.

봉복사 부도

부도는 누구를 기리기 위한 것인지 밝혀진 것도 있고, 알려지지 않은 것도 있다. 그러나 나에겐 중요하지 않다. 똑같이 도를 얻기 위해 치열하게 살다간 선인으로 보일 뿐이다. 부도에 사리를 안치한 스님도 있겠지만 본인들은 원치 않았을 것이다. 자신의 이름을 남기는 명예를 추구하였더라면 속세에서 부귀영화를 위해 자신의 삶을 허비했을 것이다. 아마도 이 가운데 정륜(晶倫) 스님의 부도가 있을지도 모르겠다. 안석경의 글 중 일부분은 이러하다.

> 임신년(壬申年;1751)에 혼자 덕고산에 놀러가서 백화당(白華堂)에서 잤다. 정륜(晶倫) 스님이 계시냐고 물었다. 대답하길 돌아가셨다고 한다. 화장하여 사리 몇 알을 얻었기 때문에 부도를 세우고 불조(佛祖)로 섬긴다고 한다.(「덕고산천진사구유기」)

안석경의 글을 보면 정륜 스님은 평소에도 부처가 되기를 원하지 않았던 스님이었다. 그래서 주변의 스님들은 그를 평범한 스님으로 생각했다. 그런데 화장을 하니 사리가 나오지 않는가! 그래서 부랴부랴 부도를 세웠다고 한다. 정륜 스님이야말로 우리들이 욕망하는 모든 것에서 벗어난 스님이었던 것 같다. 그러하니 남이 봐도 모를 정도의 조그맣고 투박한 부도가 제격일 것 같다. 부도 중에 제일 조그맣고 투박한 부도 앞에서 정륜 스님을 기렸다.

천년 고찰 봉복사

부도에서 조금 올라가니 덕고산이 멀리 보이기 시작한다. 아침에 회색빛을 띠며 나지막하게 내려앉았던 구름은 흰색으로 변하여 둥실

강원의 산하, 선비와 걷다

봉복사

떠 있다. 녹음으로 짙은 덕고산과 그 위의 하얀 구름은 이곳이 한여름
의 깊은 계곡임을 보여준다. 이 계곡 끝자락에 봉복사가 편안하게 자
리하고 있다. 봉복산과 태기산은 야산에 가려 보이지 않는다.

　안석경은 봉복사에 두 번 들렀다.

무진년(戊辰年:1748) 가을에 나는 권실보(權實甫)와 덕고산(德高山) 봉복사
(鳳腹寺)에 놀러갔다. 그러나 비가 내려 올라가 바라볼 수 없었다. (중략) 임
신년(壬申年;1751)에 혼자 덕고산에 놀러가서 백화당(白華堂)에서 잤다.(「덕
고산천진사구유기」)

봉복사는 횡성군에 있는 현존 사찰 중에서 역사가 가장 오래된 사찰이다. 입구에 있는 안내판에 역사가 자랑스럽게 적혀있다. 절은 647년(신라 선덕여왕 16년)에 자장율사가 창건하고, 화재로 소실된 것을 671년(문무왕 11년)에 원효대사가 중건하고, 이후 1747년(영조 23년)에 서곡선사(瑞谷禪師)가 중건하였다고 한다. 한때 승려가 100명을 넘었으며 낙수대 · 천진암 · 반야암 · 해운암 등 암자만 9개나 될 정도로 큰 절이었다.

현재 봉복사는 전통 깊은 역사와 큰 규모였던 것과는 달리 고즈넉하다. 대웅전 앞에 새로 세워진 탑과 석등은 절 뒷산에 떠 있는 구름보다 하얀 대리석이다. 신대리 3층 석탑이 온갖 풍상을 이겨낸 후 얻은 고색창연함과 대비된다. 대웅전에 들려 예불을 하고 주변을 둘러봤으나 인기척이 없다. 요사채로 가니 공양을 준비하시는 보살님이 반기신다. 사찰에 대해 이것저것 물으니 먼저 점심공양이나 하고 물어보라고 하신다. 이른 점심이지만 산채 반찬으로 한 그릇 뚝딱 먹고 냉수를 마시니 바깥의 무더위도 어느덧 사라진다. 마침 주지 스님도 들어오셔서 공양을 하신다. 차를 마시면서 봉복사에 대해 물으니 이것저것 말씀해주신다. 일제 강점기 때 봉복사가 중요한 역할을 했다는 것을 자세히 알려주신다.

일제 강점기 당시 봉복사는 횡성지역 의병부대의 주둔지 역할을 수행했다. 밖에서 봤을 때 골짜기가 많아 찾기 힘들었고, 골짜기가 깊어 숨기도 용이했다. 당시 민긍호의 의병부대가 근거지로 삼았으며, 이를 토대로 주요 의병장들이 연합하여 제천, 충주 등지로 활동이 확산되는 계기가 되는 등 국내 의병운동이 의병전쟁으로 발전하는 발판을 마련한 중요한 곳임을 힘주어 말한다.

　　　　　　　　　　　　강원의 산하, 선비와 걷다

사찰과 관련된 설화도 곁들인다. 원래 봉복사는 3층 석탑이 위치한 곳에 자리하고 있었다. 그런데 화재로 소실되자, 원효스님이 중창을 하려고 재목을 마련해 마당에 쌓아두었다. 불사가 시작되기 전날, 덕고산 산신령이 꿈에 나타나 "사찰의 자리가 이곳이 아니라"고 일렀다. 스님이 꿈에서 깨어보니 산더미 같던 나무들은 현재 자리에 옮겨져 있었고, 그래서 이곳에 중창했다고 한다.

설화는 절을 이전하는 과정에서 생겨난 것 같다. 나중에 곰곰이 생각해보니 이 설화는 절의 명칭과 밀접한 관련을 갖고 있을 것 같다.『동국여지승람』을 비롯한 여러 옛 전적들은 '봉복사(奉福寺)'로 표기하고 있다. 3층 석탑 주변에 있을 때의 명칭이었던 것 같다. 주지스님의 말에 의하면 3층 석탑의 위치는 봉황의 머리 부분에 해당된다고 한다. 봉복산과 덕고산의 줄기가 날개처럼 좌우로 펼쳐지면서 절터를 에워싸고 있고, 또 하나의 줄기가 가운데로 내려오다가 멈춘 자리는 봉황의 머리 부분이다. 그런데 현재의 절터는 머리 부분에서 봉황의 몸 쪽으로 들어왔기 때문에 '봉황새의 배' 부분에 있다는 의미로 '봉복(鳳腹)'을 쓴 것이 아닐까?

안석경은 '봉복사(鳳腹寺)'란 명칭을 사용할 때 이곳을 방문하였다. 그리고 시를 한 수 남긴다.「봉복사에서 천하지도를 베끼려할 때 느낌이 있어 읊조리다[鳳腹寺將模天下地圖感詠]」란 시이다.

> 봉복산 산 속 여름밤은 길기만 한데 鳳腹山中夏夜長
> 한 줄기 시냇물 소리 어디로 달리나 溪聲一道走何方
> 임금님 배는 바다에 머물며 소식이 없는데 龍舟落海無消息
> 오랑캐 천막은 하늘에 이어져 오히려 주장하네 虜幕連天尙主張
> 중원의 영웅 중 누가 떨쳐 일어날까 五岳英雄誰奮發

우리나라의 의로운 이는 어둠 속에 스러지네 三韓義烈暗凋傷

새벽녘에 잠자는 스님 깨워 이야기하고 向晨曉起眠僧語

지도에 글을 적자 한 낮으로 치달리네 且筆與圖趂日光

봉복사가 보관하고 있는 천하지도를 베끼다가 안석경은 울분을 터뜨린다. 그가 처한 시기는 조선의 유학자들이 오랑캐라 적대시한 청나라가 중원을 차지하고 있었다. 춘추대의가 대세였던 그 시기에 안석경은 명나라의 회복을 기원하며 영웅의 출현을 갈망하였다. 그의 생각은 자주의식과 자연스럽게 연결된다. 북평사로 가는 박성원에게 준 시에서 또렷하게 읽을 수 있다.

조선을 선 그어 조그마한 동쪽이라고 말하지 말라 毋畫朝鮮謂小東

북으로 오랑캐 땅과 접해 있어 끝없이 펼쳐진다네 北臨胡地莽無窮

태양을 품은 백두산 천 봉우리에 눈 내리고 白山抱日千峰雪

하늘에 떠 있는 동해 만 리에 바람이 부네 青海浮天萬里風

누가 붉은 깃발에 기대 의기를 낸다면 誰倚紅旗生意氣

영웅과 같은 공적을 감당하지 못하겠는가 不堪黃卷若英雄

부상의 신목 어떤 가지를 자르면 좋을까 扶桑取何枝好

나와 함께 새로 원수 갚는 활 만들기에 與我新爲起敵弓

천진암을 찾아서

『삽교집』에 실린 「덕고산천진사구유기(德高山天眞寺舊遊記)」는 제목에 '천진사'라 적고 있지만 본문에서는 '천진암'에서 잤다고 기록하고 있다. 안석경은 천진암과 천진사를 구분 없이 함께 사용하였다.

강원의 산하, 선비와 걷다

봉복사를 설명하는 안내판에 적혀있듯 천진암은 봉복사에 딸린 9개의 암자 중 하나이다. 천진암은 이름만 남긴 채 위치는 오리무중이었는데 우연하게 정보를 듣게 되었다. 봉복사에서 태기산으로 가기 위해 다시 버스 종점 쪽으로 나오다가 '혜원네 민박'에 들렸다. 개울가에서 민박을 하시는 주인아저씨는 신대리와 관련된 여러 가지를 알려주신다. 그 중 천진암에 대한 정보 때문에 귀가 번쩍 뜨였다. 봉복사가 위치한 곳에서 계곡으로 더 들어가면서 여러 절이 있었으며, 천진암터는 봉복사에서 멀지 않은 곳에 있다고 한다. 개울가 그늘막에서 대화를 나누다가 함께 천진암터로 향했다. 봉복사를 지나면서 오른쪽으로 몇 백 미터 들어서니 인삼밭이 나타난다. 바로 인삼밭 끝부분이 천진암터라고 가리킨다. 예전에 밭은 절의 소유였었는데, 어떤 주지스님이 개인에게 팔았다는 말도 덧붙인다. 그리고 천진암터에서 기와 파편 등을 줍기도 했다고 한다. 절터로 직접 가서 현장을 확인하고 싶었지만 인삼밭의 경비가 엄격한지라 아쉬움을 뒤로 할 수밖에 없었다. 머리를 돌리니 봉복사 경내가 한눈에 들어온다. 귀가하여 지도를 검색해보니 '천진암골'이란 지명이 반겨준다.

산양바위라 불리는 태을단

안석경의 글에 "천진암(天眞菴)에서 잤는데, 천진암은 깊고 험한 골짜기에 임해 있다. 앞에 높은 바위가 있는데 태을단(太乙壇)이라 한다. 태을단에는 큰 소나무가 있다."라는 대목이 있다. 태을단은 어디에 있을까? 태을단에 대해서도 민박집 아저씨의 도움을 받아서 확인할 수 있었다. 처음에는 막연하게 천진암 주변에 있을 거라고 추측했다. 그러나 아저씨는 천진암에서 계곡을 따라 야산을 올라가서 태기산 쪽을 바라보면 커다란 바위가 보인다고 한다. 이 주변에 커다란 바위는 그곳밖에 없기 때문에 그 바위일 거라고 한다. 처음엔 의아해 했으나 태을단에 큰 소나무가 있다는 대목을 다시 읽고, 생각보다 바위의 규모가 클 수 있다고 생각했다.

성골계곡으로 향했다. 산성이 있기 때문에 '성골'이다. 한계산성이 있는 설악산의 계곡도 성골이라 부른다. 시내를 따라 가니 풍광이 좋은 곳은 펜션이 어김없이 들어섰다. 성골은 큰성골과 작은성골로 나뉘는데, 큰 계곡인 큰성골로 계속 들어가니 깊은 산골이다. 이곳에서 산으로 올라가면 태기산성이 나온다고 한다. 그리고 횡성을 가로질러 흐르는 섬강의 발원지도 태기산에 있으며, 발원지에서 흘러나오는 물이 눈앞에 보이는 계곡물이라고 설명해주신다.

태을단

강원의 산하, 선비와 걷다

조금 더 올라가니 바위라기보다 조그만 바위산이라고 할 수 있는 바위덩어리가 우뚝 솟아있다. 바위 옆 계곡으로 올라가면 태기산성이 있다고 한다. 일반적인 등산로는 송덕사 입구가 출발점이지만 바위 옆 계곡 길은 주민들이 이용하는 지름길이라 한다. 마을 사람들은 이 바위를 산양바위라 부른다. 이유를 물으니 예전에 산양이 바위 주변에서 자주 보였기 때문이라고 한다. 지도에도 산양바위라고 표시되어 있다. 그러나 안석경은 이 바위를 '태을단'이라고 불렀다. 왜 태을단이라고 불렀을까? 안석경도 바위 이름이 '태을단'이라고만 한 채 입을 다물고 있다. 주민들께 물어봐도 시원스레 말해주는 분이 없다. 혹시 태기산성과 관련이 있진 않을까? 바위에 뿌리박고 있는 소나무 위로 구름만 보일 뿐이다.

태기왕의 한이 서린 태기산성

신대리에서 태기산을 오르는 길은 큰성골을 경유해서 낙수대 방향으로 가는 코스와, 작은성골을 거쳐 가는 코스가 있다. 태기산성을 보기 위해선 작은성골로 가야한다. 신대리 버스종점에서 송덕사 방향인 오른쪽 길로 향하다가 두 계곡이 만나는 곳에서 곧바로 가면 큰성골이고, 오른쪽으로 가면 작은성골이다. 시내를 끼고 자리 잡은 펜션을 지나면 바로 사방댐이 나온다. 징검다리를 건너면서 본격적으로 산행이 시작된다. 오솔길은 계곡물 소리를 바로 옆에 두고 한동안 지속된다. 새소리가 묻힐 정도로 크게 들리는가 싶더니 바로 공포의 나무계단이 나타난다. 한여름이라 계단을 오를 때마다 땀이 떨어진다. 몇 번중간에 쉬고 싶은 충동이 일어난다. 물통이 반쯤 비워지자 계단이 끝

| 제6부 안석경과 군자의 덕을 지닌 태기산을 오르다 |

난다. 능선을 따라 산죽이 무성하다. 안석경이 태기산을 오를 때도 산죽이 주변에 빽빽했다.

　　다음날 산에 올라 태기왕고성(泰歧王古城)을 지났다. 가는 대나무와 큰 나무만 있고 인적은 없다. 태기왕(泰歧王)은 역사에서 볼 수 없으니, 산에서 도적질하며 의거하는 자이다. 바위의 다람쥐와 계곡의 너구리와 어찌 다르겠는가? 정륜(晶倫)만 못할 것이다.
　　산 정상에 오르려는데 바람은 불고 날은 저물려고 하여 오르지 못했다. 많은 나무들을 보니 모두 붉게 단풍이 들었고, 잎에서 소리가 나며 비가 내린다. 큰 산과 깊은 계곡 사방을 둘러봐도 날짐승이 없으니, 유람하는 사람을 두렵게 근심하고 허전하게 한다. 특별히 안개 낀 수면의 아득함과 꽃과 버들이 밝고 고운 구경거리 같지 않다. (「덕고산천진사구유기」 중)

　　안석경은 태기왕고성(泰歧王古城)이라 하지만 예전의 공식적인 기록은 '덕고산석성' 또는 '덕고산성'으로 적고 있다. 현재는 '태기산성'으로 부르고 있는데, 안석경도 '태기왕고성'이라고 하는 것을 보면 다양한 이름으로 불렸음을 알 수 있다. 태기산이 등장한 것은 19세기 중반에 편찬된 『대동지지』이다. 덕고산을 '태기산이라고도 한다'고 적고 있는데 공식명칭은 덕고산이지만 주변 사람들은 태기산으로 불렀던 것이다. 안석경은 태기산을 덕고산으로 불렀다.
　　태기산은 진한의 태기왕이 신라의 박혁거세에 쫓겨 태기산에 들어와 성을 쌓고 방어했다는 이야기를 가지고 있으며, 주변에 이와 관련된 지명이나 전설이 많이 분포되어 있다. 태기왕 이야기의 경우 채록 시기와 제보자에 따라 다양하게 변주되어 전해진다. 그러나 싸움에서 패하여 병사를 이끌고 태기산으로 도피한 후 성을 쌓고 후일

　　　　　　　　　　　　　강원의 산하, 선비와 걷다

태기산성터

을 도모하지만, 적군에 의해 멸망한다는 동일한 구조를 갖고 있다.
따라서 태기왕과 관련된 이야기를 사회적 혼란기에 민중의 추앙을
받던 민중봉기 세력의 실패담을 바탕으로 한 설화나, 조선후기 유랑
광대패들 혹은 의적의 정착과정에서 발생한 설화 등으로 보는 견해
도 있다. 안석경은 산에서 도적질 하는 사람으로 폄하하고 있지만
태기산을 둘러싼 횡성과 평창, 그리고 홍천지역까지 태기왕과 관련
된 이야기가 전해지는 것을 보면 지역 주민들의 사랑을 받은 사람이
었을 것이다.

　좌우로 낭떠러지다. 이러한 구간은 줄을 설치해놓았다. 이젠 계곡
물소리도 아련하게 들린다. 잠시 동안의 평탄했던 길이 다시 오르막

으로 이어지면서 돌무더기가 보인다. 직감적으로 태기산성임을 느꼈다. 돌무더기는 숲속에서 좌우로 길게 이어진다.

태기산성은 『세종실록』과 『신증동국여지승람』에 언급되고 있으며, 18세기 중반에 발간된 『여지도서』는 '지금은 폐허가 되었다'고 기록하고 있다. 조선 중기까지 성으로서의 역할을 담당하다가 후기에 이르러 폐허가 된 것으로 보인다. 축성연대에 대해서는 설이 분분하나 고대에 축성되었을 가능성보다는 몽고 침입 이후 쌓은 것으로 추정하고 있다.

산성에 들어서자 산세가 비교적 완만하다. 여기저기 넓은 평지도 보인다. 커다란 나무 앞에 돌을 쌓아놓은 곳은 성황당터다. 이 길을 오고가는 사람들이 안녕을 빌었던 공간이다. 주변에 석축 흔적이 있는 것으로 보아 예전에 건물이 있었던 것 같다. 높은 지대임에도 불구하고 물이 흐르는 곳이 보인다. 이곳에 거주하던 사람들의 식수원이

태기산성 표지석

강원의 산하, 선비와 걷다

었을 것이다. 태기산성이 바로 가까운 곳에 있음을 알려주는 표시판이 보이고, 조금 더 올라가자 태기산성을 알려주는 표지석이 보인다. 주변엔 무너진 성의 흔적이 또렷하다. 성의 '동문(東門)'에 해당되는 곳이다. 마을 사람들은 이곳에서 좀 떨어진 곳을 '동문밖'이라고 부른다. 이 일대는 마을이 있을 정도로 많은 사람들이 거주했다고 한다. 산양바위 앞에 거주하시는 할머니는 예전에 태기산에서 당귀와 천궁 등을 재배하며 살았노라고 말씀하신다. 학교가 있을 정도니 얼마나 많은 사람들이 살았는가를 짐작할 수 있다.

산성은 태기산 정상 서쪽 중턱 해발 800~950m되는 곳에 있다. 정상 쪽을 제외하고 모두 절벽이거나 급경사로 이루어진 천혜의 요새다. 그럼에도 불구하고 이곳에서 활동하던 주인공은 비극의 주인공이되어 주변 지역민들의 입에서 입으로 전해져온다. 태기왕으로 알려진 그를 생각하며 산성비 앞 의자에 한참 동안 앉아 있었다.

태기산에 오르는 이유는

안석경은 1765년, 그의 나이 48세에 태기산 자락인 둔내면 삽교리로 거처를 옮긴다. 그는 삽교리로 들어가면서 태기산에게 자신의 은거를 허락해달라는 글을 쓴다. "저는 얕은 학문과 못난 꾀로 세상에 스스로를 내버려두지 않고 유명한 산들을 떠돌아다니며 유람하고 집터를 보면서 늙었습니다. 지금 이 산을 만나 귀의하려고 합니다. 부모와 책과 형제를 안고 은거하려고 합니다. 집안과 이웃을 이끌고 이 계곡에서 모여 개간하고 밭을 갈며 낫질하고 집을 지으며 경전을 열심히 익혀 가르침을 아이들에게 전해주고자 합니다.(중략) 밝은 신은 굽

태기산

어 살피소서." 태기산에 맹세한 안석경은 이후 삽교를 떠나지 않고 태
기산의 품에 안겨 인생의 후반기를 보내게 된다.

> 덕고산은 구불구불 백리에 서려있고 높이는 만여 길이다. 언덕과 산은 넓고
> 두터우며 계곡은 깊고 구름 낀 나무숲은 울창하다. 안과 바깥에서 최고봉을
> 볼 수 없다. (덕고산천진사구유기」)

안석경은 태기산의 본래 이름인 덕고산의 의미에 대해서 나름대로
풀이를 한다. 주변의 산들보다 높고 큰데도 불구하고 스스로를 높이
지 않아 자신을 볼 수 없게 한 것에 주목한다. 그러한 것에서 그는 덕
이 높은 군자의 모습을 발견한다. 높지만 자신을 드러내지 않는 품격
을 지닌 산. 그 산이 덕고산이고 태기산인 것이다.

자기 홍보의 시대에 '덕고(德高)'는 나를 되돌아보게 한다. 태기산

같은 품격을 대부분의 사람들이 칭송을 하지만, 자신이 삶의 방식으로 삼는 사람은 많지 않다. 그러나 최소한 내실 없이 겉으로만 포장하는 것만이 능사가 아님을 일깨워준다.

아쉬움을 뒤로 한 채 정상을 향해 갔다. 한참을 가니 태기산 풍력발전단지 사무실이 보인다. 태기산 일대에 위치한 풍력발전기는 20기가 설치돼 있다. 멀리서도 보이던 바람개비를 가까이서 보니 엄청난 크기다. 신재생에너지사업의 일환으로 설치되었다고 한다.

길을 따라 계속 걷는다. 산 속에서 보이지 않던 주변 산들과 그 사이에 조그맣게 자리 잡은 마을들이 눈에 들어온다. 길가의 꽃들도 하늘거린다. 정상이 보이는가 싶더니 철조망과 바리케이트가 길을 막는다. 정상에는 송전탑과 군사설물이 자리를 차지하고 접근을 못하게 한다. 입구에 전화번호가 있어 연락을 했지만 딱딱한 군인의 목소리는 냉정하다. 안석경처럼 나도 정상에 이르지 못한 채 발길을 돌려야만 했다.

정상에 이르지 못한 안석경은 어떤 심정이었을까.

나는 매번 산을 유람할 때면 반드시 최고봉에 오르는데, 이 산만은 유독 그렇게 하지 못하였다. 그러므로 한가한 날을 기다려 다시 유람하며 오르려 하였다. 어떤 사람이 말하길 "산을 오를 때 반드시 높은 봉우리를 오르려 하다니 호고(好高)의 뜻이 덕고(德高)라 이르는 것과는 다른 것이 아닌가?"라고 하기에, 내가 말하였다. "산에 올라 산의 모습과 골짜기의 의취(意趣)를 모두 보고 느끼고자 한다면 최고봉에 오른 뒤에야 얻을 수 있소. 고봉(高峰)이라는 명성만으로 좋다고 여기는 것은 아니오. 하지만 높은 봉우리라는 것도 곤륜산과 비교해 보면 다만 낮을 뿐만이 아니니, 어디 이것을 높다 하겠소?"(덕고산천진사구유기」)

| 제6부 안석경과 군자의 덕을 지닌 태기산을 오르다 |

주말마다 유명한 산을 뒤덮는 수많은 등산객들에게 안석경은 왜 산에 오르는지 생각하게 한다. 왜 산에 오르는 것일까? 사람들마다의 이유가 있을 것이다. 건강 때문일 수도 있다. 아니면 산을 정복했다는 성취감이 주된 동인이 되기도 한다. 안석경은 산의 의취(意趣)를 알기 위해서 최고봉에 오르기를 고집한다. 오직 산의 진면목을 알기 위해서 산에 올랐던 것이다.

태기산의 진면목은 무엇일까? 태기산을 찾는 내내 머리에서 떠나질 않았다. 며칠 지난 뒤 조금씩 의미가 떠오른다. 나에게 태기산은 세 가지 모습으로 남는다. 태기산을 오르기 전엔 봉복사를 어머니처럼 포근하게 품고 있는 태기산을 만났다. 산을 오르다가 중간 부분에서 태기왕의 한을 위로하는 태기산을 느꼈다. 정상에 오를 즈음엔 덕이 있으나 자신을 드러내지 않는 군자의 덕을 보았다. 태기산은 나에게 세 가지 의미로 다가섰고, 태기산의 진면목으로 남게 되었다.

참고문헌

안석경, 『삽교집』
『동국여지승람』
『세종실록』
『여지도서』

안석경, 「덕고산천진사구유기(德高山天眞寺舊遊記)」, 『삽교집』

　　무진년(戊辰年:1748) 가을에 나는 권실보(權實甫)와 덕고산(德高山) 봉복사(鳳腹寺)에 놀러갔다. 그러나 비가 내려 올라가 바라볼 수 없었다. 천진암(天眞菴)에서 잤는데, 천진암은 깊고 험한 골짜기에 임해 있다. 앞에 높은 바위가 있는데 태을단(太乙壇)이라 한다. 태을단에는 큰 소나무가 있다. 덕고산은 구불구불 백리에 서려있고 높이는 만여 길이다. 언덕과 산은 넓고 두터우며 계곡은 깊고 구름 낀 나무숲은 울창하다. 안과 바깥에서 최고봉을 볼 수 없다. 나는 권실보(權實甫)에게 "이 산에 이름붙인 사람은 예전에 어떤 사람인가? 아마도 반드시 덕(德)의 깊음을 아는 사람인 것 같네." 드디어 시를 지었다. "쌓고 쌓아 큰데도, 머금고 있으면서 스스로를 높이지 않네. 우리나라 비 내려 혜택주니, 천하의 조그만 것에도 이로움 주네." 실보에게 말하길, "내가 늘 이 산을 볼 때마다, 검은 구름 피어올라 비가 왔네. 이 산의 삼(蔘)은 천하의 약이네. 당귀(當歸)와 강활(羌活) 등도 매우 좋네." 실보가 말하길, "그런가." 한다. 때는 밤중이고, 스님은 모두 잔다. 단지 들리는 것은 처마의 비 소리와 계곡물 소리뿐 이다. 실보도 자고 나도 잤다.

　　새벽이 되려는데 노승이 나에게 묻길, "어제 밤의 시가 완성됐습니까?" 내가 말하길, "아직입니다" 노승이 말하길, "빨리 완성해서 노승에게 알려주시게" 내가 말하길, "우연히 지은 것입니다. 아직 완성되지 않은 것을, 왜 반드시 완성해야 합니까?" 노승이 말하길, "시의 뜻이 매우 좋으면 완성하지 않을 수 없습니다. 쌓고 쌓아 크게 되었어도, 머금고 있으면서 스스로를 높이지 않는 것은 산뿐만이 아닙니다. 아! 세상에 이 뜻이 없어진 지 오래되었습니다." 나는 이상하다 생각하며, 드디어 완성해서 알리길, "하늘의 덕을 잇게 하면서, 어찌해서 세상의 호걸을 없앴는가? 천진암 삼일 머문 곳에서, 밝게 우리를 깨닫게 하네." 이어 태어난 곳, 하는 것, 바라는 것을 물어보았다. 대답하길, "충주(忠州)에서 태어나, 월악(月岳)에서 스님이 되었고, 이름은 정륜(晶倫)인데, 이 산에서 늙었습니다. 어렸을 때 양인의 노역을 피하여 중이 되었습니다. 이미 중이 되어서 대략 부처의 가르침을 읽을 수 있어서 와서 배우려는 자를 물리칠 수 없었습니다. 그러나 진실로 부처 가르침의 종지(宗旨)를 알고 스스로 깨닫지 못하였으니, 근기는 둔하고 얕아 밥 먹고 옷 입으며 죽음을 기다릴 뿐입니다. 진실로 부처가 되는 것을 바라는 것이 없습니다.

다음날 모습을 보니 목석같다. 그러나 눈은 깊고 푸르러 오래된 우물처럼 흔들리지 않는다. 절의 스님에게 그에 대해 물었다. 모두 "착한 사람이며, 현실성이 없는 사람입니다."라고 한다. 왜 그를 착한 사람이라고 하는가를 물으니, "한 평생 기쁨도 없고 성냄도 없습니다. 사람을 대할 때 높고 낮음이 없습니다." 왜 그를 현실성이 없는 사람이라고 하는가를 물으니, "한 평생 무심하여 생을 꾀하는 일이 없습니다. 얻으면 먹고, 그렇지 않으면 굶으며 누워 있습니다. 있으면 다른 사람에게 주는데 아끼는 것이 없고, 없으면 다른 사람이 주는 것을 받으며 감사의 말이 없습니다." 계율을 실천하고 행동하는 것이 어떠한가를 물었다. 말하길, "위엄 있는 거동이 있으면서도 일찍이 스스로를 이상하게 여기지 않고, 또 술을 마십니다." 나는 드디어 정륜(晶倫)에게 시 한 수를 주었다. "낙엽 지는 천진사에, 뜬 구름 같은 월악의 스님. 한번 돌아보니 시내는 빛나고, 돌 같은 기운은 눈썹에 비치네. 우뚝한 나무에 해는 지는데, 추운 산엔 밝은 등불. 어느 때 다시 뵐 수 있을까? 돌아가는 길 황량한 등나무 뿐." 실보와 돌아가선 그에 대해 말한 적이 없었다.

임신년(壬申年;1751)에 혼자 덕고산에 놀러가서 백화당(白華堂)에서 잤다. 정륜(晶倫)이 계시냐고 물었다. 대답하길 죽었다고 한다. 화장하여 사리 몇 알을 얻었기 때문에 부도를 세우고 불조(佛祖)로 섬긴다고 한다. 사리를 얻을 때 어떠했는지 물었다. 대답하길, "바야흐로 불이 성하게 일어나며 불꽃과 재가 올라갔습니다. 이때 이미 특이한 뼈가 있었습니다. 그러나 아는 자가 없었습니다. 그래서 밤을 기다려 불꽃이 이는 곳을 돌면서 하얗게 빛나는 것을 찾아 뼈를 얻었습니다. 이미 얻고서 천인재(千人齋)를 베풀었습니다. 진심으로 발원하는 자는 모두 바리를 들고 꼼짝 않고 서서, 어떤 이는 7일, 어떤 이는 5일, 어떤 이는 3일을 자지 않았습니다. 사리가 스스로 뼈에서 나와서 바리로 들어갔는데, 나오고 들어가는 것을 사람들은 또 깨닫지 못했습니다. 사리는 검은 빛을 띤 청색인 구슬 같아 매우 밝지는 않았습니다." 스님이 묻길 "불조(佛祖)는 모두 사리가 있습니까. 또 사리의 일이 이와 같은 것은 왜입니까?" 내가 말하길, "사람이 태양의 기운을 타고 나면 혼(魂)이 되고, 달의 기운을 타고 나면 백(魄)이 되는데, 죽으면 혼은 나가고 백은 남습니다. 선왕(先王)의 도는 혼을 편안히 길러 백을 보호하여 가집니다. 그런데 불자는 몸을 태워 혼을 놀라게 하여 흩어져지게 하고, 백은 녹아 없어지게 합니다. 오직 순수한 백의 성(盛)함을 받은 자가 잘 기름을 이루고, 순수한 백을 성하게 하면 맹렬한 불에 들어가도 오히려 녹거나 빛나지 않고 응결되어 구슬이 되고, 뼈가 불의 독을 피하게 됩니다."

아! 아마도 가능할 것이다. 구슬을 반드시 이룬 자는 근본으로 돌아가서 달을 본뜬 것이다. 순수한 백이 성하거나 순수한 백을 성하게 한 자는 모두 범상한 사람이 아니다. 바른 학문으로 들어가 인도(人道)가 이룬 것을 힘쓰게 한다면 어찌 헤아릴 수 있겠는가? 귀신에게 신령스러움이 있어도 오히려 스스로 할 수 없어서 사람을 기다려서 흥한다. 그러므로 선왕의 도는 자손이 조상의 도움을 누리니, 반드시 정

강원의 산하, 선비와 걷다

성을 다하게 해야 한다. 대개 사리가 바리에 들어가는 것은 반드시 바리를 가진 것을 기다려야 한다. 참으로 정성스러우면 끊어짐이 없다. 아! 제사의 예의는 정성된 뜻과 순수하게 영원히 하는 것이 아니면 반드시 누리지 못할 것을 알겠다. 누리지 않으려는 것이 아니고 누릴 수 없는 것이다. 정륜(晶倫)이 있을 때 당신들은 그가 장차 부처가 될 것을 알았냐고 물었다. "정륜(晶倫) 스님은 평생 숨어있어 알려짐이 없었고, 범상한 사람과 섞여 있으면서 부처가 되는 것을 바라지 않았습니다. 그래서 부처가 될 것을 생각지 못했습니다." "부처가 되는 것을 어찌 족히 말하겠습니까? 그러나 부처가 되어 이름을 세우는 바램이 없는 자가 부처가 됩니다."

다음날 산에 올라 태기왕고성(泰歧王古城)을 지났다. 가는 대나무와 큰 나무만 있고 인적은 없다. 태기왕(泰歧王)은 역사에서 볼 수 없으니, 산에서 도적질하며 의거하는 자이다. 바위의 다람쥐와 계곡의 너구리와 어찌 다르겠는가? 정륜(晶倫)만 못할 것이다. 산 정상에 오르려는데 바람은 불고 날은 저물려고 하여 오르지 못했다. 많은 나무들을 보니 모두 붉게 단풍이 들었고, 잎에서 소리가 나며 비가 내린다. 큰 산과 깊은 계곡 사방을 둘러봐도 날짐승이 없으니, 유람하는 사람을 두렵게 근심하고 허전하게 생각하게 하니, 특별히 안개 낀 수면의 아득함과 꽃과 버들이 밝고 고운 구경거리 같지 않다.

나는 매번 산을 유람할 때면 반드시 최고봉에 오르는데, 이 산만은 유독 그렇게 하지 못하였다. 그러므로 한가한 날을 기다려 다시 유람하며 오르려 하였다. 어떤 사람이 말하길 "산을 오를 때 반드시 높은 봉우리를 오르려 하다니 호고(好高)의 뜻이 덕고(德高)라 이르는 것과는 다른 것이 아닌가?"라고 하기에, 내가 말하였다. "산에 올라 산의 모습과 골짜기의 의취(意趣)를 모두 보고 느끼고자 한다면 최고봉에 오른 뒤에야 얻을 수 있소. 고봉(高峰)이라는 명성만으로 좋다고 여기는 것은 아니오. 하지만 높은 봉우리라는 것도 곤륜산과 비교해 보면 다만 낮을 뿐만이 아니니, 어디 이것을 높다 하겠소?"

歲戊辰秋. 余與權實甫, 游德高山鳳腹寺. 雨不能登眺. 宿天眞菴, 菴臨絶澗. 而前有高石曰太乙壇. 壇有大松樹. 德高之山盤紆, 方百里而其高萬餘仞. 岡巒宏厚, 谿谷深邃, 雲木薈蔚. 自外自內, 皆不見最高峰. 余謂實甫曰, 名此山者古爲何人. 其必知德之深者乎. 遂爲詩曰, 蓄積能爲大, 包含不自高, 海東流雨澤, 天下利豪毛. 以告實甫而曰, 余每見此山, 騰黑雲而雨. 此山之蔘爲天下之藥. 當歸羌活之屬甚嘉. 實甫曰, 然. 時夜半, 寺僧皆眠. 但聞簷雨與磵水悲鳴. 實甫又眠, 余亦眠.

將曉老僧問余曰, 昨夜之詩, 已就完乎. 余曰 未也. 老僧曰, 速完之以告老僧. 余曰, 偶然而作之, 旣未成篇, 何必追完乎. 老僧曰, 詩意甚好不可不完. 蓄積能爲大, 包含不自高, 非獨山也. 嗟乎. 世無此意久矣. 余異之. 遂完篇以告曰, 使有承天德, 何須絶世豪. 天眞三宿處, 炯炯悟余曺. 仍問其所生, 所以爲, 所以期望. 答曰, 生於忠州, 爲僧於月岳, 名曰晶倫, 老於此山. 而童時避良役爲僧, 旣爲僧不得不略讀釋敎, 旣讀不能却來學者, 實不知釋敎之宗旨自覺, 根器鈍淺, 喫飯着衣, 待死而已, 實無望於作佛.

及明視其貌如石木, 而眼湛碧不搖如古井. 問之於寺僧, 皆曰, 善人也, 迂闊人也. 何以謂之善, 曰, 一生無喜無嗔, 待人無高下. 何以謂之迂闊, 曰, 一生汎然無謀生之事, 得則食, 不得則饑臥. 有則與人無矜吝, 無則受人之與, 無辭謝. 問戒行何如. 曰, 威儀未嘗自異. 又飮酒. 余遂贈晶倫一詩曰, 落葉天眞寺, 浮雲月岳僧, 溪光生一顧, 石氣見眉稜, 斜日亭亭樹, 寒山炯炯燈, 何時能再覿, 歸路又荒藤. 與實甫旣歸未嘗不稱之.

歲壬申獨遊德高山, 宿於白華堂. 問晶倫在乎. 曰死矣. 火之得舍利數粒. 故立浮圖以佛祖事之. 問得舍利如何. 曰 方火之熾烈焰坌騰, 是時已有超骨矣. 而人莫有知者. 故待夜周行火焰之所. 及尋白光得骨, 旣得設千人齋. 凡眞心發願者, 皆持鉢凝立. 不眠或七日, 或五日, 或三日, 舍利自骨出而入於鉢. 其出其入, 人又不覺. 舍利如珠紺碧色, 不甚明瑩. 僧問佛祖皆有舍利, 且舍利之事如此何也. 余曰, 人生稟日氣爲魂, 稟月氣爲魄. 其死魂出而魄留, 先王之道, 安養其魂. 護藏其魄, 佛者火其體, 使魂則驚散, 而魄則銷滅. 惟稟精魄之盛者成善養, 而盛其精魄者, 入於猛火而猶不銷爛. 凝結爲珠以骨而超避火毒.

嗚呼. 其可也已. 其必成珠者以其反本而象月也. 夫精魄之盛而盛其精魄者, 皆非常人也. 使入正學而力於人道所就, 豈可量哉. 鬼之有靈, 尙不能自爲. 待人而興, 故先王之道, 子孫享祖補, 必使悉其誠. 蓋舍利之入於鉢, 必待持鉢. 眞誠無間斷也. 嗚呼. 祭祀之禮, 非誠意純永則知其必釜享也. 非不欲享也. 不能享, 問晶倫在時, 汝等知其將爲佛乎. 曰倫師平生翳然無聞, 而混於凡人. 無願於爲佛. 故不意其爲佛也. 曰爲佛何足言, 然無爲佛立名之願者, 爲佛矣.

明日, 登山過泰歧王古城. 細竹大木, 無人跡. 泰歧王不見於史, 必盜據一山者也. 與巖隙谷狸 何異. 其不如晶倫多矣. 將登山巓, 而風作日且暮. 未果而見萬木, 皆黃赤. 鳴葉雨下. 巨岡深壑 四顧無禽鳥, 使游者凜然而憂, 廓然而慮. 殊不似煙波渺綿花柳明媚之賞.

余每山游, 必登其最上頂, 而於此山獨不能. 故待暇日, 將復游陟. 或曰, 登山必高峯, 無乃好高之意, 而與德高之詠異乎. 曰登山欲悉其岡巒體勢澗谷意趣者, 必於最高峰. 而後得之, 非以高峯之名爲可好也. 然所謂高峯視崑崙, 不翅下矣. 曾以此爲高乎.

구룡사계곡

황장금표

황장외금표

신흥주차장

부도

구룡동천

학곡리

권

구룡사

치악산
대곡야영장

천지봉

세렴폭포

대승암터

삼봉

치악산

안석경과 치악산 대승암에 올라 책을 읽다

7

치악산은 원주의 동쪽에 늠름하게 서 있다. 출퇴근할 때 마다 무심히 봐왔던 치악산 정상은 늘 구름을 거느리고 있었고, 늦가을부터 봄까지 눈 속에 있곤 했다. 나는 원주에서 8년을 보냈었다. 그 동안 치악산을 몇 번 간 적이 있었다. 그러나 정상까지 간 적은 없었다. 기껏 구룡사를 지나 세렴폭포까지 간 것과, 금대리에서 영원사까지 간 것이 고작이었다. 행구동과 황골에서 산 정상을 바라본 적도 여러 번이었으나, 주변 식당을 가기 위해서였지 치악산을 목적으로 간 것은 아니었다. 원주에서 살면서도 치악산과 직접 인연을 맺지 못한 채 원주를 떠나야 했다. 그러다가 원주를 떠난 지 10년의 세월이 흘러 갑자기 치악산을 찾게 되었다. 안석경(安錫儆)의 「유치악대승암기(遊雉岳大乘菴記)」를 읽으면서 불현듯 치악산과 다시 만나게 되었다.

치악산과 안석경

치악산은 원주에 있다. 봉우리가 험하고 두터우며, 계곡이 맑고 그윽하다. 봉우리마다 대단한 명성이 있지만 제일 높은 봉우리인 비로봉이 여러 산에 비해 더욱 높다. 이름난 사찰로는 남쪽에 상원사, 북쪽에 대승암, 대승암 아래 구룡사가 있다. (「유치악대승암기」)

5월에 세 번 치악산을 올랐다. 모든 산이 그러하듯 치악산도 자신의 모습을 쉽게 보여주지 않았다. 문제는 대승암터였다. 치악산 산행은 대승암터를 찾는 과정이었다. 결국 세 차례 방문 끝에 비로소 치악산은 나를 허락해주었고, 이 산행기를 쓸 수 있게 되었다. 안석경의 「유치악대승암기」를 바탕으로 그의 발길을 따라가며 구성하였다.

안석경(安錫儆, 1718~1774)의 본관은 순흥(順興)이다. 자는 숙화(淑華)·자화(子華)이며, 호는 완양(完陽)·삽교(霅矯)다. 그는 1718에 충주 기흥에서 태어났다. 이후 아버지를 따라 이 곳 저 곳으로 옮겨 다닌다. 그는 27살인 1744에 과거에 응시했으나 낙방한다. 이듬해에 또 과거에 응시했으나 낙방하였다. 29살인 1746년에 치악산을 찾게 된다. 1749년에 과거에 응시했으나 낙방하고 1751년에도 낙방하였다. 35세인 1752년 여름에 치악산 대승암에서 공부를 하였다. 이해에 과거에 응시하였고 아버지는 원주 원흥(原興)에서 돌아가신다. 1757년에 나이 40이 되어 손곡(蓀谷) 안산리(安山里)에 우거하게 된다. 1761년에 경포대, 설악산 등 관동지방을 유람하고 이듬해 금강산을 유람하였다. 그 해에 강원도 횡성 삽교(霅橋)에 우거하였다. 삽교에서 한가로운 삶을 즐기던 그에게 처음으로 벼슬을 할 기회가 온다. 1767년 50세에 강원도 관찰사 민백흥(閔百興)이 그를 천거했던 것이다. 그러나 그는 부임하지 않았고 유유자적한 삶을 선택한다. 1774년 57살의 나이로 가흥에서 생을 마감하게 된다.

그의 저서『삽교만록(霅橋漫錄)』은 횡성 삽교에 은거할 당시 완성된 것으로 손수 농사를 짓는 여가에 사람들과 한 얘기를 기록한 책이다. 그러나 이 책에는 단순히 삽교에 있을 때 들은 얘기만이 아니라 자신이 부친을 따라 원주, 제천, 홍천 등지에서 살면서 서민들의 생활상을 몸소 느꼈던 것과, 당시 사회의 문제점을 부각시킨 내용이 담겨져 있기도 하다. 그밖에『삽교집』·『삽교예학록(霅橋藝學錄)』등의 책을 남긴다.

비로봉에 오르다

병인년(1746) 봄, 나는 구룡사와 대승암을 유람하고 마침내 비로봉에 올랐다. 온 나라의 산 중 오대산과 태백산, 소백산에 가려지지 않은 것은 다 볼 수가 있었다. 다만 급하게 돌아와야 하였기에 대승암에 오래 머물 수가 없었던 것이 한스러웠다.(「유치악대승암기」)

안석경이 치악산과 인연을 맺은 1746년은 그의 나이 29살 때이다. 이때 대승암을 거쳐 치악산 정상인 비로봉에 오른다. 대승암에 오랫동안 머무르지 못한 것을 아쉬워한 대목을 통해 그의 치악산 방문은 대승암에 있었다는 것을 알 수 있다. 후일 다시 치악산을 찾아 대승암에서 10일 동안 독서를 하게 된다. 이 독서는 아마도 과거공부를 위한 것 같다. 그는 젊은 시절을 과거공부를 하면서 보냈다.

젊은 시절 안석경은 자신감이 넘쳤던 것 같다. 그는 두미협(斗尾峽)을 지나면서 시를 한 수 짓는다.

아침에 두미협(斗尾峽)을 지나 朝來斗尾峽
거리낌 없이 서울을 바라보네 谿達見王城
삼각산은 하늘을 밀칠 듯이 솟아 있고 華巖排天秀
한강은 바다에 이르도록 맑구나 長江抵海淸
바람과 구름은 천고의 모습이며 風雲千古色
꽃과 버들은 늦봄의 정이로구나 花柳暮春情
배의 노 아닌 것이 절로 부끄러우니 自愧非舟楫
어떻게 임금의 밝은 지혜 도울 것인가 何由佐聖明

| 제7부 안석경과 치악산 대승암에 올라 책을 읽다 |

지금의 팔당댐 부근에 있는 두미협은 한강을 통해 서울로 가는 배가 지나야하는 협곡이다. 두미협을 지나면 이내 서울이다. 과거를 보기 위해서 배를 타고 두미협을 지나 서울에 당도하면서 지은 시이다. 서울에 도착했을 때의 안석경은 작은 것에 구애되지 않는 대인배의 기상을 보여준다. 서울의 모습은 활기찬 모습으로 다가선다. 우뚝 솟은 삼각산과 유장하게 흐르는 한강은 자신의 기상을 은유한다. 그 속에서 안석경은 배를 움직이는 노처럼 나라의 관리가 되어 자신의 갈고 닦은 실력을 발휘하고 싶어 했다. 그러나 본인의 생각과는 다르게 일은 계속 어긋난다. 과거에 계속 떨어졌다. 그는 고배를 마신 후 귀향하면서 시를 읊조린다.

서쪽에서 며칠 노닐다 동쪽으로 돌아가나니　西遊幾日又東還
서울에서 하룻밤도 편안하기 어려웠네　城市難爲一夕安
세상사 무슨 곡절인지 알지 못하겠고　世路未知何曲折
인생사 가는 곳마다 어렵지 않은 곳이 없구나　人生無處不艱難
강 가 나무들 봄날 저무는 것 어여삐 여기고　江邊離樹憐春暮
외로운 배 속의 나그네 차가운 빗소리 듣는다　客裏孤舟聽雨寒
문정(文正)의 남겨진 풍모 참으로 우러러볼만하여　文正遺風眞可仰
높다란 도봉산(道峰山) 돛대에 기대 바라본다　道峰千仞倚檣看

과거시험 때문에 서울에서 며칠을 보낸 안석경은 하루도 편안 적이 없었다고 고백한다. 당락 여부를 떠나서 극심한 스트레스 속에 있었음을 암시한다. 활달한 기개는 서울 생활 며칠 동안에 사라져버린다. 세상사 알지 못하겠다고, 인생사 도처에 어려움만 있다고 실토한다. 가슴이 시려온다. 아마도 몇 번의 실패 후에 지은 듯싶다. 나 스스

강원의 산하, 선비와 걷다

로도 인정하기 어려운데 누가 나를 이해해줄 것인가? 온전히 나의 몫으로 남은 실패는 그래서 더 외롭다. 안석경의 슬픔은 그래서 더 가슴 아프다.

그러나 안석경은 마지막 연에서 이성을 되찾고 마음을 다잡는다. 도봉산을 바라보며 다시 서울에 올 것을 기약한다. 이후 수차례 걸친 실패는 이상과 현실이 다르다는 것을 알려주었던 것 같다. "과거시험에서 요구하는 것이 자신의 학문적 성향과 맞지 않는다"는 말로 보아 과거시험에 대한 미련을 버리고 자신이 좋아하는 방향으로 공부하게 된다.

독서의 즐거움

올해(1752년) 치악산 북쪽 고을에 일이 있었다. 잠시 틈이 나서 대승암에 들어가 책을 읽으려고 하니, 벗들이 모두 말한다. "부디 가지 마시게. 치악산에 큰 범이 있어서 근년에 대승암 사람을 잡아먹었다네. 대승암에 갈 수 있겠는가?" 내가 말하였다. "범은 사람을 먹을 수 없다네. 사람이 범에게 잡아먹히는 것은 반드시 사람의 도리를 잃었기 때문일세. 사람이 범을 만나더라도 그 심지가 굳어서 흔들리지 않아, 위로 하늘이 있다는 것을 알고 아래로 땅이 있다는 것을 알며, 그 가운데 우리가 있다는 것을 안다면 짐승이 사람에게 가까이 할 수 없다는 것을 알 수 있다네. 그러니 범이 비록 사납다 해도 반드시 움츠리며 감히 움직일 수 없을 것이라네."(「유치악대승암기」)

35살 되던 해에 안석경은 다시 치악산을 찾는다. 첫 번째 방문의 목적은 명확하지 않으나, 두 번째 방문은 뚜렷한 목적이 있었다. 대승암에서 책읽기가 그것이다. 그 당시에 치악산엔 호랑이가 출몰하곤 했다.

대승암으로 가려던 안석경을 주변 친구들이 극구 말린다. 그러나 호랑이가 그의 의지를 꺾진 못했다. 그의 기개를 엿볼 수 있는 대목이다.

그렇다면 그에게 책읽기는 어떤 의미를 지니고 있었던가. 대승암에서 머무르며 지은 「치악대승암시서(雉嶽大乘菴詩序)」를 살펴본다.

옛사람 가운데 권세에서 소름끼쳐 하고 이익에서 두려움을 느낀 사람이 있다. 권세에서 남을 이김을 제멋대로 함이 심하면 심할수록 더욱 불쾌해지고, 욕망을 함부로 부림이 심하면 심할수록 더욱 부족해지기 때문이다. 만일 9년 동안 중서부에서 권력을 멋대로 할 수 있다고 하여도, 그것은 내가 알 바가 아니다. 대개 국가 권력을 쥐고 9년 동안의 치적을 이룬다고 하여도, 9일 동안 산에 있는 즐거움과 바꿀 수는 없다. 하물며 고요하게 독서하고 한가하게 음송하여 깊은 이치를 천천히 찾아 나가고 깊은 맛을 상세히 맛봄으로써 책의 정수와 속뜻을 얻을 수 있는데다가, 높은 곳은 높이고 깊이 들어간 곳은 깊게 한 것을 보고 푸근히 감싸서 길러주어 태어나게 하고 펴나가게 하는 것을 살펴서 사람의 정신과 뜻에 보탬을 줌에야 더 말해 무엇 하겠는가?
아!, 사람의 정신과 뜻에 보탬을 주는데다가, 책의 정수와 속뜻을 얻을 수 있다면, 산속의 즐거움이 어찌 아니 크겠는가? 그렇기에 인간세상의 부귀와 구차하게 비교하고 따질 것도 없다는 사실이 분명하다. 장차 돌아가려 하매 사랑하는 마음이 있어 시 한수를 지어 남긴다.

과거시험에 합격해 벼슬길에 나가는 것은 자신의 경륜을 펼쳐 백성들에게 이로움을 주고자 한다는 명분을 내세운다고 하더라도, 그것에 수반되는 여러 결과물은 세속적인 명예와 권력과 돈이다. 과거시험이란 장치는 결코 여기서 자유로울 수 없다. 과거시험의 틀 안에 있던 안석경의 경우도 마찬가지였을 것이다. 물론 안석경은 대승암에서 머물며 책을 읽었던 그 해에 과거를 보았다. 청년시절 과거에 몰두했던

강원의 산하, 선비와 걷다

그의 세속적 욕망은 대승암에서 머무를 때 미묘한 변화가 시작되었음을 간취할 수 있다.

안석경은 권력과 이익에 대해 점차 초연해진다. 속세 사람들은 과거를 통해 한순간에 인생역전을 꿈꿨을 것이다. 과거를 통한 입신양명과 그 과정에서의 부귀영화는 너무도 달콤하지 않은가 말이다. 그러나 그는 부귀를 위한 책읽기에서 책 속의 이치를 깨닫는 쪽으로 선회하고 있었다. 그러한 책읽기라면 호랑이라도 무섭지 않았을 것이다.

철쭉꽃이 반겨주다

치악산을 찾기 전에 대승암과 관련된 자료를 찾아봤다. 이것저것 뒤져서 찾은 것은 김시양(金時讓, 1581~1643)이 쓴 『자해필담(紫海筆談)』이다. "아버지를 따라 임진난을 피하여 치악산 대승암으로 갔다"는 구절이 유일하다. 이 기록은 그만큼 대승암이 깊숙한 곳에 있다는 것을 방증해준다.

부족한 자료 때문에 난감했지만 현장에서 부딪쳐보면 일이 해결되리라는 막연한 생각이 굳은 결심으로 바뀌면서 아침을 먹자마자 치악산으로 향했다. 달랑 안석경의 「유치악대승암기」만 들고 무작정 나섰다.

치악산을 다시 검색해 보았다. 치악산은 동악명산, 적악산으로 불렸다. 그러다가 상원사 꿩의 보은전설에 연유하여 '꿩 치(雉)'를 써서 치악산이라 불리게 되었다고 한다. 치악산은 1,000m 이상의 높은 봉우리들이 14km나 이어져 있어 산세가 웅장하며, 주요 봉우리는 주봉인 비로봉(1,288m), 남대봉(1,181m), 향로봉(1,043m) 등이라고 알려준다.

마침내 떠났다. 걸어서 20리를 갔는데, 날이 이미 저물었다. 푸른 잔디와 흰
바위가 깔려 있고, 봄 물결이 사람에게 불어온다. 혼자 길을 가서 개울물을 따
라가는데, 물가에는 철쭉꽃이 많이 피어 있다. (「유치악대승암기」)

　횡성읍을 지나 새말 쪽으로 향하면서 치악산을 보니 구름 밑으로
우뚝 솟은 산이 보인다. 묘하게 설렌다. 학곡리에 들어서자 길가에 늘
어선 가로수들은 온통 연두빛이다. 잘 정돈된 가로수들은 구룡사 입
구 주차장까지 계속 이어진다. 안석경은 횡성에서 걸어서 구룡사를
찾았다. 그가 이곳을 찾은 시기는 음력으로 4월 달이었으니, 오늘 산
행의 시기와 우연하게 일치한다.
　구룡사 매표소를 통과하자마자 황장금표(黃腸禁標)를 확인했다. 예
전에도 본 적이 있어서 쉽게 찾을 수 있었다. 매표소에서 조금 떨어진
길 왼쪽에 있다. 안내판이 황장금표에 대해 설명해준다.

황장금표

강원의 산하, 선비와 걷다

황장외금표

황장금표는 황장목(黃腸木)의 보호를 위하여 일반인의 벌목을 금지하는 표시이다. 황장목은 나무의 안쪽 색깔이 누렇고 몸이 단단한 질이 좋은 소나무를 말한다. 치악산은 황장목이 많을 뿐 아니라, 한강의 상류에 있어서 뗏목으로 서울까지 운반하기 쉬워서 전국의 황장목 가운데에도 이름난 곳의 하나였다고 한다.

두 개의 작은 바위가 다정하게 누워있는데, 위에 있는 바위에 한자로 새겨져 있다. 마침 지나가는 관리소 직원에게 황장금표가 하나 더 있다고 하는데 그 위치를 가르쳐달라고 하자 친절하게 알려준다. 주차장에서 내려가다가 마을로 들어가는 길을 따라 가면 표지판이 있어서 쉽게 찾을 수 있다고 한다. 오던 길을 다시 돌아가 찾아가니 도로가에 안내판과 함께 풀 속에 있다. 이 황장금표는 '금표'의 글귀 윗부분에 '외(外)'자가 있어서 '황장외금표'라고 한다. 황장외금표는 황장금표가 있는 지역을 알리기 위해 행인의 왕래가 많은 곳에 설치해서 출입을 못하도록 경고를 하는 표석이다.

황장금표 때문인지 매표소 전부터 가지를 길게 늘어뜨리고 있는 거대한 소나무들이 범상치 않게 보인다. 모두 황장목의 후예들인 것이다. 매표소를 지나자마자 산책로 가운데 서 있는 아름드리 황장목이 탐방객을 맞는다.

물소리를 들으며 백련당에서 자다

황장금표를 지나자 바로 다리가 보인다. 다리 입구엔 용이 여의주를 물고 반긴다. 다리 중간엔 거북이도 있다. 구룡사가 가까이 있음을 직감할 수 있다. 안석경이 방문했을 때도 지금처럼 커다란 금강송이 울창하였던 것 같다. 평일이어서 탐방객들을 쉽게 찾을 수 없다. 다리를 지나자마자 새로 만들어진 산책로가 있다. 그 길을 따라 가니 계곡 물소리가 시원하게 들린다. 그런데 안석경에게 계곡물소리는 비장하게 들렸다. 왜 그랬을까? 자신의 계획과는 달리 여러 차례의 과거시험에 낙방한 것 때문이었으리라.

저녁에 구룡사로 들어갔다. 골짜기 입구의 큰 소나무가 길을 덮고 있다. 새들은 서로 노래 부르는데, 인적이 없어 고요하다. 물이 우는 소리가 또한 비장하여, 사람의 마음을 깨끗이 씻어 바꾸어준다. 이와 같이 하기를 7~8리 간 후, 천주봉 앞에 이르렀다. 보광루에 올라 백련당에서 잠을 잤다. 밤새 절구질하듯 떨어지는 물소리를 들었다. (「유치악대승암기」)

강원의 산하, 선비와 걷다

부도탑

　일주문을 지나면 길 오른쪽으로 부도가 있다. 이끼 낀 부도들은 오랜 세월이 흘렀음을 보여준다. 빼어난 조형미를 보여주진 못하지만 소박한 부도는 용맹정진하며 깨달음을 얻고자 했던 이들에게 바치는 소박한 헌사다. 잠시 그들을 추모하였다. 주변의 금강송들도 비스듬히 구부리고 인사를 하고 있다.

　멀리 구룡사가 보이는 지점에 커다란 바위가 있다. 처음에는 모르고 지나쳤다. 두 번째 찾았을 때 구룡사에서 문화해설을 하시는 분께서 바위에 '구룡동천(龜龍洞天)'이 새겨져 있다고 알려주신다. '동천'이란 경치가 빼어나 신선이 노닐 만큼 풍광이 좋은 곳을 말한다. 그만큼 구룡사 계곡의 경치가 뛰어난 곳임을 단적으로 말해준다.

　　　　　│ 제7부 안석경과 치악산 대승암에 올라 책을 읽다 │

구룡동천 각자

강원의 산하, 선비와 걷다

구룡사는 신라 문무왕 8년(668)에 의상대사가 창건했다. 지금의 대
웅전에는 용 아홉 마리가 살고 있는 큰 연못이 있었다. 의상대사가 용
을 쫓아내고 연못을 메워 절을 지은 후 아홉 마리의 용이 살았다고 해
서 구룡사(九龍寺)라고 불렀다. 하지만 조선시대에 들어와 사찰이 쇠
퇴하자 절 입구에 있는 거북바위 때문이라는 소문이 돌았고, 바위를
부쉈더니 오히려 신도가 더 줄어들었다. 급기야 절이 문을 닫을 지경
에 이르렀을 때 도승 한 분이 나타나 절의 운을 지켜주는 거북바위 혈
맥을 다시 이으라고 해서, 절 이름에 아홉 '구(九)'자 대신 거북을 뜻하
는 '구(龜)'자를 써서 구룡사(龜龍寺)로 바꾸었다고 한다.

사천왕문을 통과해 가파른 계단으로 올라간다. 건물 아래를 통과한
후 돌아보니 보광루다. 안석경도 이곳을 통과했을 것이다. 보광루 마루
에는 우리나라에서 제일 큰 멍석이 깔려 있었다고 한다. 보광루에 오르
니 맞은편 산이 한눈에 들어온다. 안석경이 말한 천주봉이다. 요즘은
천지봉이라고 부르고 있다. 천지봉도 전설을 들려준다. 의상대사가 용
들을 쫓아낸 뒤 연못을 메워 절을 지을 때 여덟 마리 용은 도망쳤는데,
용이 도망을 친 앞산이 바로 천지봉이다. 천지봉에서 구룡사 방향으로
뻗어 내린 여덟 개의 크고 작은 골짜기가 그때 형성되었다고 한다.

안석경은 지금은 사라진 백련당에서 하룻밤을 지내며 「백련당에서
자면서 취한(就閒)에게 보여주다」란 시를 읊는다.

하룻밤 자도 속세의 어수선함 멀게 하니 一宿猶宜遠世紛
백련당 높은 누각 맑아 삿된 기운 없네 白蓮高閣淨無氛
산초 등불 초롱초롱 밝게 비추는데 椒燈炯炯有餘照
삽주술에 훈훈하여 반쯤 취해 기대고 있네 朮酒溫溫倚半醺
밤에 누워 물소리 황새소리 듣고 臥聽水聲兼夜鸛

일어나 산색을 보니 아침구름 두르고 있네 起看山色帶朝雲
언제나 평상에 앉아 한가한 노인 이웃하여 何時穿榻隣閑老
천주봉 앞에서 옛 글 읽을 수 있을까 天柱峰前讀古文

안석경이 지은 치악산과 관련된 유일한 시이다. 백련당에서 하룻밤을 보내는 안석경은 어떤 마음이었을까? 몇 번의 실패를 경험한 그는 다시 과거 공부를 위해 산을 찾는다. 기대와 두려움이 교차했을 그는 아마도 밤늦도록 잠을 이루지 못했던 것 같다. 술 한 잔에 불콰하여 바로 잠을 이룰 법도 하건만, 더욱 또렷이 들리는 계곡물소리와 새소리는 기약하기 힘든 미래에 대한 불안 때문이었을 것이다. 차라리 틀에 박힌 과거공부를 그만두고 자신이 좋아하는 시 공부를 하고 싶은 마음이 비로봉 같았을 것이다. 그래서 그는 후한 때 고사(高士)인 관영(管寧)을 생각한다. 그는 속세를 피하여 요동에 우거하였는데, 50여

보광루

강원의 산하, 선비와 걷다

년 동안 하나의 나무 평상에서 지냈으므로 무릎 닿은 부분이 깊숙이 파였다고 한다. 안석경은 관영처럼 살고 싶었을 것이다.

구룡사와 관련된 기록 중에 「구룡사백련당기(龜龍寺白蓮堂記)」가 있다. 지금은 사라진 백련당을 위해 바친 글이다.

치악의 여러 봉우리 중에 으뜸인 것은 비로봉(毘盧峯)이다. 비로봉의 북쪽으로 뻗은 것은 산등성이가 제법 길고 크다. 산등성이에 기대 자리 잡고 있는 것은 첫 번째가 대승암(大乘庵)이고, 두 번째가 월봉암(月峰庵)이다. 모두 선승들이 거주하는 곳이다. 세 번째는 구룡사(龜龍寺)다. 늘 스님 백여 명이 거주한다. 절은 모두 여섯 개의 건물이 있는데, 백련당(白蓮堂)이 제일 높고 깊으며 고요하다. 동쪽으로 천주봉(天柱峰)의 두 봉우리를 마주하고, 남쪽으로 비로봉을 바라보고 있다. 꽃과 대나무가 사방에 모여 있고 소나무와 잣나무는 푸르다. 늘 물은 흐르며 구슬피 울고, 겨울에 따뜻하며 여름엔 서늘하다. 참으로 살만한 곳이다.

가난한 선비가 책 읽을 곳이 없어 책상을 들고 산에 오르는 자가 많다. 대승암과 월봉암은 선승들이 모두 독서하는 사람을 기피하므로 갈 수 없다. 구룡사는 스님이 늘 선비에게 베풀어주는 사람을 정해 놓기 때문에 독서하는 선비들이 많이 모인다. 나는 치악산의 봉우리가 높은 것과 계곡이 깊은 것을 사랑하여 백련당에서 책을 읽으려 한다. 이 때문에 자세하게 기록한다.

지금은 이름조차 잊혀진 백련당. 백련당은 그 당시 가난한 과거 준비생들에게 공부할 장소를 제공해주었다. 안석경도 그 틈에 끼어 책을 읽었으니 요즘으로 말한다면 고시원 역할도 담당한 셈이다. 이른바 출세를 위해 공부하는 사람과 출세를 거부하고 깨달음을 얻기 위해 공부하는 사람들의 기묘한 동거 장소이기도 했다. 어떤 방향을 선택할 것인가는 개인의 취향이겠으나 상대의 의견을 인정해주던 구룡

사천왕문 위로 보이는 천지봉

사의 넉넉함을 보여준다. 이 기문은 치악산 북쪽 자락에 대승암 뿐만
아니라 월봉암도 있었다는 것을 알려준다. 그러나 월봉암에 대한 기
록은 어디서도 찾을 수 없다.

호랑이 울음소리를 들으며 대승암으로 향하다

이튿날 용담을 보았다. 바위 벼랑이 입을 벌리고 있는데 푸른 물이 넓고 깊
다. 스님 한분과 대승암에 올랐다. 가는 길에 호랑이 우는 소리를 들었는데,
그 소리가 맑고 커서 온 산이 진동하였다. 가다가 약초를 캐고 꽃을 땄다.
(「유치악대승암기」)

강원의 산하, 선비와 걷다

구룡사에서 하룻밤을 보낸 안석경은 대승암으로 향한다. 구룡사에서 출발하자마자 커다란 못과 폭포가 기다린다. 구룡소와 구룡폭포다. 구룡소도 전설을 들려준다. 의상대사가 절을 창건할 때 아홉 마리 용 중 여덟 마리는 도망가고, 나머지 한 마리가 미처 도망치지 못하고 숨은 곳이 바로 구룡사 앞 계곡에 있는 구룡소다. 바로 안석경이 말한 용담이다. 그 용은 이곳에 살다가 나중에 승천했다고 한다. 승천했다고 하니 안심이 된다. 언제부터인가 소설이든 전설이든 TV속 드라마든 비극적인 결말은 가슴이 아프다. 비록 완성도 측면에서 부족하더라도 해피엔딩이 좋다.

　안석경은 구룡소를 지나서 대승암으로 향한다. 문제는 이제부터다. 대승암의 위치에 관련된 자료를 찾다가 구룡사에 전화를 걸었다. 전화를 받으신 분이 구룡사의 문화를 해설하시는 선생님을 소개시켜주

구룡소와 구룡폭포

　제7부 안석경과 치악산 대승암에 올라 책을 읽다

신다. 통화를 하니 대성암에 대해서 잘 모르겠지만 유산기에 묘사된
것을 보니 도실암 쪽에서 바라본 것 같다고 하신다.

처음 치악산을 찾았을 때 무작정 도실암으로 가다보면 해결책이 있을
거라고 생각했다. 그래서 과감히 산행을 시작했다. 치악산약초원이 있
던 곳은 산수유나무가 꽃을 노랗게 피우고 있었다. 그 사이로 걷다가 마
을 주민을 만났다. 아주머니 두 분이었는데 대승암의 위치를 물어보니
'대성절터'란 곳이 있다고 알려주신다. 마을 어느 분이 치성을 드려서 아
들을 얻고 아들의 이름을 대성이라고 지었다는 말과 함께.

오래전에 폐쇄되어 길은 토끼길이다. 보이는가 싶더니 이내 울창한
숲 속으로 사라지곤 한다. 쓰러진 나무들과 넝쿨들, 그리고 수북한 낙
엽은 원시림의 모습이다. 아주머니께서 도실암재 근처 헬기장에서 바
라보면 건너편으로 움푹 파인 곳이 보이고, 그곳을 찾아가면 된다고

비로봉

강원의 산하, 선비와 걷다

사다리병창

했다. 그러나 헬기장은 보이질 않고 나의 발길은 계속 산 정상으로 향했다. 길을 잃은 것이다. 산을 넘고 계곡을 건너면서 절터 찾기를 단념하고 안석경이 올랐던 치악산 정상으로 향했다.

계곡을 따라 무작정 올라가다보니 '쥐넘이고개' 부근이다. 북서쪽으로 연이은 '삼봉'과 '투구봉'의 암벽을 보고 절터가 그 밑 어느 곳일 거라고 추측하면서 비로봉으로 향했다. 비로봉에 오르니 돌탑이 반긴다. 남쪽의 남대봉부터 동북쪽의 천지봉과 매화산이 아스라이 펼쳐져 있다. 한참 동안 넋 놓고 있다가 사다리병창 코스로 내려갔다. 등산할 때 힘을 너무 쏟아서인지 계속 이어진 계단이 야속하기만 하다. 겨우 세렴폭포에 이르러 폭포의 물을 벌컥벌컥 마시는데 비가 내리기 시작한다. 산행은 이렇게 해서 비로봉을 등반하고 사다리병창과 세렴폭포를 확인하는 것으로 끝을 맺었다.

| 제7부 안석경과 치악산 대승암에 올라 책을 읽다 |

세렴폭포

강원의 산하, 선비와 걷다

낙심한 채 주차장 옆 부흥상회에 들려서 주인아저씨께 혹시나 하고 절터에 대해 물었다. 그런데 뜻밖에도 절터에 대해서 알고 계셨다. 그런데 그곳은 오늘 갔던 곳이 아니라 사다리병창 계곡 길로 가야한다는 것이다! 날은 저물고 다리에 힘이 풀려서 도저히 다시 갈 수는 없고 다음을 기약할 수밖에 없었다.

은선암 계곡에서 폭포를 만나다

일주일 뒤 다시 찾았다. 아저씨를 찾아 자세하게 물어보니 주변에 계시던 분께서 더 상세하게 알려주신다. 지도를 펼치니 위치를 가리켜주는데 선녀탕 옆에 있는 계곡으로 들어가면 찾을 수 있을 것 같았다.

선녀탕

제7부 안석경과 치악산 대승암에 올라 책을 읽다

은선폭포

　주민들은 이 계곡을 은선암 계곡이라 불렀다. 수량이 제법 많은 계곡은 도처에 자그마한 폭포를 품고 있다. 모두 세어 보니 다섯 개다. 2~4미터 정도이지만 다양한 폭포를 구경하다보니 어느새 발길은 깊은 곳까지 이르렀다. 나중에 물어보니 맨 위에 있는 폭포를 주민들은 '은선폭포'라 부른다. 은선폭포에서 왼쪽 산등성이를 따라 계속 오르다 보니 경사가 졌지만 평평한 곳이 펼쳐진다. 몇 군데엔 석축이 있고 물이 나오는 곳도 있다. 이곳이 절터라 생각하고 여기저기 돌아다니며 확인을 하였다. 안석경이 묘사한 곳과 흡사 했다.

　하산하여 부흥상회에 들르니 아저씨는 출타 중이시다. 아주머니께 찍은 사진을 보여주니 마을 분을 소개시켜주신다. 그 분이라면 사진

강원의 산하, 선비와 걷다

을 보고 그곳이 절터인지를 알 수 있다고 하신다. 밭에서 일하고 계시는 아저씨를 만나 사진을 보여주며 답사한 곳에 대해 이야기 하니 고개를 갸웃거리신다. 폭포에서 한참 올라가야 한다는 것이다. 그러면서 사진 속의 석축은 화전민들의 집터인 것 같다는 청천벽력과 같은 말을 하신다. 두 번의 산행으로 찾을 수 있을 거라고 생각은 하진 않았지만, 너무 실망스러웠다. 이틀 후 현장 답사를 함께 하기로 약속하고 귀가할 수밖에 없었다.

현달하지 못한 선비를 가볍게 보지 말라

암자에 이르니, 목조건물 몇 칸인데 배꽃은 흐드러지게 피어 있고 우물물이 맑고 투명하다. 스님 몇 분이 세상 일에 초탈한 듯 하안거에 들어 있다. 나도 끼어 「악기(樂記)」를 펼쳐 놓고, 아침마다 일찍 일어나 머리를 빗고 몸을 씻고 책을 읽었다.(「유치악대승암기」)

석가탄신일에 다시 치악산을 찾았다. 쌍다리 민박집으로 찾아가니 엊그저께 만났던 아저씨가 산행 준비를 마치고 기다리신다. 다리가 조금 불편하시다면서도 앞장을 서신다. 도실암 길로 접어들었다. 처음 산행할 때의 길로 가는가 싶더니 이내 다른 길로 가신다. 그러자 귀신같이 아주머니가 가르쳐주던 헬기장이 바로 나타난다. 헬기장 바로 위는 도실암재다. 고개를 내려가니 엊그제 왔던 계곡이다. 계곡을 건너 화전민집터를 지나자마자 동쪽 산등성이를 넘었다. 여기서부터 산을 하나 더 넘었으나 절터는 보이지 않는다. 아저씨는 15년 전에 왔던 길이라 찾기가 어렵다면서 계속 앞으로 나가신다. 정상을 향해 한참 올라갔는데도 보이질 않는다. 머리를 갸웃거리시더니 다시 능선을 따라 계속 올라갔다. 한참을 가다가 사다리병창 쪽으로 조금 내려가니 평평한 땅이 아래로 보인다. 가까이 가 보니 우엉과 여러 풀들이 무성하다. 바로 이곳이 절터라고 하신다. 아! 드디어 절터를 찾은 것이다. 주변은 아늑하다. 햇살이 따스하게 내려쬔다. 왼쪽의 바위에는 언제 쌓았는지 돌탑이 두 개 보인다. 스님들이 기원이 서려있는 곳일까? 아니면 이곳을 찾은 신도들의 염원이 서려있는 것일까? 오른쪽에는 물이 흐른다.

　여기저기 돌아다니며 주변을 답사했다. 그러나 암자 앞에 있다던 거북바위는 보이질 않는다. 왼쪽에 있는 돌탑의 바위가 거북바위라고 생각하기엔 너무 왼쪽으로 치우쳐있다. 주변을 다시 한 번 돌아보니 울창한 나무들뿐이다. 안석경이 대승암에 있었을 때도 울창한 숲이었을 것이다. 그래서인지 그는 나무를 모티브 삼아 자신의 이야기를 들려준다. 「산중잡설(山中雜說)」을 지어 자신의 심회를 보여준다.

암자터

　　　　　　　　　　　　　　　　　강원의 산하, 선비와 걷다

바위위의 돌탑

나무 중에 마룻대와 처마에 쓸 만한 것이 있고, 배와 돛대에 쓸 만한 것이 있다. 깊은 산과 골짜기에 모여 떼 지어 있으면서 구름 사이에서 무성하게 늙어가다가 바람에 넘어지고 물에 엎어지며 불에 상처를 입어 끝내 목수에게 보여지지 않는 것이 많다. 하늘로 오를듯한 집과 바다를 달리는 배는 재목을 구하는데 급하여 늘 쓸 만한 것이 없음을 걱정하니 왜일까? 집에서 정신과 사람을 보호하여 편안하게 할 방법이 없고, 배에선 백성과 만물을 온전하게 건너게 할 방법이 없다. 크고 바르며 집에 마땅하고 배에 적절한 나무가 단지 산과 계곡 속에서 썩어 문드러지니 애석하도다.

아! 나무는 스스로 드러낼 수 없는데, 나무를 구하는 자는 일찍이 오지 않았다. 선비는 스스로 말할 수 없는데, 선비를 구하는 자는 능히 알지 못한다. 그

| 제7부 안석경과 치악산 대승암에 올라 책을 읽다 |

러하니 산의 나무와 세상의 선비가 나가서 당대의 쓰임이 되어 재주를 드러
낼 수 있는 것은 천만 중에 겨우 한 둘일 뿐이다. 아! 삼가 말라 떨어지는 나무
와 현달하지 못한 선비를 가볍게 여기지 말라

마치 한유의 「잡설」을 보는 듯하다. 이런 구절이 있다. "세상에 백
락(伯樂)이 있은 뒤라야 천리마가 있는 법이니, 천리마는 언제나 존재
하지만, 백락은 늘 있는 것이 아니다." 백락은 천리마 감정에 조예가
깊었던 전설상의 인물이다. 지나가다가 돌아서서 잠깐 눈길만 주어도
말 값이 순식간에 몇 배로 뛰었다는 일화가 있을 정도였다. 한유는 그
런 백락 같은 이를 만나지 못한다면 아무리 천리마라도 그저 평범하
게 부려지다가 죽어갈 뿐이라고 탄식하면서 글 말미에 반문한다. "정
말 천리마가 없는 것인가. 아니면 정말 천리마를 알아보지 못하는 것
인가."

여기서 안석경은 깊은 산 속에서 쓰러져가는 나무를 보자 자신과
오버랩된다. 나무가 목수를 만났으면 훌륭한 재목이 되어 자신의 능
력을 발휘하였을 것이다. 그러나 목수를 만나지 못해 비바람 속에서
사라져간다. 동병상련인가. 재주를 갖고 있으나 발휘할 수 없는 당대
의 구조적인 모순은 그를 절망케 하였을 것이다.

그러나 그는 그 속에서도 기개 있는 선비의 모습을 유지한다. '현달
하지 못한 선비를 가볍게 여기지 말라' 이 말은 세상 사람들에게 하는
말이지만, 어떤 것에도 굴하지 말라고 자신에게 다짐하는 소리로 들
린다.

강원의 산하, 선비와 걷다

드디어 대성암터를 만나다

암자 뒤에는 바위 봉우리가 우뚝 솟았는데 구름 덮인 나무가 어두침침하고 가물가물하다. 암자 앞에는 거북바위가 있는데, 우뚝하게 절벽에 임해 있다. 소나무와 전나무가 빽빽하게 서 있고 진달래가 빙 둘러 피어 사람을 환하게 비춘다. 암자를 대하고 있는 여러 봉우리들은 어느 하나도 나무들이 울창하지 않은 곳이 없는데, 아래쪽은 이미 짙푸른 초록빛을 띠지만 위쪽은 아직 연한 푸른빛이다. 아침에 남기가 끼고 저녁에 부슬비가 내릴 때마다 어릿어릿하게 비치니 사랑스러워 조금도 흠 잡을 바가 없다. 동북쪽은 멀리 서너 고을의 산들이 흰 구름 속에서 나타났다 사라졌다 한다. 가까이 있는 벼랑에는 사슴이 있어 때때로 멈추어 서서는 사람을 물끄러미 바라보는 듯하다. 울음소리는 어리숙하고 그 뿔은 높다. 새 울음소리도 여러 종류인데 제각기 특이하다. 이곳이 으쓱하고 깊은 곳임을 알 수 있다.(「유치악대승암기」)

절터 오른쪽은 너덜지대다. 혹시나 하는 생각으로 바위를 건너고 뛰어넘었다. 갑자기 앞에 커다란 암벽이 나타난다. 그 위를 보니 평평한 공터가 있는 듯하다. 올라가자마자 눈앞에 펼쳐진 광경에 소리를 지를 뻔 했다. 그토록 찾던 '대성절터', 아니 '대승암터'가 눈앞에 모습을 드러낸 것이다. 절터엔 주춧돌로 추정되는 돌들이 여기저기 보인다. 더군다나 암자 앞에 거북이처럼 바위가 엎드려 있다. 바위를 확인하러 가니 거북바위에도 돌탑이 쌓여있다.

옆 절터로 가서 아저씨에게 알리니 놀라시는 표정이다. 절터를 찬찬히 살펴보니 깨진 그릇조각들이 여기저기에 보인다. 옆엔 우물터로 추정되는 곳도 있다. 숲이 울창하여 자세히 보이진 않으나 거북바위 앞은 벼랑이고, 주변의 산들이 좌우로 둘러싸고 있으며 동북쪽으로 천지봉이 보인다. 바로 안석경이 묘사한 대승암의 터다. 부처님오신날에

1 절터 2 절터 앞 거북바위 3 절터에서 찾아낸 그릇 파편 4. 우물터

답사를 와서인지 그토록 찾던 대승암터를 찾은 것이다. 그렇다면 대승암터에서 조금 떨어진 곳의 절터는 우엉이 아직도 무성한 것으로 보아 절에 딸린 채마밭이었거나 요사채가 있던 자리였을 것이다.

안석경은 이곳에서 10일을 머무르며 「악기(樂記)」를 읽었다. 물론 다른 책을 읽었겠지만, 「악기」만을 특별히 언급한 것은 이유가 있을 것 같다. 『예기』 중의 한 편인 「악기」는 시와 노래와 춤에 대한 책이다. 이것을 읽지 않고는 시가무(詩歌舞)를 논할 수 없다는 말이 있을 정도이다.

강원의 산하, 선비와 걷다

책장에서 『예기』를 꺼내 읽었다. 음악에 대한 이야기가 주를 이룬다. 물론 이것을 시에 대입하여 읽을 수도 있다. 과거공부를 위해 산에 들어와 독서를 하는 그의 시선은 주로 시를 어떻게 지을 것인가라는 물음에서 크게 벗어나지 않았을 것이다. 그러나 나의 눈에는 마음 수양과 관련된 글들이 더 또렷하게 보인다.

좋아하고 싫어하는 것이 마음속에서 절제됨이 없고, 지각이 외물(外物)에 끌려 자신으로 돌아가지 못하면, 천리(天理)가 없어진다. 대체로 물(物)이 사람을 감응시키는 것이 끝이 없다. 그러므로 사람이 좋아하고 싫어하는 것에 절제가 없으면, 이는 물(物)이 오자 사람이 물에 동화되는 것이다. 사람이 물에 동화된다는 것은 천리를 없애고 욕심을 하고 싶은 대로 다 하는 것이다.

도(道)로써 욕망을 제어하면 즐거워해도 혼란하지 않고, 욕망으로써 도를 잊으면 미혹되어서 즐겁지 않다.

예악(禮樂)은 잠시도 몸에서 떼면 안 된다. (중략) 예(禮)를 지극하게 하여 몸을 다스리면 가지런하고 공경하게 되고, 가지런하고 공경하면 엄숙하고 위엄 있게 된다. 마음 속이 잠시라도 화락하지 않으면 비루하고 속이는 마음이 들어가고, 외모가 잠시라도 가지런하고 공경하지 않으면 경솔하고 거만한 마음이 들어간다.

안석경도 이 문장에 주목하였을 것 같다는 생각이 든다. 외물(外物)에 제어당하지 않기. 욕망을 제어하기. 우리는 아니 나는 얼마나 많은 외물에 의해 좌지우지되어 살아오고 있는가? 부와 명예로 대표되는 무수한 바깥 사물에 의해 나를 잊고 살고 있다. 그러면서도 그러한

| 제7부 안석경과 치악산 대승암에 올라 책을 읽다 |

줄 알지 못하고 있다. 가끔은 아주 가끔은 이러한 나를 질책하곤 하지만 곧바로 잊고서 바깥으로 내달린다. 결국은 욕망의 조종에 휘둘리는 것이다. 모든 욕망이 다 나쁘다는 것은 아니다. 나를 좋은 쪽으로 인도하는 경우도 있지만 대부분 반대쪽으로 끌고 가곤 한다. 안석경도 공부하다가 가끔 이러한 생각에 잠겼을 것이다. 이러한 과정이 있었기 때문에 다음의 글이 나왔을 것이다.

보면 볼수록 시간이 부족하구나

불당의 등이 밤새도록 켜 있고 향 연기가 방에 가득하다. 밤새 천둥이 크게 치다가 새벽녘이 되어서야 비로소 비가 내리기 시작한다. 빗속의 풍경이 흐릿하니 읊조릴 만하다. 비가 그치자 사방의 모습이 선명하다. 높고 낮고 멀고 가까운 곳이 모습은 다르지만 사람을 즐겁게 하기는 마찬가지다. 아침과 저녁, 비가 오거나 개거나 모습은 저마다 다르지만 사람의 마음과 맞는 것은 마찬가지다. 나무와 돌과 새와 짐승들이 모습은 저마다 다르지만 사람에게 가까이 하는 것은 마찬가지다. 움직이거나 가만히 있거나 말을 하거나 입을 다물거나 흥취는 저마다 다르지만 뜻에 맞는 것은 마찬가지다. 대개 오래 있을수록 더욱 기쁘고, 보면 볼수록 시간이 부족하다. 아아! 세상의 즐거움 중에 이것과 바꿀 것이 있겠는가? 산이 이미 깊고 험한데 암자는 높고 또 고요하여 옛 책을 읽기에 적당하다. 내가 만약 항상 거처할 곳을 얻는다면 10년이라도 마다하지 않을 것이지만, 장차 열흘이 차지 않았어도 떠나야 한다. 산을 올려다보고 골짜기를 내려보니, 화창한 봄날의 사물들이 모두 유유자득(悠悠自得)하다. 내 어찌 깊이 사랑하여 돌아보며 서글퍼 하지 않을 수 있겠는가? 임신년(1752) 4월 4일 대승암에서 쓰다. (「유치악대승암기」)

10일 동안의 책읽기는 끝났다. 이제는 산을 내려가야만 한다. 천둥 소리가 아니었더라도 마음에 드는 이곳을 떠나야하기에 밤새도록 잠을 청하지 못하였을 것이다. 밤을 하얗게 보내며 이 글을 지었을 것이다. 「대승암을 떠나기에 임하여 지은 시의 서문」은 그래서 더욱 마음에 와 닿는다. 안석경의 심리상태를 잘 보여주기 때문에 길지만 인용한다.

산은 높고 계곡은 깊으며, 꽃과 나무가 눈에 가득하여 그 의취(意趣)가 날로 더하다. 오늘 장차 떠나려 하니 밤새도록 말똥말똥해서 잠을 잘 수 없다. 솔바람 소리를 듣고 일어나 바라보니, 바람 부는 새벽에 달이 걸려 있고 바위 골짜기는 애처로워서 또한 사람을 서글프게 하여 견딜 수가 없다. 읊조리며 방황한지 오래되어 마침 시 한 편을 완성하였으니, 떠나지 않을 수 없지만 실로 차마 떠날 수도 없기 때문이다.

아! 이 산은 높고 두터우며 푸르고 무성하다. 그러나 따로 수석(水石)이 뛰어나거나 기이한 볼거리는 없다. 이 암자는 맑고 그윽하며 높고도 먼 것이 있다. 그러나 강과 바다의 아득하게 이어지는 정취를 더할 수 없으니 한 번 보고 떠나는 것은 괜찮다. 그런데 10일의 낮과 9일의 밤을 돌아 보건데, 더욱 즐겼으면서도 더욱 만족을 모르는 것은 왜일까? 아마도 욕심이 움직이고 감정이 격해지면 바름을 얻지 못하는 것 때문일 것이다.

나는 일찍이 성인의 욕망을 막는 가르침을 애쓰고 힘을 다해가며 좇을 필요가 없다고 생각했다. 매번 잡서(雜書)를 좋아했으니, 넓은 것은 더욱 넓게 해 주어야 이를 꺾을 수 있고, 강한 것은 더욱 강하게 해 주어야 이를 꺾을 수 있다는 것은 사람이 욕심을 없애는 것이 마땅히 이와 같다는 것을 말한다.

지금 산수(山水)에 대한 욕심으로 말한다면, 9일 동안 머물렀으나 오히려 스스로 만족하지 못하는 것은, 예전에 하루 묵었는데도 만족한 것을 보건데 과연 어떠한가? 대개 감정이 다하기를 기다려 스스로 없어지려고 하는 것은 이치가 아니다. 반드시 처음 싹틀 때 꺾어야하고, 처음 열릴 때 막아야만 한다. 그러한 후에 도끼를 사용하는 수고로움과 뚝으로 막는 근심에서 벗어날 수 있다.

세상에 부귀와 사치, 화려함을 탐하는 자는 오랠수록 펼치지 못하고, 여색을 좋아하여 방탕함을 좋아하는 자는 깊을수록 만족하지 못한 한이 있다. 대개 일찍이 이것을 보고 탄식하며 괴이하게 여겼다.

지금 대승암의 일로써 보니 사람의 뜻과 같은 것은 진실로 당연하다. 아! 사람의 감정과 욕심은 끝이 없고, 천하의 물건은 무한하다. 무한한 것으로 끝없는 것을 만족시키려한다면 어찌 만족을 싫어할 때가 있겠는가? 스스로 부족한 것을 근심하여 편안함을 망치니 슬프지 않은가? 나는 대승암에서 욕심을 막는 방법을 깨달았다.

치악산에 대한 안석경의 평가를 먼저 살펴본다. 그는 치악산을 "높고 두터우며 푸르고 무성하나, 따로 수석(水石)이 뛰어나거나 기이한 볼거리는 없다."고 묘사하고 있다. 결국 그는 높고 두터우며 푸르고 무성하다는 것에 방점을 찍는다. 대부분의 등산객들이 동의할 것이다. 나는 여기에 '웅장하다'는 특성을 추가하고 싶다. 남북으로 길게 형성된 치악산은 단단한 뿌리를 박고 넓고 크게 서 있다. 비록 기기묘묘한 아름다움으로 사람들의 이목을 현혹시키진 않지만, 무뚝뚝한 남성 같은 것이 치악산이다. 이러한 미를 갖고 있기에 공부하는 학인(學人)들에게 적당한 장소가 되었고 안석경도 찾아왔던 것이다.

단조로운 것 같으면서도 웅장한 산 속에서 그는 책읽기를 끝내고 하산하려고 한다. 떠나기 전 깊은 밤에 자신의 마음을 적어낸다. 입산 전의 마음과 지금의 변화된 마음을 담담히 펼쳐 보인다. 처음엔 '넓

강원의 산하, 선비와 걷다

은 것은 더욱 넓게 해 주어야 이를 꺾을 수 있고, 강한 것은 더욱 강하
게 해 주어야 이를 꺾을 수 있다'고 믿었다. 사람의 욕심도 이렇게 해
야만 없앨 수 있다고 여겼다. 욕망을 누르지 않고 마음껏 발산해야만
미련이 없어서 결국은 없앨 수 있다고 본 것 같다.

그러나 그는 치악산에 있는 동안 자신의 시각을 교정하게 된다. '처
음 싹틀 때 꺾어야하고, 처음 열릴 때 막아야만 한다.'고 깨달은 것이
다. 성인들의 가르침보다는 제자백가의 자유분방함을 쫓던 그는, 그
간의 생각이 잘못되었음을 시인한 것이다.

세상의 사람들을 현혹시켜왔던 부귀와 명예, 여색은 추구할수록 갈
증과 허기를 느끼게 하는 외물(外物)임을 깨달은 것이다. 이후 그가 이
렇게 살아갔는지 알 수 없다. 그러나 이후 한 번의 과거 응시 후 과거
공부를 포기한 것으로 보아 일정한 영향을 미쳤던 것으로 보인다.

안석경과의 인연

대승암터를 출발했다. 왔던 길을 버리고 계곡을 따라 내려갔다. 계속
되는 너덜지대를 따라 물이 흐른다. 울창한 숲답게 다래 넝쿨이 여기저
기 길게 드리워져 있다. 한참 내려오니 등산객들의 소리가 계곡을 타고
올라온다. 사다리병창 계곡 길로 산행을 하는 사람들이다. 안석경이 어
느 곳으로 대승암에 왔는지 알 수 없다. 그러나 두 개의 길 중 하나일 것
이다. 절터를 찾을 때 길을 잃기는 했지만, 화전민터에서 조금 더 계곡
을 따라 올라오다가 능선을 넘으면 쉽게 도달할 수 있었을 것이다. 오
는 길에 약초를 캐고 꽃을 땄다면 도실암 코스나 은선계곡 코스일 가능
성이 높다. 또 하나의 길은 지금 내려가는 길을 경유하는 것이다.

| 제7부 안석경과 치악산 대승암에 올라 책을 읽다 |

유산기를 찾다가 안석경을 만났다. 몇 년 전에 「청평산기」를 통해 일면식이 있었고, 치악산을 통해 다시 만나게 되었다. 두 번째 만남에서 그의 고뇌를 조금이나마 느낄 수 있었고, 그를 통해 나의 고뇌도 조금은 치유된 듯하다. 그리고 욕망을 없애는 비결을 깨우치게 되었다.

인연은 이렇게 이어지는가? 그는 설악산을 다녀온 후 「설악기」를 남겼고, 횡성의 태기산을 등반한 기록도 남겼다. 요즘 그의 발자취를 따르는 재미에 빠져 있다. 조금 더 그를 알고 싶다.

김시양,『자해필담』

안석경,『삽교만록』

안석경,『삽교집』

심경호,『산문기행』, 이가서, 2007.

이종묵,『조선의 문화공간』, 휴머니스트, 2006.

조남권, 김종수 공역,『동양의 음악사상 악기』, 민속원, 2001.

안석경(安錫儆), 「유치악대승암기(遊雉岳大乘菴記)」, 『삽교집(霅橋集)』

병인년(1746) 봄, 나는 구룡사와 대승암을 유람하고 마침내 비로봉에 올랐다. 온 나라의 산 중 오대산과 태백산, 소백산에 가려지지 않은 것은 다 볼 수가 있었다. 다만 급하게 돌아와야 하였기에 대승암에 오래 머물 수가 없었던 것이 한스러웠다.

올해(1752년) 치악산 북쪽 고을에 일이 있었다. 잠시 틈이 나서 대승암에 들어가 책을 읽으려고 하니, 벗들이 모두 말하길, "부디 가지 마시게. 치악산에 큰 범이 있어서 근년에 대승암 사람을 잡아먹었다네. 대승암에 갈 수 있겠는가?"내가 말하였다. "범은 사람을 먹을 수 없다네. 사람이 범에게 잡아먹히는 것은 반드시 사람의 도리를 잃었기 때문일세. 사람이 범을 만나더라도 그 심지가 굳어서 흔들리지 않아, 위로 하늘이 있다는 것을 알고 아래로 땅이 있다는 것을 알며 그 가운데 우리가 있단 것을 안다면 짐승이 사람에게 가까이 할 수 없다는 것을 알 수 있다네. 그러니 범이 비록 사납다 해도 반드시 움츠리며 감히 움직일 수 없을 것이라네."

마침내 떠났다. 걸어서 20리를 갔는데, 날이 이미 저물었다. 푸른 잔디와 흰 바위가 깔려 있고, 봄 물결이 사람에게 불어온다. 혼자 길을 가서 개울물을 따라가는데, 물가에는 철쭉꽃이 많이 피어 있다. 저녁에 구룡사에 들어갔다. 골짝 어구의 긴 소나무가 길을 덮고 있다. 새들은 서로 노래 부르는데, 인적이 없어 고요하다. 물이 우는 소리가 또한 비장하여, 사람으로 하여금 깨끗이 마음을 씻어 바꾸어준다. 이와 같이 하기를 7,8리나 한 후, 천주봉 앞에 이르렀다. 보광루에 올라 백련당에서 잠을 잤다. 밤새 절구질하듯 떨어지는 물소리를 들었다.

이튿날 용담을 보았다. 바위 벼랑이 입을 벌리고 있는데 푸른 물이 넓고 깊다. 스님 한분과 대승암에 올랐다. 가는 길에 범이 우는 소리를 들었는데 그 소리가 맑고 커서 온 산이 진동 하였다. 가다가 약초를 캐고 꽃을 땄다.

암자에 이르니, 목조건물 몇 칸인데 배꽃은 흐드러지게 피어 있고 우물물이 맑고 투명하다. 스님 몇 분이 세사에 초탈한 듯 하안거에 들어 있다. 나도 끼어 「악기(樂記)」를 펼쳐 놓고는, 아침마다 일찍 일어나 머리를 빗고 몸을 씻고 책을 읽었다.

암자 뒤에는 바위 봉우리가 우뚝 솟았는데 구름 덮인 나무가 어두침침하고 가물가물하다. 암자 앞에는 거북바위가 있어서, 우뚝하게 절벽에 임해 있다. 소나무와 회나무가 빽빽하게 서 있고 두견화가 빙 둘러 피어 사람을 환하게 비춘다. 암자를 대하고 있는 여러 봉우리들은 어느 하나도 나무들이 울창하지 않은 곳이 없는데, 아래쪽은 이미 짙푸른 초록빛을 띠지만 위쪽은 아직 연한 푸른빛이다. 아침에 남기가 끼고 저녁에 부슬비가 내릴 때마다, 어릿어릿하게 비쳐서 사랑스러워 조금도 흠 잡을 바가 없다. 그 동북쪽은 멀리 서너 고을의 산들이 흰 구름 속에서 나타났다 사라졌다 한다. 가까이 있는 벼랑에는 사슴이 있어 때때로 멈추어 서서는 사람을 물끄러미 바라보는 듯하다. 그 울음소리는 어리숙하고 그 뿔은 높다. 새 울음소리도 여러 종류인데 제각기 특이하다. 이곳이 으쓱하고 깊은 곳임을 알 수 있다.

불당의 등이 밤새도록 켜 있고 향 연기가 방에 가득하다. 온밤 내내 우레가 크게 치다가 새벽녘이 되어서야 비로소 비가 내리기 시작하였다. 빗속의 풍경이 흐릿하니 읊조릴 만하다. 비가 그치자 사방의 모습이 선명하였다. 높고 낮고 멀고 가까운 곳이 모습은 다르지만 사람을 즐겁게 하기는 마찬가지요, 아침과 저녁, 비가 오거나 개거나 모습은 저마다 다르지만 사람의 마음과 맞는 것은 마찬가지요, 나무와 돌과 새와 짐승들이 모습은 저마다 다르지만 사람에게 가까이 하는 것은 마찬가지요, 움직이거나 가만히 있거나 말을 하거나 입을 다물거나 흥취는 저마다 다르지만 뜻에 맞는 것은 마찬가지다. 대게 오래 있을수록 더욱 기쁘고, 보면 볼수록 시간이 부족하다. 아아! 세상의 즐거움 중에 이것과 바꿀 것이 있겠는가? 산이 이미 깊고 험한데 암자는 높고 또 고요하여 옛 책을 읽기에 적당하다. 내가 만약 항상 거처할 곳을 얻는다면 10년이라도 마다하지 않을 것이지만, 열흘이 차지 않았어도 떠나야 한다. 산을 올려다보고 골짜기를 내려다 보매, 화창한 봄날의 사물들이 모두 유유자득(悠悠自得)하니, 내 어찌 깊이 사랑하여 돌아보며 서글퍼 하지 않을 수 있겠는가? 임신년(1752) 4월4일 대승암에서 쓰다.

歲丙寅春, 余遊龜龍大乘, 遂登毘盧. 一國山海, 不掩于五臺大小白山者, 皆見可顧. 恨遽歸不得久於大乘也.

及是歲有事于山北之邑. 有小暇欲入大乘讀書, 知舊皆曰, 愼無往雉岳, 大有虎, 近食大乘之人, 大乘何可往也. 余曰, 虎不能食人, 人之爲虎所食者, 必失其所以爲人者也. 人之値虎, 苟其心烔然不擾, 能上知有天, 下知有地, 中知有吾, 而知禽獸不可偪人. 則虎雖猛, 必摯然不敢動.

遂往. 徒步二十里, 日已晚矣. 靑莎白石, 春波吹人. 獨行循溪水, 水邊多躑躅花. 暮入龜龍寺. 谷口長松蔭路. 禽鳥相呼, 寂然無人. 水鳴又悲壯, 使人灑然移情. 如是者七八里, 方到天柱峯前. 升普光樓, 宿白蓮堂. 終夜聞水確聲.

明日, 看龍潭. 石崖呀然, 碧水洪深. 與一僧上大乘菴. 中路聞虎叫, 其聲淸

강원의 산하, 선비와 걷다

激, 而響震一山. 行采藥摘花.

至菴, 木屋數間, 梨花盛開, 井水淸澈. 居僧若干人, 超然坐夏. 余亦寄坐, 展樂記, 每早興梳濯以讀之.

菴後石岑岌然, 雲木暗藹. 巖前有龜巖, 兀然臨絶壑. 松檜簇立, 環以杜鵑花, 灼然照人. 對菴諸峯, 無非薈蔚, 而下已深綠, 上猶淺碧. 朝嵐夕霏, 掩映可愛少缺. 其東北, 遠見數郡之山出沒白雲中. 近崖有鹿, 時時立而眠人. 其鳴癡然, 其角岌然. 鳥聲亦多種, 而皆殊異. 可驗其幽深.

佛燈通宵, 香烟滿室. 一夜大雷, 而曉方雨. 雨中曖然可念. 雨霽, 四顧鮮明. 高低遠近之異容, 而悅人則同矣. 早暮晴雨之異狀, 而可人則同矣. 木石鳥獸之異態, 而近人則同矣. 動靜語默之異趣, 而適意則同矣. 皆愈久而愈可喜, 愈玩而愈不足. 嗚呼. 世間之樂, 有可以易此者耶. 是山旣深峻, 而是菴高且靜, 宜於讀古書. 使余得恒居者, 雖十季不辭, 將不滿十日, 而又可去矣. 俯仰山壑, 春物暢然皆自得, 余焉得無濡戀顧懷而悵然也哉. 壬申四月七日記于菴中.

안석경(安錫儆), 「치악대승암시서(雉嶽大乘菴詩序)」, 『삽교집(霅橋集)』

임신년(壬申年;1752) 초여름에 나는 치악산으로 들어와 대승암에서 책을 읽었다. 암자는 기이한 봉우리를 뒤에 하고 북암(北巖)을 걸터앉고 있다. 좌우로 빼어난 봉우리가 있고, 가까이에 큰 낭떠러지를 마주하고 있으며, 멀리 여러 고을의 구름 낀 산을 내려다보고 있다. 암자는 아침에 경쇠소리 저녁에 종소리 속에 있고, 향을 하루 내내 피운다. 맑고 고요하여 바깥일이 없어 하루가 일 년 같이 길다. 노을과 바위를 돌아보고 숲과 골짜기를 바라보며, 남은 꽃을 어루만지며 신록을 구경했다. 새와 짐승의 소리를 들으며 달과 별을 보았다. 세 번 비바람을 만나고 여섯 번 청명한 날을 맞이했다. 암자의 정취를 누린 것이 합해서 9일이다.

옛사람 가운데 권세에서 소름끼쳐 하고 이익에서 두려움을 느낀 사람이 있다. 권세에서 남을 이김을 제멋대로 함이 심하면 심할수록 더욱 불쾌해지고, 욕망을 함부로 부림이 심하면 심할수록 더욱 부족해지기 때문이다. 만일 9년 동안 중서부에서 권력을 멋대로 할 수 있다고 하여도, 그것은 내가 알 바가 아니다. 대개 국가 권력을 쥐고 9년 동안의 치적을 이룬다고 하여도, 9일 동안 산에 있는 즐거움과 바꿀 수는 없다. 하물며 고요하게 독서하고 한가하게 음송하여 깊은 이치를 천천히 찾아 나가고 깊은 맛을 상세히 맛봄으로써 책의 정수와 속뜻을 얻을 수 있는데다가, 높은 곳은 높이고 깊이 들어간 곳은 깊게 한 것을 보고 푸근히 감싸서 길러주어 태어나게 하고 펴나가게 하는 것을 살펴서 사람의 정신과 뜻에 보탬을 줌에야 더 말해 무엇 하겠는가?

아!, 사람의 정신과 뜻에 보탬을 주는데다가, 책의 정수와 속뜻을 얻을 수 있다면, 산속의 즐거움이 어찌 아니 크겠는가? 그렇기에 인간세상의 부귀와 구차하게 비교하고 따질 것도 없다는 사실이 분명하다.
장차 돌아가려 하매 사랑하는 마음이 있어 시 한수를 지어 남긴다.

　壬申首夏, 余入雉嶽, 讀書於大乘菴. 菴負奇峰跨北巖. 左右傑嶂, 近對巨
巚, 遠臨數州雲山. 庵中曉磬夕鍾, 燒香終日. 淸寂無外事, 日長如年. 眺霞石
而眺林壑, 撫餘紅而玩新綠. 聞鳥獸而見星月. 三逢風雨, 六値淸明. 享是菴
之趣者, 凡九日矣.
　古有慄於權, 惏於利. 肆克愈不快, 恣欲愈不足. 使得九載專擅中書府, 非
吾所知也. 盖秉國九載之績, 有不能以易九日在山之樂者矣. 况乎靜讀而閒
誦, 緩繹而詳味, 旣可以得書之精意, 而觀於崇重而深濬, 察於涵畜而發生,
又可以益人之神志也耶.
　嗚乎. 使之益人之神志, 而得書之精意, 則山中之樂, 豈不大哉. 有不必區
區較量於人間之富貴也明矣. 將歸耿有餘戀, 爲留一詩.

안석경(安錫儆), 「구룡사백련당기(龜龍寺白蓮堂記)」, 『삽교집(霅橋集)』

치악의 여러 봉우리 중에 으뜸인 것은 비로봉(毘盧峯)이다. 비로봉의 북쪽으로 뻗은 것은 산등성이가 제법 길고 크다. 산등성이에 기대 자리 잡고 있는 것은 첫 번째가 대승암(大乘庵)이고, 두 번째가 월봉암(月峰庵)이다. 모두 선승들이 거주하는 곳이다. 세 번째는 구룡사(龜龍寺)다. 늘 스님 백여 명이 거주한다. 절은 모두 여섯 개의 건물이 있는데, 백련당(白蓮堂)이 제일 높고 깊으며 고요하다. 동쪽으로 천주봉(天柱峰)의 두 봉우리를 마주하고, 남쪽으로 비로봉을 바라보고 있다. 꽃과 대나무가 사방에 모여 있고 소나무와 전나무는 푸르다. 늘 물은 흐르며 구슬피 울고, 겨울에 따뜻하며 여름엔 서늘하다. 참으로 살만한 곳이다.

가난한 선비가 책 읽을 곳이 없어 책상을 들고 산에 오르는 자가 많다. 대승암과 월봉암은 선승들이 모두 독서하는 사람을 기피하므로 갈 수 없다. 구룡사는 스님이 늘 선비에게 베풀어주는 사람을 정해 놓기 때문에 독서하는 선비들이 많이 모인다. 나는 치악산의 봉우리가 높은 것과 계곡이 깊은 것을 사랑하여 백련당에서 책을 읽으려 한다. 이 때문에 자세하게 기록한다.

雉岳諸峯, 其所宗者毘盧峯也. 而毘盧之北出者, 其岡頗長大. 依崗而居者, 第一爲大乘庵, 第二爲月峰庵. 皆禪僧之所居也. 第三爲龜龍寺. 常僧百餘人, 常居之. 寺凡六堂, 而白蓮者最高敞深靜. 東對天柱盧峰, 南瞻毘盧峯. 花竹四合, 松檜蒼然. 每水流悲鳴, 冬溫而夏凉. 信可居也.

寒士無所於讀書, 而提笈上山者多矣. 大乘月峰則禪僧悉避讀書人. 故不可往. 龜龍常僧常定供士之人, 故讀書之士多聚焉. 余愛雉岳峰峻谷邃, 將讀書於白蓮堂. 是以詳記之.

강원의 산하, 선비와 걷다

안석경(安錫儆), 「임거대승암시서(臨去大乘庵詩序)」, 『삽교집(霅橋集)』

예전 병인년(丙寅年:1742) 봄에 나는 치악산 대승암을 유람하였다. 하루 머무르고 떠났으나 매우 한스럽지 않았다. 지금 임신년(壬申年: 1752) 초여름에 다시 책을 들고 지팡이를 짚고 이 산에 들어와 이 암자에 거처한 것이 9일이다.

산은 높고 계곡은 깊으며, 꽃과 나무가 눈에 가득하여 그 의취(意趣)가 날로 더하다. 오늘 장차 떠나려 함에 밤새도록 말똥말똥해서 잠을 잘 수 없다. 솔바람 소리를 듣고 일어나 바라보니, 바람 부는 새벽에 잔월이 걸려 있고 바위 골짜기는 애처로워서 또한 사람을 서글프게 하여 견딜 수가 없다. 읊조리며 방황한지 오래되어 마침 시 한 편을 완성하였으니, 떠나지 않을 수 없지만 실로 차마 떠날 수도 없기 때문이다.

아! 이 산은 높고 두터우며 푸르고 무성한 것이 있다. 그러나 따로 수석(水石)이 뛰어나고 매우 기이한 볼거리는 없다. 이 암자는 맑고 그윽하며 높고도 먼 것이 있다. 그러나 강과 바다의 아득하게 이어지는 정취를 더할 수 없으니 한 번 보고 떠나는 것은 괜찮다. 그런데 10일의 낮과 9일의 밤을 돌아 보건데, 더욱 즐겼으면서도 더욱 만족을 모르는 것은 왜일까? 아마도 욕심이 움직이고 감정이 격해지면 바름을 얻지 못하는 것 때문일 것이다.

나는 일찍이 성인의 욕망을 막는 가르침을 애쓰며 힘을 다해가며 좇을 필요가 없다고 생각했다. 매번 잡서(雜書)를 좋아했으니, 넓은 것은 더욱 넓게 해 주어야 이를 꺾을 수 있고, 강한 것은 더욱 강하게 해 주어야 이를 꺾을 수 있다는 것은 사람이 욕심을 없애는 것이 마땅히 이와 같다는 것을 말한다.

지금 산수(山水)에 대한 욕심으로 말한다면, 9일 동안 머물렀으나 오히려 스스로 만족하지 못하는 것은 예전에 하루 묵었는데도 만족한 것을 보건데 과연 어떠한가? 대개 감정이 다하기를 기다려 스스로 없어지려고 하는 것은 이치가 아니다. 반드시 처음 싹틀 때 꺾어야하고 처음 열릴 때 막아야만 한다. 그러한 후에 도끼를 사용하는 수고로움과 뚝으로 막는 근심에서 벗어날 수 있다.

세상에 부귀와 사치, 화려함을 탐하는 자는 오랠수록 펼치지 못하고, 여색을 좋아하여 방탕함을 좋아하는 자는 깊을수록 만족하지 못한 한이 있다. 대개 일찍이 이것을 보고 탄식하며 괴이하게 여겼다.

지금 대승암의 일로써 보니 사람의 뜻과 같은 것은 진실로 당연하다. 아! 사람의 감정과 욕심은 끝이 없고, 천하의 물건은 무한하다. 무한한 것으로 끝없는 것을 만족시키려한다면 어찌 만족을 싫어할 때가 있겠는가? 스스로 부족한 것을 근심하여 편안함을 망치니 슬프지 않은가? 나는 대승암에서 욕심을 막는 방법을 깨달았다.

昔歲丙寅之春, 余游雉岳大乘庵. 固已心好之顧凌遽一宿而去, 不甚恨也. 今在壬申首夏, 復挾書攜筇, 入此岳而居此菴者凡九日.

山高谷深, 花木滿眼, 而其爲趣也日以濃矣. 今日臨將去, 終夜耿耿不眠. 聽松濤起視曉風殘月, 巖壑愴然, 尤令人惆悵不能堪. 沈吟彷徨者久之, 偶成一詩, 蓋不得不去而實忍去也.

嗚呼. 是山也, 峻厚蒼茂則有之矣. 別無水石瑰瑋忒奇之觀. 是菴也淸幽高逈則有之矣. 不能添之以江海綿邈之趣則一見而去之可也. 顧十晝九宵愈玩而愈不知足, 何哉. 豈所謂欲動情勝而不得其正者耶.

강원의 산하, 선비와 걷다

余嘗以聖人窒欲之訓, 謂不必苦心極力而從之. 每喜雜書, 所謂因其廣而廣之, 乃可缺也. 因其强而强之, 乃可折也者, 而曰人之除欲當如是也.

自今者山水之慾而言之, 九日之留連, 而尙不自足者, 視夫前日之一宿而足者, 果何如乎哉. 蓋欲待情盡而欲自衰者無是理也. 必須折之於始萌, 塞之於初開, 而後方可免斧斤之勞, 隄捍之憂耳.

世之耽富貴奢華者, 愈久而愈有未展之, 憾嗜0色佚蕩者, 愈深而有未洽之恨. 蓋嘗見之而嗟怪之矣.

今以大乘之事觀之, 則若人之意, 固當然. 嗚呼. 人之情欲无涯, 天下之物無限. 將以無限而足其無涯, 則是何有厭滿之時乎. 適以自取戚戚歎陷而亡寧, 不悲哉. 蓋於大乘而吾覺窒慾之術矣.